U0512430

古书存亡史话

张伯元 著

格致出版社 上海人民出版社

本书为国家社科基金重大项目"甲、金、简牍法制史料汇纂通考及数据库建设"(项目批准号：20&ZD180）的阶段性成果。

求己斋随笔四则（代序）

厅里竖立几只书柜，摆上大书桌，自题额为"求己斋"，可谓书生冬烘，自得风雅。今突发奇思，抄录昔日随笔数则，谈查书、谈读书、谈借书和教书之类的琐事，作为《古书存亡史话》序，免去"序"之自我评价、乞人推介的繁难。

一、查书忆旧

1990 年 10 月杭州纪念沈家本国际学术会议后，接到北京老杨代查《累朝榜例》《条例备考》《增修条例备考》三书之事。走访上海图书馆、上海社会科学院图书馆、复旦大学图书馆，此类书均查无实处。然而，凡事皆非绝对，偶从书目类书籍中查得：宁波天一阁藏有《累朝榜例》一卷，全抄本。欣喜不已。

急急乘车赴宁波，目标天一阁。馆员两手一摊，称《累朝榜例》已无存藏。黄鹤已去，遗而憾之，败兴而归。出门，乏力，空落落，冷冰冰，无颜交差，然而心有不甘，兴许馆员疏漏，毅然返回。再查书卡，细加检索，眼前一亮，剔见藏书目中有《条例全文》八册，残本。此书不知何方神圣，深藏不露，转念：既是"条例"，当与《条例备考》之类相关，暗中欣忭，喜不自胜。第二次与丕谟同往，在天一阁抄"条例"。第三次独自前去继续抄"条例"，废午睡且忘食，补全明代"弘治六年"条例。校点后交老杨，聊补缺憾。

二、甲首

多年前，苏老先生问我"甲首"是什么意思。我回答不上来。查遍字书，都没能查得出典，抱憾、自愧久之。后来，不经意间在《孙宗彝年谱》中读到"甲首"一词。它出现在清初的征役记载中："凡有田之家曰里长，有丁而无田之家曰甲首。甲首附于里长，则听里长管辖，如厮役然。"如里长的仆役、下属一般。至今，苏老已下世，无以相切磋，永为遗恨。"甲首"起自何时，是否还有其他用法，不得而知，苏先生当时没有告我出处。我猜测，可能在《大清律例》中，他当时在整理清律。近日，读《水东日记》，其卷十一《记王轸父家书事》则有记："本家德清之役已办，两图黄册，里长及归安甲首皆不扰而办。"《列朝诗集小传·叶主簿子奇》："洪武十一年春，有司以令甲祭城隍神，群吏窃饮猪脑酒，县学生发其事，世杰（子奇）适至，亦株连。"此二处"甲首"一词出，与《孙宗彝年谱》所记基本相符。时间是洪武之初，不止清律之属。今再查"汉典"，"甲首"义项有四：1. 甲士的首级。2. 伍长。3. 特指战车上的甲士。4. 甲长。亦泛指小头目。惜无例句。义项 4 与此处所引用法似近。

陶弘景曾云："一物不知，以为深耻。"皇甫谧亦有云："遭人而问，少有宁日。"这两句话为阎若璩所集。近人余嘉锡很欣赏这两句话，亲自手书为五尺楹联，并系以四百多字的长跋。此长跋史学家张舜徽可能见过，他在《爱晚庐随笔》中忆及此事。不过，四百多字的长跋要配置在楹联上，倒是有点难度的。

三、八求楼

祁彪佳（1603—1645 年）题书楼为"八求楼"，有何出典？郑樵《校雠略》求书之道有八："一曰即类以求，二曰旁类以求，三曰因地以求，四曰因家以求，五曰求之公，六曰求之私，七曰因人以求，八曰因代以求。"见新版《祁彪佳日记》及年谱。书中有与李清交往的信札等情事。李清是《折狱新语》《三垣笔记》的作者。

求书。今之求书者少，咸以手机代之。顾昔日求书，八求皆尝亲历之。如因地以求，曾查书至北京、宁波等地。因家以求，如书荒年月借《白氏长庆集》于学生伟忠家长，借《晋书》于华东师大施先生，此亦"求之私"也。再如借《论语译注》，"因代以求"于同事小赵。诸如此类，是为常态。

四、有感于博士答辩

早些年前，在博士生李生博士学位论文的答辩会上。

评审专家说："在你的论文中，有段引文我没有查到。"专家把那段引文读了，接着问："不知道它出自何处？"

"我是从参考书上引来的。"李生回答得十分爽快。专家哑然。在座的同窗瞠目，面面相觑。李生却全然不觉。

专家说："研究历史要多读原著……"正想举例，话被李生打断，他直截地说："老师，我读竖排的书感到吃力，没有劲。"学生直率，真实。专家无言以对。

事后，他的博导说："这是受辱。我一辈子也忘不了。"

有这么严重吗？这的确是个问题，但静下心来想一想，严重的不在李生，而在导师。学生对传统文化的认识缺失，导师自然有责任引导。如果放任自流，不加指引，不加点拨，不加教育，再好的材料也成不了器。目前研究生教育的确也存在一些问题。搞文科的却忽视文献学、史料学的教学，学生不读原著，不搞原创，写论文东拼西凑，用电脑下载的资料拼凑成文……问题有目共睹，毋用我局外人置喙。

报章上曾经发布过这样一条消息，说国内一位文科博士去哈佛大学做科研，他的导师一见面就这样问，孔夫子"君子不器"这句话是什么意思？这位博士回答不出，很难堪。有德行的君子不是一种工具，《易经·系辞》上说："形而上者谓之道，形而下者谓之器。"君子不像器具那样，只有某一方面的用途，仅限于某一方面。理解这句话并不难，但是他不知道，这样，也就无法知道导师提出这一问题的真正动机了，他的潜在的分析判别能力就此被打住。显然，这与一个人的知识结构、人文素养相关。

目录

卷三 传存与流布

古書在丁史詩

卷一　禁毁与散佚

始皇焚书

始皇焚书是中国历史上的一件大事，发生在始皇三十四年（公元前213年）秦始皇统一中国之初。

始皇嬴政是一个了不起的人物，他不仅消灭了六国，结束了混乱分裂局面，而且在稳定政局、巩固中央集权制度方面很有一套办法。

在咸阳宫里，始皇大摆酒筵，朝廷中的文武百官纷纷向始皇道贺。在筵宴间，仆射周青臣和博士淳于越围绕着"师古非今"还是"师今非古"的问题展开了激烈的争论。始皇就把这个问题摊开来，让众臣百官各抒己见。丞相李斯发表了自己的明确主张，他说："当今时代与过去不同了，治理国家的措施也就应有所不同。现在六国残余的一些旧知识分子，不师今学古，却造谣惑众，扰乱人心。"这么一说，把问题提得十分尖锐。持反对意见的淳于越再三强辩，也已经没有招架之力了。始皇听得十分认真，心里很佩服李斯的勇气和见识。接着，李斯根据当时社会上人心不齐、思想混乱的现状，提出了"焚书"的主张，他认为"根子出在那些'私学'上，也就是那些《诗》《书》，宣传的尽是古代三王五帝的功业，讲一些虚夸不实的言论，对今天秦国的新政权多生非议，对巩固政权没有什么好处。"始皇当机立断，采纳了李斯的建议，发布了焚书令，除秦史、医药、占卜、种植一类的书籍之外，民间藏书一律烧毁。这件事在《史记·秦始皇本纪》上是这样说的：

> （李斯）臣请史官非秦记皆烧之。非博士官所职，天下敢有藏《诗》《书》、百家语者，悉诣守尉杂烧之。有敢偶语《诗》《书》者弃市。以古非今者族。吏见知不举者与同罪。令下三十日不烧，黥为城旦。所不去者，医药卜筮种树之书。

焚书令下达之后，毫无疑问受到了相当一部分人的不满和反对。魏国的名士陈馀曾对鲁国少傅子鱼说："秦王已经下了焚书令，烧毁先王的经典，而你有很多这类书籍，恐怕会招来祸患。"子鱼就回答他说："这是因为秦王害怕，所以要收聚天下的先王之书，把它烧掉就是。另外，我有的书不交上去，也可能会招祸；现在我先把它藏匿起来，他们就拿我没有办法了。"[1] 对秦王的政令一贯不满的陈馀，后来和张耳一起隐姓埋名躲避到陈地，做个里监门，混日子。

子鱼，就是孔鲋，他把《论语》《尚书》《孝经》等书秘藏在孔子旧宅的夹墙里，隐居到嵩山中，教授生徒。陈涉起义时，孔鲋投奔到陈涉麾下，任博士官，举起了反秦的大旗。又有一位叫伏生（一作"伏胜"）的，他是秦时的博士官，因为始皇下令焚毁天下书，伏生也就将书藏匿了起来。此事见《汉书·儒林传》。

对始皇焚书这件事，2000多年来始终有两种截然不同的看法。有人认为这是秦始皇残暴统治的具体措施之一。焚书，无疑是对书籍、文

---

1 《孔丛子·独治》，转引自［清］孙楷：《秦会要·焚书》。《通鉴》作"孔鲋"，孔鲋，孔子八世孙；字子鱼，又字甲。"秦非吾友……吾（孔鲋）将藏之以待其求，求至无患矣。"

化传播的一次浩劫，毁灭中国文化的罪恶，罄竹难书。

相反，也有些学者对"焚书"进行考证之后提出：始皇焚书并没有焚毁天下所有的书；焚书也只是一段时间内加强中央集权统治的应急措施而已。例如郑樵在《通志·校雠略》"秦不绝儒学论"中说：

> 萧何入咸阳，收秦律令图书，则秦亦未尝无书籍也。其所焚者，一时间事耳。后世不明经者，皆归之秦火，使学者不睹全书，未免乎疑以传疑。

> 自汉已来书籍，至于今日，百不存一二，非秦人亡之也，学者自亡之耳。

实际情况也是如此。始皇听从李斯的建议禁私学，焚毁的是除了国家图书馆所收藏、博士官所职司范围外的私家藏书，是除秦国史记之外的其他各国的历史记载，以及私藏的儒家经典，如《诗经》《尚书》等，以及诸子书。[1]

儒家经典的亡佚，并非全毁于祖龙秦火，而主要是在项羽入函谷关之后，纵火焚烧秦宫室，国家所藏书籍也难逃厄运。清代刘大櫆在他的《焚书辨》一文中说，秦虽焚书，公家之藏固在；逮项羽一火，而后典坟荡然。正如唐人章碣《焚书坑》诗云："竹帛烟销帝业虚，关河空锁祖龙居。坑灰未冷山东乱，刘项原（一作'本'）来不读书。"司空图《秦坑铭》云："秦术戾儒，厥民斯酷。秦儒既坑，厥祀随覆。天复儒仇，儒绝而家。秦坑儒耶，儒坑秦耶？"

由始皇焚书再往前追溯一下历史，其实早在始皇之前，焚书的事就

1　汉时王充在《论衡·书解》中说："秦虽无道，不燔诸子。诸子尺书，文篇具在，可观读以正说，可采掇以示后人。"认为诸子书并不在焚毁之列。

时有发生：在秦国，商鞅教秦孝公"燔《诗》《书》而行法令"[1]，其他诸侯国家也曾这样做过，"诸侯恶其害己也，而皆去其籍"[2]。由此可见，无论是始皇还是列国诸侯，焚书无非是为了巩固自己的统治地位。2000多年前，那些君主们就已经明白了舆论的影响力，他们无情地摧毁它，这是历史所使然。当然，我们也不能不指出，焚书行径对民族文化的无情摧残是显而易见的。

1 ［战国］韩非：《韩非子·和氏》。
2 ［战国］孟轲：《孟子·万章下》。

范晔与《后汉书》的《志》和《注》

前四史中的《后汉书》，撰者为南朝刘宋时人范晔。范晔修史曾经有一段坎坷的经历。

范晔（398—445 年），字蔚宗，顺阳（今河南淅川）人。他好学精思，才志纵横；博涉经史，善为文章。在宋文帝元嘉时曾任左卫将军、太子詹事。[1]元嘉九年触怒文帝之弟彭城王义康，贬为宣城太守。在此期间，范晔以《东观汉记》为主要依据，参考了私人编撰的有关后汉历史的著述，写成了《后汉书》。

《后汉书》记载了自东汉光武帝刘秀到献帝刘协之间近二百年的历史。全书计划与《汉书》相配套，共一百二十卷。其中，《本纪》十，《列传》八十。只是到了元嘉二十二年（445 年），还有最后一部分《志》十篇未能定稿，他斟酌再三，最终请他的好友谢俨整理。[2]

不幸的事发生了。就在元嘉二十二年那一年，范晔在宋文帝与彭城王义康尖锐的政治角逐中受到了连累。范晔是义康的旧属，自然被划入

1　［唐］李延寿：《南史·沈演之传》。
2　《四库全书提要》作谢瞻。也有否定谢俨整理一说，如［清］李慈铭：《越缦堂读书记》云："章怀谓托谢俨搜撰之言，恐都未确。"

了义康一方。再说，范晔个性孤高，恃才傲物，又不畏权贵，是个不愿同流合污的人。他曾经写过一篇题名为《和香方》的文章，用药物的不同特性来讥讽朝士，以"麝本多忌"比庾炳之；以"零藿虚燥"比何尚之；以"詹唐黏湿"比沈演之；以"枣膏昏钝"比羊玄保；以"甲煎浅俗"比徐湛之；以"甘松、苏合无取于中土"比慧琳道人；而却以"沈实易和"自况。[1] 其打击面如此之大，引起了当朝人士的共愤。于是丹阳尹徐湛之首先发难，诬告范晔与孔熙先参与了拥立义康为帝的阴谋活动，一些朝臣群起而响应，文帝又轻信了朝臣的诬告，处以范晔谋反罪。

在范晔被诬谋反案中，梁时人沈约出于忌才妒能，在他所写的《宋书》里对范晔横加诋毁，故作奇语，起了推波助澜的恶劣作用，以致范晔冤案难得辩白。范晔在当年被杀害了，年仅 48 岁。

沈约还说过范晔不敢作《志》的话，致使他的著作也遭受厄运。其实，范晔是有点抱负的，他不满《汉书》，却对《汉书》的《志》有较多的肯定，他立志把《后汉书》的《志》写好，写出不同于一般的特点来，力图与班固一比高下，然而，范晔含冤而屈死，他托付谢俨整理的"十志"还没有完成。谢俨听到了沈约的无端诋毁，唯恐引火烧身，生怕因范晔的《志》招来不测，避免嫌疑，在私下里毁掉了范晔寄存在他那里的全部稿本。这么一毁，谢俨是保住了性命，范晔的《志》我们却再也无从看到了，这不能不说是件十分不幸的事。[2] 今天我们所见到的

1　［南朝梁］沈约：《宋书·范晔传》。
2　［南朝宋］范晔：《后汉书·皇后纪下》李贤注："沈约《谢俨传》曰：范晔所撰十志，一皆托俨。搜撰垂毕，遇晔败，悉蜡以覆车。宋文帝令丹阳尹徐湛之就俨寻求，已不复得，一代以为恨。其《志》今阙。"然今本《宋书》无《谢俨传》。

一百二十卷本《后汉书》中的八志，分为三十卷，是直到宋真宗乾兴元年才由孙奭建议，将《续汉书》的《志》三十卷补了进去。而这三十卷《志》则是晋人司马彪所撰写。

司马彪，字绍统，是晋宗室，死于晋惠帝末年（306 年）。他著有《续汉书》八十三卷，但大多都散失了，没有流传下来，直到宋朝，他的八篇《志》，才误以梁时人刘昭之名被补入范晔的《后汉书》中，而刘昭实际上是这些文献的加注者。

在这里我们还要提到为《后汉书》作注的章怀太子李贤。作为唐高宗第六个儿子，李贤为什么偏偏选中《后汉书》去作注呢？据历史记载，在上元二年（675 年），李弘薨，李贤立为皇太子。李贤容止端雅，处事明审，很得高宗嗟赏，然而高宗的嗟赏反为其招来武则天的忌恨。不久，在宫中就传出流言来，一会儿谣传"李贤很像太宗"，一会儿又有人在议论说"李贤是韩国夫人所生"，等等，沸沸扬扬，李贤内心十分恐惧。他明白在武后的铁腕之下，难有宁日。于是，他招集学者张大安等，主动退出纷争，躲进书斋，摆出一副不求进取的姿态，安下心来给范晔的《后汉书》作注。在《后汉书》纪传体的总体例之下，设置有"党锢"等篇，其中特别是《党锢列传》《宦官列传》，记述了东汉后期宦官外戚擅权与士大夫、太学生反对宦官、外戚势力的斗争。这些内容与李贤心里潜伏着的怨恨情绪是很一致的。他之所以挑选《后汉书》作注，源出于此。

李贤自知劫数难逃，但又不能明说。于是他写了一首《黄台瓜辞》叫乐工歌唱，希望武后能从歌辞中得到启示，有所醒悟，予李贤以同情。歌辞中唱道："种瓜黄台下，瓜熟子离离。一摘使瓜好，再摘使瓜稀，三摘犹尚可，四摘抱蔓归。"然而，仍未有所转机，厄运终于降临了。永隆元年（680年）李贤被废为庶人，跟他共注《后汉书》的张大安等或被降职，或被流放。文明元年（684年）武则天临朝，李贤被逼死于巴州，年仅32岁。[1]

唯一值得庆幸的是，李贤为后人留下了他为《后汉书》所作的《注》。

1　［后晋］刘昫:《旧唐书》卷八十六。

梁元帝的读书亡国论

梁元帝萧绎（552—554 年在位）是一个喜欢读书的短命皇帝，他提出了一个著名而荒谬的观点，即"读书亡国论"。读书不仅无用，而且会亡国；既然如此，还不如放一把火，把书烧个精光为好。想想，也许是因为梁元帝被西魏宇文泰的军队逼得走投无路，他就迁怒到所收藏的七八万卷古今图书上。感愤之下，付之一炬，转而投降了西魏军。事情的详细经过是这样的。

公元 548 年，在梁元帝进入建康之前，就发生过烧书的事。叛臣侯景是个暴虐无比的人。当他进攻金陵，占据了东宫之后，就把几百个伎女分给他的部下；在宫中大摆筵宴，通宵达旦，极尽欢乐。奇怪的是，这天夜里东宫突起大火，众军士狼狈四逃。最为可惜的是东宫贮藏着几百橱图书，一时间全部化为灰烬。这火是梁简文帝萧纲（550 年在位）招人干的，目的是要把侯景的侵略军赶出去。为此，东宫、秘书阁等处珍藏的图书就不在他顾惜的范围之内了。[1]

梁元帝萧绎在公元 552 年即位于金陵，派遣军队打败了侯景。局

---

1 ［唐］李延寿：《南史·侯景传》。又见［宋］李昉等：《太平御览》六一九引《三国典略》。

面稳定下来之后，他就着手收聚金陵秘书省烬余的图籍，把文德殿中的七万余卷古书全部送到荆州。[1] 此时，萧绎的爱书举措，还是很值得肯定的。

萧绎天生聪明，五六岁的时候，他的父亲武帝萧衍问到他的读书情况，幼小的萧绎就回答说已经能够背诵《曲礼》了。武帝当场要他背诵，他果真把《曲礼》的上篇背诵了下来。左右侍臣大为惊叹。年稍长，萧绎患眼疾，瞎了一只眼，却依然好学不倦，博极群书。只是他的个性偏隘，多猜忌。

萧绎嗜爱读书。因为瞎了一只眼睛，阅读就有困难。因此，读书时由专人朗读给他听，萧绎自己不执卷。有的时候，听着听着，萧绎像是在打瞌睡了，朗读的侍臣也就不按书页的次序诵读了。不料，他便马上惊觉起来，要求重新再读，弄不好还会受到答罚。即使军事频仍，政务繁忙，萧绎还是不忘读书，而且诏诰起草都亲自动手，挥毫立成。

公元 554 年，梁元帝的侄子萧詧勾结西魏宇文泰攻梁。魏军已经攻到江陵城下了，而此刻梁元帝还在龙光殿上起劲地讲解《老子》哩！手下的人都急得像热锅上的蚂蚁，力劝元帝趁兵士溃散之时，在混乱中快快逃走。元帝读书入了迷，又不习驰马，不愿逃走。魏军从各个方向攻城，城中，梁的叛军里应外合，打开四面城门，迎降魏人。此时，梁元帝已处于叛军的重重包围之中，四面楚歌，走投无路。然而，他此刻却生出了个奇怪的念头：我之所以沦落到今天这样的地步，如此厄运，全是这些书本带来的，于是，他把七万卷书收聚、集中在一起，垒得高高的，放一把火，烧了个精光。有人说："你好不容易收聚起来的书，怎

1 ［唐］李延寿：《南史·侯景传》作"收图书八万卷归江陵"。所列数字略有不同。

么忍心把它们全部烧掉呢？"他长叹一声，回答："我读了万卷书，得到的竟然是这样的结果，还不如把它全部毁了算了。"在熊熊烈火的辉映之下，萧绎素车白马，出城投降去了。

梁元帝萧绎焚书，牛弘称之为"书之五厄"之一，牛弘在奏疏中作了这样的记述：

> 及侯景渡江，破灭梁室，秘省经籍，虽从兵火，其文德殿内书史，宛然犹存。萧绎据有江陵，遣将破平侯景，收文德之书，及公私典籍，重本七万余卷，悉送荆州。故江表图书，因斯尽萃于绎矣。及周师入郢，绎悉焚之于外城，所收十才一二。此则书之五厄也。[1]

其说详见本书《隋代殿藏的兴亡和谶纬书的禁毁》篇。总之，这次江表图书所遭受的灾难是巨大的。也是梁元帝萧绎愚蠢行止的集中表现。

王夫之在他的《读通鉴论》中有《论梁元帝读书》一篇，其文结尾云："故子曰：'吾十有五而志于学。'志定而学乃益，未闻无志而以学为志者也。以学而游移其志，异端邪说，流俗之传闻，淫曼之小慧，大以蚀其心思，而小以荒其日月，元帝所为至死而不悟者也。恶得不归咎于万卷之涉猎乎？儒者之徒，而效其卑陋，可勿警哉？"这段话指出了正确的读书方法，从正反两个方面强调了"志于学""志定而学"的重要。语重心长，发人深省。

---

1 ［唐］魏征等：《隋书·牛弘传》。

隋代殿藏的兴亡和谶纬书的禁毁

先从牛弘上书，请开献书之路的倡议说起。

牛弘（543—610 年），字里仁，安定鹑觚人。隋文帝开皇初，牛弘担任秘书监，上表请开献书之路。在他的奏疏中叙述了有史以来图书所遭受到的五次大灾难，即所谓的"书之五厄"：一厄为秦皇焚书；二厄为王莽亡国；三厄为三国初西京大乱；永嘉之乱，京华覆灭，为书之四厄；萧绎焚江表图书，为书之五厄。[1] 鉴于天下图书的大量散失，牛弘奏请朝廷向民间广泛征集遗存。隋文帝杨坚采纳了他的建议，下诏令称："献书一卷，赏绢帛一匹。校写完毕之后，原本归还。"对隋代之前，陈朝的原有藏书，又加辑补或者重新缮写。有的还缮抄副本两部藏入宫中，只是所用纸张粗劣不精，书法又拙劣。仅用了一两年的时间，各种图书都收集拢来了，典藏达三万多卷。牛弘也因此进爵为奇章郡公。但牛弘并不以此为满足，他又请求皇上恩准，分别派遣使者到全国各地去搜访不同的抄本，致使搜书、献书、藏书之风弥盛，西京殿藏书达 37 万卷之多，成绩斐然。[2] 建造了历史上最大的国家图书馆，并

---

1 《隋书·牛弘传》。
2 ［宋］郑樵：《通志·校雠略·求书遣使校书久任论》："隋开皇间，奇章公请分遣使人搜访异本，后嘉则殿藏书三十七万卷。"

编写出了系统的图书目录。据《隋书·经籍志二》著录有《开皇四年四部目录》四卷、《开皇八年四部书目录》四卷、《隋大业正御书目录》九卷等。

　　隋文帝开皇十三年（593年）十二月八日下诏令说："废像遗经，悉令雕撰。"对南北朝分裂动荡时期所毁损的寺庙、佛像重新加以塑造，那些散失的佛教典籍也及时加以修撰和缮抄，[1]这项工作是很得人心的，对隋政权的稳固起了良好作用。

　　随着佛教的逐渐兴盛，到隋朝时，自秦汉以来的谶纬学已逐步趋向衰落。谶纬，应属神秘学范畴，"谶"，验证的意思，能预测吉凶；"纬"与"经"相对，是对符命瑞应的附会解说。譬如赵高阴谋杀秦二世胡亥立子婴，就利用了"亡秦者，胡也"的谶纬之语。[2]谶纬之学在西汉后期开始盛行，统治者用来巩固统治或为改朝换代提供"天命"的根据。南朝宋孝武帝时开始禁谶纬，梁武帝又重加禁止。[3]隋时，在全国范围内更是大张旗鼓地搜缴这方面的图籍，烧毁了大量有关谶纬学说的图书。如果有私藏的还要处以死刑，处罚特别严厉。《隋书·经籍志》上是这样说的：

　　　　至宋大明中始禁图谶，梁天监已后，又重其制。及高祖受禅禁之愈切。炀帝即位乃发使四出，搜天下书籍与谶纬相涉者，皆焚之，为吏所纠者至死。自是无复其学，秘府之内，亦多散亡。

1　[明]陆深：《河汾燕闲录》卷上："隋文帝开皇十三年十二月八日敕：'废像遗经，悉令雕撰'，此即印书之始，又在冯瀛王之先矣。"将此敕作为我国雕版印刷术的开始，是一种误解。
2　[汉]司马迁：《史记·秦本纪》。
3　在东汉时张衡就已有禁绝谶纬之议，如《论衡》中有《讲瑞篇》《指瑞篇》《是应篇》等。在当时，纬书《春秋元命苞》就是被禁毁的一种。

从此，谶纬之学已算是基本上被禁绝了。之所以说是基本上，是因为在唐朝还曾发现有此类书籍的残存，孔颖达作《九经正义》还引用了纬书之说。

既然如此，谶纬之书中是不是一无是处呢？也不尽然。其实，此类书中除了迷信妄诞的内容之外，也羼杂有天文、历法、地理方面的资料。清人马国翰《玉函山房辑佚书》中就保留有纬书的片断。

最后，我们还想回到前面的课题上去说一说隋代殿藏图书的管理和散失。在牛弘的献书倡议之后，隋代三十多年殿藏图书的积储已颇具规模，也制订有严格的管理规制；炀帝即位之后，曾召集天下擅长书法的能手，抄写秘阁图书五十副本，分出的档次有三品，上品用红琉璃轴装，中品用绀琉璃轴装，下品用漆轴装。在东都观文殿东西庙建造屋宇贮藏，东屋藏甲乙部（经史），西屋藏丙丁部（子集），又在内道场收集道藏、佛经等，另外编出目录。

然而，大业末期，数十年辛苦积累起来的图书又因战乱而大多毁损和散失。到唐武德年间，平定王世充之后，朝廷就不得不将隋代的所有东都殿藏图书运送到京城长安去。负责运送的是司农少卿宋遵贵。他用船载运，沿黄河上溯西行，途经砥柱，遇上了汹涌洪水，图书则大多漂没，损失惨重。所剩仅十分之一二。连殿藏的藏书目录也无法收集齐全，所以后人要考察当时图书存亡的具体篇目，也就变得不可能。以至到修撰《隋书》的时候，还留下了许多"史失其事"的缺憾。[1]

1　[唐]魏征等：《隋书·百官志上》："大业三年，始行新令。""寻而南征不复，朝廷播迁，图籍注记，多从散逸。今之存录者，不能详备焉。"

秦桧禁私史及其他

在中华民族的历史上曾经出了个大奸臣秦桧,宋高宗当政时,他诬害岳飞,贬逐了许多主张抗金的文官武将。譬如有个太学生叫张伯麟,他曾心血来潮地在墙壁上写了一行字,说:"夫差,尔忘越王杀而父乎?"出于对国家安危的忧虑,又暗含有讥刺高宗的意思。这件事传到秦桧耳朵里,不容分说,抓来就施以杖责,并将其刺配充军到边远的地方去。这也算得上我国历史上较早发生的一桩文字狱的案子了。武将解潜、辛永宗也都因为不赞成秦桧的和议主张,被逼而死。秦桧大权独揽,炙手可热,表面上镇定自若,实际上是寝食不安,惶惶不可终日;因他作恶多端,朝内外正直的人对他都嗤之以鼻,侧目而视。绍兴二十年(1150年)正月,秦桧上朝的时候,一个名叫施全的殿司小校身藏利器,守候在秦桧必经之道上预谋刺杀,却在慌乱中没有击中,结果施全被处了极刑。从此秦桧进进出出都有五十个卫士手拿着长长的棍棒护卫。浩浩荡荡,煞有介事。

在秦桧遇刺未遂事件发生之前,其实他早有预感,早就有了部署。身边的殿司小校会干出这种事来他倒并没有留意到,他的主要心思大多放在了身后的舆论准备上。在绍兴十四年(1144年),他首先做了两件事:一件是向皇上请求禁毁野史;另一件是让他的儿子秦熺担任秘书少监领国史，编辑《日历》五百卷，中间夹有歌颂秦桧丰功伟绩的文字两千多。

自从秦桧第二次担任宰相之后，他把与上次被罢去相位有关的诏书、奏疏，只要牵连到秦桧劣迹的，或删改，或焚毁，不留丝毫。因此，留传至今的、记载当时时政的大事记，都已经是秦熺的手笔了，没有什么真实性可言。

绍兴十五年（1145年），秦桧又一次奏请皇上禁绝私史，禁绝的理由是私人写史，多带有个人感情色彩，会歪曲历史。其实是秦桧心中有鬼。他见高宗对禁私史的兴趣不浓，时时担心给后人留下话柄，因此，他竭力贬抑私人所编写的史书，弄得有些史家和史家子孙人心惶惶。

司马光的曾孙司马伋担心先祖留下的《涑水记闻》会带来不测，于是急急忙忙上书皇上，反复申明《涑水记闻》不是他曾祖的著作。我们知道，《涑水记闻》是司马光居涑水时的著作，它记录了宋代自宋太祖至神宗期间的旧事，很多事件都涉及国家大政，对于许多争论问题的孰是孰非司马光都有所评论。这也就无怪乎他的后人慑于秦桧的淫威，迫不得已否认先祖的"著作权"。这样做，果然奏效：司马伋不仅免遭不测之祸，反而还升了官。

还有这样一个例子：宋代的藏书家李光，家里收藏了万余卷书，在当时的恐怖情势下，李光害怕藏书引祸，下了个狠心，放一把火将书库烧光了。放火烧掉自己辛苦积储起来的书，这要有多大的决心和勇气啊！在这种特定的政治气候下，这也是不得已而为之的事。李光，字泰发，越州上虞（今属浙江）人。据《挥麈录》所说，李氏后人自毁藏书在丁卯年，即绍兴十七年（1147年）。[1] 自毁藏书的原因是秦桧专权，

---

1 ［宋］王明清：《挥麈录》卷七云："（叶少蕴）收书逾十万卷。""丁卯冬，其宅与书俱荡一燎；李泰发家旧有万余卷，亦以是岁火于秦，岂厄会自有时耶？"

禁毁私史。秦桧曾放出传言，说："会稽士大夫家私藏野史，毁谤时政，胆莫大焉！"最初，李家后人还蒙在鼓里，不明白秦桧所指，后来，话越传越真切，才了解到秦桧所说就是李光、李孟坚父子，说李家父子私藏野史，毁谤时政！确凿证实的这消息，是李孟坚的朋友陆升之，他在朝中亲耳所闻。为此事，藏书被毁，李氏父子以"妄撰私史，讥谤朝廷"的罪名，被发配边远。

叶梦得（1077—1148年），号石林居士，他家所藏的十多万卷图书在丁卯那年也据说因为"守者不谨"，与老屋俱烬于火。这很令人生疑。所谓"守者不谨"，十之八九是史家的隐饰之词。

宋代书禁，早在秦桧之前就有发生。蔡京、蔡卞专权时对士人的异端著述，就曾采用过严厉的禁戒手段，或篡改史实，或悬赏收购，或焚而剿灭之。比如苏轼、黄庭坚的文集，范镇、沈括的杂论都在严密的禁锢之列。[1] 连司马光的《资治通鉴》尽管神宗有训，也差点遭毁。

禁毁书籍的手段是残酷的，其用心实在又很愚蠢，正是乱臣贼子的虚弱表现。这里用"色厉内荏"这个成语最为恰当。

历史上曾经发生过的事，以后又常常会重复发生。明代奸相魏忠贤诬陷忠良，追害东林党人，其劣迹与秦桧、蔡氏兄弟相比也自在伯仲之间。明末，顾秉谦秉承了魏忠贤的旨意，编纂了《三朝要典》，妄图达到篡改历史，掊击贤士大夫的目的，这一手段比起秦桧焚毁野史要来得有恃无恐，更加明目张胆。

天启六年（1626年），由魏党人物顾秉谦、崔呈秀、冯铨等编纂的《三朝要典》修成，送皇史宬收藏。五月，明熹宗"命《三朝要典》副

---

[1] 《靖康要录》卷七。

本，即发礼部刊刻，赐给百官，颁行天下"。[1] 而且下令各地翻刻广布，其目的是以明"万世是非"。熹宗称之为"乃人心之公论，万世之大防"也。[2]

《三朝要典》采用的是编年体例，按时间先后，依次记述了梃击、移宫、红丸三桩大案，在记述过程中把朝臣奏议、皇上诏令都依次记录下来，然后加上了史臣的评论。在《三朝要典》中将东林党人王之寀、孙慎行、杨涟作为晚明"三案"的罪魁祸首。我们就以"移宫案"为例简要说一说。

光宗（朱常洛）去世之后，传位给长子朱由校，即明熹宗。光宗妃子李选侍却一直住在乾清宫里，到光宗死后，仍不肯搬出去。乾清宫是皇帝居住的地方，她赖在这里不搬，这样一来她就跟皇帝同住乾清宫了。她不搬出去的真实原因是想控制住皇太子，并且一直妄想邀封自己为皇太后。杨涟、左光斗认为李选侍不是皇后，就应该移位到哕鸾宫里去。这样做的弦外之意是为杜绝后妃干政。尽管有一些宦官竭力反对，但迫于东林党人的压力，李选侍无可奈何地搬出了乾清宫。

此事在《三朝要典》中却诬称兵科给事中杨涟勾结内监王安，逼害李选侍。熹宗又是个无能之辈，一任魏忠贤摆布，这样魏忠贤就在移宫案以及梃击、红丸二案上给东林党人扣上了开衅骨肉、罔上不道的罪名，白纸黑字，广泛刊布，"铁案"如山，谁也无法推翻它了。

明熹宗朱由校也短命，在天启七年（1627年）死去了，毅宗朱由检即位。时局突变，东林党人重新掌握实权，魏忠贤及其党羽也一个个地倒了台。至崇祯朝，在倪元璐的主持下，销毁了《三朝要典》。在

1 《明熹宗实录》卷六十七。
2 《明熹宗实录》卷七十一。

《明通鉴》卷八十一上曾记述了这件事的始末。

> 梃击、红丸、移宫三议哄于清流，而《三朝要典》一书成于逆竖，其议可兼行，其书必当速毁……由此观之，三案者，天下之公议，《要典》者，魏氏之秘书。三案自三案，《要典》自《要典》也。今为金石不刊之论者，诚未深思。臣（倪元璐）谓翻即纷嚣，改亦多事，唯有毁之而已。[1]

利用篡改历史的手段来掩盖自己恶行劣迹的人，到头来也总逃脱不了历史的惩罚。魏忠贤尽管煊赫一时，但在崇祯二年（1629 年）即定为逆案魁首，结果是死无葬身之地。

《三朝要典》今有天启刻本传世。它是一部歪曲历史的书，但其中引录了当时朝臣们的奏章和皇帝的诏谕等，这些真实可靠的材料借此保存到了今天，也有可供历史学者，特别是明史研究者利用的价值在。[2]

由秦桧禁私史到魏忠贤篡改"三案"历史的事，我们又联想到秦桧《绍兴御书刻石》的倡议以及清代大官僚年羹尧和和珅刊刻《陆宣公奏议》《礼记注疏》的事。很清楚，他们的所作所为，仅是标榜斯文，附庸风雅而已，并无学术研究的价值可言。提到年羹尧，我们又不得不再说上点有关"书"的事。年羹尧官至四川总督，平乱立有大功，他恃功骄恣，雍正皇帝大为不满。内外大臣纷纷弹劾，群起而攻之，列出了年

---

1 又见〔清〕张廷玉：《明史·倪元璐传》。
2 倪元璐认为《要典》成于逆党，是非低昂，皆失其衡，故论者欲毁之。予谓诸君子之心之言，亦赖之以存，当与《元祐党人碑》，同垂千古。小人以此斥君子，而我以小人之斥为君子之荣，则正不必毁矣。"

羹尧九十二大罪状。私行刻书也是罪行之一。就在逮捕、抄家的时候，意外地从他家里发现了一本叫《西征随笔》的抄本，卷首有汪景祺作的序。[1] 汪景祺是钱塘举人，在年羹尧的幕府做事。汪景祺写了许多诗，诗中有不少"狂妄悖逆"之语，例如他用"皇帝挥毫不值钱"来讥讽圣祖等等，结果遭受严刑逼供，按"大不敬"律处罪，斩首示众。其妻儿亲属发配到宁古塔为奴。年羹尧也被赐了死。

---

1 ［清］吴振棫：《养吉斋余录》卷四。

《永乐大典》的修纂及其散佚

　　我国历史上规模最大的类书，首推《永乐大典》。

　　永乐是明成祖朱棣的年号。《永乐大典》的编纂始于永乐元年七月。修纂之始，朱棣就指示说，自有文字记载以来，凡经、史、子、集，百家之书，以及天文地志、阴阳医卜、儒道技艺等各类图书，要"毋厌浩繁"，尽其可能收聚起来，分类编辑成一部"统之以韵"的书。曾发动"靖难之变"的朱棣，作为朱元璋的第四子，从侄儿建文帝手中夺取了皇位宝座，登基伊始，仓促编书，到底是出于何种动机？

　　"靖难"之举，叔侄争位，毕竟与封建正统观念相违背，朱棣有个不可告人的目的，想利用编书来炫耀他的文治之功，借以笼络一批知识分子，消弭他们的不平之气。[1]

　　最初，由翰林学士解缙等奉旨编修。参与其事者凡百四十七人。第二年，书就编好了，朱棣赐名《文献大成》。当时还没有《永乐大典》的名称。因为编书的时间匆促，编纂简略，所以明成祖朱棣不甚满意，

1　修纂《永乐大典》的本意是："永乐中，命解缙纂集类书，为文献大成……至靖难之举，不平之气遍于海宇，文皇借文墨以销垒块，此实系当日本意也。"（[清]孙承泽：《春明梦余录》卷十二）

决意扩大收辑范围，重新组织人马增修。

永乐三年（1405 年）加派太子少师姚广孝等重加修纂。由姚广孝、解缙、郑赐为监修。修纂的写作班子规模十分宏大。全祖望《抄〈永乐大典〉记》中，叙述初修《永乐大典》时调动人力的情况，说："其时公车征召之士，自纂修以至缮写，几三千人。缁流羽士，亦多预者。"所谓"缁流羽士"也就是指僧人道士之辈，监修姚广孝原本就是个高僧，法名道衍。据说，朱棣征用缁流羽士的另一个动机是暗中打探建文帝朱允炆的下落，因为外界盛传他藏匿在寺庙里。[1] 编写者三千是个约数，实际的确切人数是 2180 人。"包括正总裁 3 人，副总裁 25 人，纂修 347 人，催纂 5 人，编写 332 人，看样 57 人，誊写 1381 人，教授 10 人。办事官吏 20 人。"[2] 他们"旁搜博采，汇聚群分"，收辑图书七八千种，在永乐六年（1408 年）大功告成，定名为《永乐大典》。[3]

《永乐大典》，全书 22777 卷，目录 60 卷，分装为 11995 册。皇皇巨制，盖世绝伦。[4]

《永乐大典》收辑的各类文献资料起自上古，下达明初，很多内容又都是整篇整段的照录，规模宏大，搜集富赡。所以，在客观上它为后代保存了许多珍贵的图书资料。特别是宋元之前的佚文秘籍因之得以保留。清代乾隆三十八年（1773 年）修纂《四库全书》就从中辑出佚书 385 种。从保存祖国珍贵的文化遗产这一角度看，《永乐大典》的功绩

1 今学者虞万里在其《榆枋斋学林》一书中发表了《有关〈永乐大典〉几个问题的辨证》一文，从四个方面作了"纂修动机探赜"。
2 参见王重民：《中国目录学史论丛》，北京：中华书局 1984 年版，第 176 页。
3 《永乐大典纂修人考补》，见朱鸿林：《明人著作与生平发微》，桂林：广西师范大学出版社 2005 年版，第 86 页。
4 清代学者全祖望精究经史，"阅翰林院书库有《永乐大典》二万二千七百七十七卷，求尽读之，日以二十卷为限，时人比之江夏黄童。"（［清］钱林：《全祖望传》）

是不朽的。

《永乐大典》编成之后，藏贮南京文渊阁，未刊刻。永乐十九年（1421年）北京皇宫落成，移贮于文楼。有说："永乐成书，本缮两部。正本贮文渊阁，副本贮皇史宬。"[1]也有认为，在正统己巳年（1449年），南京宫内失火，文渊阁东阁先前所贮藏的书，全部化为灰烬。[2]史学界一般的说法是，永乐成书之初，仅缮写一部，于永乐十九年北京新宫建成之后，移藏文楼。此为正本。

相传《永乐大典》自编成至嘉靖年间，一直贮藏在文楼，除明孝宗、世宗曾有过查阅外，极少有人读过它们。

嘉靖三十六年（1557年），宫禁失火，经抢救免于焚毁。

嘉靖四十一年（1562年），宫禁又失火，"世庙亟命挪救，幸未至焚"。经过这两次火灾的惊吓，为保存先祖珍贵遗产，世宗下了诏书，命阁臣徐阶召集儒臣仿照《永乐大典》原本格式，摹抄一部。所用抄书书手108人，一说109人，[3]每人每天抄纸三叶：一纸三行，一行28字。定人定量，各司其职，制订有严格的规章制度。从嘉靖四十一年起，到隆庆元年（1567年）才告完成。此为副本。[4]

万历年间，两宫三殿又遭火灾。如此书渊，竟毁于一炬，不免令人叹惋久之。[5]但很多人不相信这是事实。"不知此新旧《永乐大典》二部，今又见贮藏于何处也？"据史家考证，正本大概毁于明季之乱，副本散

---

1 ［清］孙承泽：《春明梦余录》卷十二。

2 ［明］姚福：《青溪暇笔》。又，《四库全书提要》谓当时加两部，原本贮南京，副本贮皇史宬，后毁于明季之乱。其永乐间成之正本，则废于文渊阁。将此说附识于此，供读者参考。

3 也有称为一百八十人者。见［清］全祖望：《抄〈永乐大典〉记》。

4 《四库全书总目》："选礼部儒士程道南等一百人，录正副二本。"此说恐有误。

5 ［明］刘若愚：《酌中志》卷十八。

失各处；其翰林院残本毁失于庚子之役。

如前述，《永乐大典》采取了整篇整段抄录原著的方式编纂，因此它保存了极其丰富的原始资料，特别是原著已经亡佚的古书，而能赖《永乐大典》得以保留下来，实在是弥足珍重的事。[1] 正本全毁，副本残卷又烟云四散，因此能觅得它的一鳞半爪、零星残片，也是一种幸运。钱大昕日记有云："借得李仁甫《续通鉴长编》第一函，即《永乐大典》内抄出之本也。"[2]

在乾隆开馆修纂《四库全书》时，经清点，《永乐大典》的副本阙残 2422 卷。其间，乾隆还认真地清查过。郭则沄《十朝诗乘》卷十中说："《四库全书》设馆始于乾隆癸巳，命词臣取院藏嘉靖重录本之《永乐大典》分类编辑，每卷尾有余纸，即以赐之。"据传有这样一件事：乾隆三十九年（1774 年），担任《四库全书》编修的黄寿龄，私自将六册《永乐大典》带出了皇史宬，放在家里，不慎被人偷了去。乾隆知道后大为恼火，立即下令"查询明确，据实覆奏"。由步军统领尚书英廉领衔缉查。由于缉查的风声吃紧，偷盗到六册《永乐大典》的贼儿就趁人不备，暗自将书抛在了御河桥边。书找到了，黄寿龄受到了罚俸三年的处分。

然而，国家的政治、经济衰败，各个方面都将受到外人欺凌，像《永乐大典》这样的珍籍秘本当然难以保得住。经咸丰十年（1860 年）英法联军之役，焚毁圆明园，《永乐大典》残卷也毁的毁，抢的抢，难

---

1 如宋代诗人葛绍体曾有《东山诗文集》，已佚，所幸《永乐大典》辑有《东山诗选》二卷，据其诗，方知其曾官任嘉兴等地，也曾寓居临安。葛氏诗存世二百一十二首，其中以银杏叶诗最为闻名。如《晨步书所见》"等闲日月任西东，不管霜风著鬓蓬。满地翻黄银杏叶，忽惊天地告成功。"

2 ［清］钱大昕：《竹汀先生日记钞》卷一。

以幸免。到光绪元年（1875年），翰林院中残本不到5000册。至光绪三年（1877年），仅存3000余册。到光绪二十年（1894年），只存800多册了。翰林院官员偷盗，洋人高价收购，《永乐大典》的亡佚速度如此迅疾，闻者无不瞠目。其间有个叫文廷式的，就盗走了百多本。

清人王颂蔚送黄遵宪出使英法时，曾即时赋诗，云：

> 《大典》图书渊，渔猎资来学。
>
> 岁久渐沦芜，往往山岩伏。
>
> 颇闻伦敦城，稿尚盈两屋，
>
> 愿君勤搜访，寄我采遗目。

中国人要到外国去寻访中国书，这是怎样的一幅情景？国人读罢此诗，又会有怎样的心境啊！

光绪二十六年（1900年），八国联军入侵，翰林院藏书为侵略者又一次大劫掠，或辗转出售，或用以代薪，残余部分大多毁于兵火中。[1]事后仅得《永乐大典》300余册。到1927年，存教育部图书馆者，只60册而已。

1920年，叶恭绰在英国伦敦小古玩铺里发现一册，内容是卷一三九九一的《小说屑》等戏文三种。购回后，原为私藏，后又不知流落何处。现仅有仿抄本传世。这样一部百科大书的坎坷命运，由此可见一斑。

1　胡寄尘编：《清季野史》第一编《都门识小录》："庚子拳乱后，四库藏书，残佚过半。都人传言，英、法、德、日四国运去者不少。又言洋兵入城时，曾取该书之厚二寸许长尺许者以代砖支垫军用器物。武进刘葆真（可毅）太史拾得数册。阅之，皆《永乐大典》也。"

解放后，1951年在张元济（菊生）先生倡议下，将原上海涵芬楼所藏21册《永乐大典》捐献给国家。一些私人收藏家周叔弢、赵元方等，也把自己珍藏多年的《永乐大典》残卷捐献出来。苏联和德意志民主共和国也分别将侵略军劫掠去的残卷归还我国（苏联归还64册，民主德国归还3册）。到1959年，中华书局将搜集到的《永乐大典》计730卷，影印出版。后又陆续收集到67卷，与原有的合在一起，于1986年仍由中华书局重新出版增订本，印制成十六开精装本，为研究和整理我国古代文化典籍提供了便利。

附记一

1999年5月有消息称：《永乐大典》正本可能做了嘉靖的陪葬物，在永陵地宫。对此，2000年1月7日上海《文汇报》以《世纪的寻找——有关〈永乐大典〉命运与下落的采访》为题作了长篇报道。在报道中还提到了钱钟书先生的思路，说："永陵是应该找，而没有找的地方。"煞有介事。其实，这许多的想头，只能说是良好的愿望而已。早在1995年4月25日《大公报》上任道斌教授就引了《通雅》的注文，云："《永乐大典》（指正本）藏于文楼，——万历中因三殿火，书遂亡。"

2020年，巴黎当地时间7月7日下午4时47分，两册《永乐大典》在巴黎知名德鲁奥拍卖公司二号拍卖厅举拍，经过11分钟的激烈竞拍，最终由现场的一位中国女士以640万欧元的净价拍得。当天，两册《永乐大典》以1万欧元起拍，瞬间突破50万欧元，1分半钟之后，竞拍价已经突破拍卖公司显示屏的极限，竞拍价无法显示。当天竞拍成功的女士从200万欧元时开始竞价，最终以640万欧元拍得。据悉，德鲁奥的拍卖佣金为27%，因此，两册《永乐大典》的最终成交价为812.8万欧元。永乐大典作为全世界最早的一部百科全书，比法国的百科全书早300年。但经过战乱和磨难，尚存世的400余册《永乐大典》散落于世界各地。巴黎拍卖的两册《永乐大典》隶属湖字（2268—2269）、丧字（7391—7392）卷，除书皮磨损、稍有水痕外，品相尚佳。《市报信息报》以《两册〈永乐大典〉在法国拍出640万欧元 花落中国买家金亮先生》为题刊登了这则消息。

附记二

《永乐大典》卷二六〇五收宋人笔记《灯台》："东山寺道觉谓刘中明曰：'某备苏油如来圣像前，二十年不绝，积兹胜利，所谓无涯。'中明曰：'古者修行，子以身为灯台，心为灯盏，增诸戒，照一切无明。以油烛为胜利，即非也。'"此乃道觉"加油"的修行故事，不妨一读。

成化"妖书"之禁

元代末期，农民起义军曾经以弥勒教、明教、白莲教为组织形式，秘密结社，反抗封建统治者，力图从被奴役被压迫的最下层的地狱般生活中挣脱出来，争取人身的自由。所谓"妖书"实际上就是他们用以宣扬教义的经书图本。朱元璋亲身经历过元末农民起义的洗礼，深知"妖书"宣传群众、号召群众的巨大影响力，所以在取得政权之后，在洪武六年（1373 年）制定的《大明律》中明令禁止：

> 凡造谶纬、妖书、妖言及传用惑众者，皆斩。若私有妖书，隐藏不送官者，杖一百、徒三年。

然而，宣扬弥勒教等的宗教教义的秘密宣传活动，自明太祖到以后的一二百年里从未间断。朝廷屡禁不止，"犯者愈众"。参与活动的人，不仅有道徒僧众、山野小民，也有军人官吏。成化十年（1474 年）五月朝廷重申了收藏"妖书"的禁令，并在同年十二月，向全国公布了所禁"妖书"的书目，[1] 其中包括诸如《番天揭地搜神记经》等共九十六篇

---

1 ［清］张廷玉：《明史·宪宗本纪》："（十年）夏五月戊申，申藏妖书之禁。""（十二月）甲午，录妖书名示天下。"

目。[1] 这些书属于经书、谶纬、天文之学一类。

为什么宪宗要在成化十年下此禁令呢？

事出有因。成化八年（1472 年），直隶东光县县民刘通不仅在家里收藏《九龙战江神图》《通天玩海珠》等书，并经常与人讲说，后被处以"妖言谋反"罪，处决了。[2] 官府出示榜禁，谁收藏有这些"妖书"，在榜文下达之日起，限于一月之内，尽行销毁，这样才能赦免罪过；如果藏匿捏造，造谣惑众，一旦发现，首犯要处以死刑，全家发配到边远充军。

到了成化十年，在山东又发生了兖州府济宁州民陈福礼父子收集、制作、散布"妖书"的案子。从案结后的判词（我们姑且认它合乎事实）中，我们知道，他们收集并编写"妖书"，绘制图样，私制龙凤朝章，设立坛场，谋为不轨。他们吸收了不少信徒进入倒马寨聚会，选好黄道日、祭寨旗印等。后来被人告发到锦衣卫。陈福礼父子等一大批人被逮捕归案，主犯都被处死，亲属中成年男子充军，家属也都随往。

《明通鉴》卷三十二载，按都御史李实奏请："锦衣镇抚司累获妖书，语多妄诞；小民无知，往往被其幻惑。请备录妖书名目榜示天下，并定传习罪名，俾畏法不敢再犯。"最后，此建议被采纳，将陈福礼案中所收缴的九十六本"妖书"篇目，公布出来，告示天下。

尽管朝廷一再颁发禁令，但是"妖书"并未绝灭。人们在私底下照样传观、借抄。到了成化十九年，法司面对大有发展泛滥之势的"妖

---

1 "妖书"图本名目九十六，如《番天揭地搜神记经》《金龙八宝混天机神经》《玄娘圣母经》等。名目可见《皇明条法事类纂》卷三十二、《明实录》卷一百三十六、《典故纪闻》卷十五。
2 《明宪宗实录》卷一百二十七、《国榷》卷三十七有记。

书"，制订出更为严厉的法令，据《皇明条法事类纂》卷三十二，凡是收藏有"妖书"的，凡是在家看观"妖书"的，一旦发现，充军论处。

从公布的"妖书"篇目分析，绝大多数属于宣传宗教教义、神话迷信方面的书。因为封建王朝的严厉禁止，历史的沧桑变化，流传到今天的极少。

此外，我们还应看到，也有锦衣卫，乃至一般官吏，利用"妖书"肆意诬害百姓的事件发生。成化十三年（1477年），锦衣卫诬陷宁晋人王凤与一个聋人收集"妖书"，图谋不轨，并且还牵攀当地的知县薛方、通判曹鼎，说他们与王凤合谋，传播妖书妖言。为此他们被无辜抄家，在严刑拷打之下，不能不含冤服罪，了结此案。薛方、曹鼎的家属不服，到上方申冤，法司只得复核案情，证实冤屈，最后判处诬告的人"妄报妖言"罪。然而宪宗却轻描淡写，只是说：今后不要戕害了无辜。含糊其辞，此案不了了之。[1]

以上我们比较集中地记述了明宪宗成化年间发生的"妖书"案例，其实有明一代对"妖书妖言"的禁止一直没有断绝过，然而越禁越多，"妖书"一直未能得以禁绝。

在这里，我们之所以把"妖书"之禁的定题范围，确定在明宪宗成化年间，其中一个原因是这方面材料的来源有一段并不一般的经历。

以上有关材料我们取于明人戴金[2]所辑的《皇明条法事类纂》一书，明抄本，五十卷。这是一部记录明代中期成化至弘治初年条例的奏请及其制订的原始档案，它为我们提供了《明实录》《明史》上未记载的案例材料。这部书在国内已经绝迹，而竟然出现在日本东京大学图书馆，

---

1 ［清］张廷玉：《明史·刑法志三》。
2 据考证，戴金不过是托名而已。

1966 年由日本东京大学影印出版。原来这部书是清嘉庆年间藏书家陈鳣的旧藏。它是怎样流落到日本去的？我们尚不清楚。

另外，我们又发现了另一部书叫《条例全文》。《皇明条法事类纂》中的大部分原始档案材料，其实是抄录于这部《条例全文》的，只是改编年体例为以类纂辑的形式罢了。那么《条例全文》又是怎样的一部书呢？它是明代成化、弘治初年条例奏本的汇编，按年代先后顺序编列，明抄本，共计应有四十大册。[1] 这样珍贵的原始档案材料，命运如何？至今东西南北，散落各地，又残缺不全。大致分布是：北京图书馆存一册，宁波天一阁存八册，在台湾现存有十六册。此外的十五或十六册下落不明。

我们由成化的"妖书"之禁，讲到了它的资料来源及其存佚现状。笔者不免要发出如此感慨：尽早完成祖国统一大业，将分散的古书收聚到一起，为继承祖国文化遗产，发扬华夏文化而共同努力。

1　［清］张廷玉：《明史·刑法志》：嘉靖元年（1522 年），"两人相争并列，上命检成、弘事例以闻"。成化、弘治事例对嘉靖朝的影响，此其一；事例犹如成案，嘉靖朝一准于前，其法律效力依旧，此其二；弘治十三年已订有《问刑条例》，嘉靖初还提成、弘事例，可见律例合编的法律文本尚未完善，此其三。

《四库全书》与乾隆禁书

　　《四库全书》是我国一部规模空前的大丛书。清乾隆三十七年（1772 年）开始修纂，乾隆四十七年（1782 年）全书告成，历时十年。早在康熙、雍正年间，已编纂有《古今图书集成》。此书为陈梦雷原辑，雍正年间蒋廷锡等奉敕重辑，一万卷，包罗万象，规模宏大，堪称类书之最。为何又要编纂《四库全书》呢？

　　乾隆三十七年正月初四上谕中说："《古今图书集成》因类取裁，未能一一征其来处，搜罗尚欠广博。"为昭彰千古同文之盛，所以再有广泛购访、甄择、编著的必要。话说得倒也堂皇中听，大有整理、保存古代文化遗产的宏伟愿景和规划。最初准依安徽学政朱筠的条奏，详悉校核《永乐大典》，将《永乐大典》中实在流传已少，"足资启牖后学，广益多闻者"，从书中摘出，汇付剞劂。[1]

　　乾隆三十八年，钦定书名为《四库全书》。"四库"指经、史、子、

1　另见［清］朱筠:《笥河文集》卷一《谨陈管见开馆校书折子》:"臣在翰林，常翻阅前明《永乐大典》，其书编次少伦，或分割诸书以从其类。然古书之全而世不恒觏者，辄具在焉，臣请敕择取其中古书完者若干部，分别缮写，各自为书，以备著录。书亡复存，艺林幸甚。"

集四部，即将四大类别的古代图书囊括于一书的意思。"四库"一语出自《新唐书·经籍志》。如今，皇帝下令向全国征集图书，全国各藏书家只得忍痛割爱，把珍藏的稀世善本呈献上去。所幸献书之后，由四库馆照录一过，然后照规定将原书发还。当时献书最多的是浙江的鲍士恭、范懋柱、汪启淑，两淮的马裕四家，献书都在五六百种以上，曾受到乾隆帝的嘉奖。

担任四库馆总裁的，有身为乾隆第六子的永瑢等，实际上，由纪昀、孙士毅、陆锡熊三人专司总纂官之职。历任馆职者共三百六十人。

《四库全书》共收书三千四百四十八种，七万八千七百二十六卷。[1] 全书一式缮写七部，每部装订成三万六千册，每册册面经部用青绢，史部用赤绢，子部用白绢，集部用黑绢，分别象征春夏秋冬四时之色，共分装成六千七百五十二函。它们分别贮藏于"北四阁"，即北京文渊阁，圆明园文源阁、沈阳文津阁、承德文溯阁和"南三阁"，即杭州文澜阁、扬州文汇阁、镇江文宗阁。北四阁抄本用开花榜纸，开本比南阁稍大。后经太平天国之役及外国侵略者的破坏，文汇阁、文宗阁毁于战火；文源阁被英法联军焚毁。现仅存四部：一部在北京图书馆；一部在甘肃省图书馆，是原沈阳文津阁本；一部在台湾省；一部在浙江省图书馆。浙江省图书馆所藏《四库全书》，为原文澜阁本，所藏多有散失，后由丁丙主持抄补配全。

在纂修过程中，纂修官把他们认为价值不高，或内容有碍清政府意

1　采用王重民的说法。收书品种和卷数历来说法不一。如《辞源》称收书3503种，79330卷。中华书局1965年版《四库全书总目》"出版说明"称收书3461种，79309卷。1979年版《辞海》所说种数卷数又有不同，称收书3503种，79337卷。《四库全书总目提要》收著录入库的书3470种，存目书6819种。

旨的，没有收入《四库全书》的，称为"存目"书，见录六千七百八十三种（一作六千八百十九种），共九万二千二百四十一卷。对于著录入库的书和存目书，均由馆臣写出提要，即今《四库全书总目提要》，永瑢、纪昀任主编，约于乾隆五十八年（1793年），由武英殿刊版印行。

《四库全书》的修纂，从保存和整理古代文化典籍来说，无疑有泽被后学的功绩，然而，乾隆皇帝征集、甄选、编纂的真正目的，并不如"上谕"所说的仅仅是昭彰千古同文之盛。从他禁毁、笔削、摒弃的图书来看，完全是出于打击排满思想的政治需要。[1]

清初一百二三十年过去了，先祖所采用的斩尽杀绝政策，似乎不大有效，民众反对清政府的情绪有增无减，远未弭灭。这是什么原因呢？顺治康熙间有庄廷鑨《明史》案，康熙时有戴名世刊刻《南山集》案，雍正六年（1728年）有曾静、吕留良文字狱案，直到乾隆二十年（1755年）还有翰林学士胡中藻刊削《坚磨生诗抄》案，此外，乾隆四十三年（1778年）诗人沈德潜因写过《徐述夔传》，受徐述夔的"《一柱楼诗》案"牵连，被磨毁墓碑字迹，乾隆下诏：碑石"移存他处，以昭炯戒"。[2]大小文字狱案有几百起之多。如此众多的案狱，大多数与"文人""文字"有关。乾隆心里明白，那些"思明反清"思想的宣传始终是政权潜在的威胁。光靠杀掉几个文人、焚毁若干本"黑书"，并不能彻底解决问题。他想出了一个"极妙"的办法，就是"编书"。编书，既可以笼络汉族中某些高级知识分子，借整理典籍，消弭他们的民族意识和反抗情绪，又可以在全国范围内对现存图书进行一次大规模

1　有说和珅是《四库全书》的总裁，掌管删改、抽毁书籍的献策人。

2　参见安平秋、章培恒：《中国禁书大观》，上海：上海文化出版社1990年版，第354页。

的清查，对有违清王朝意旨的书进行一次毁灭性的大扫荡。这样做当然比杀掉一些反清分子要高雅得多，要冠冕堂皇得多。修纂《四库全书》的真实目的就在于此，与永乐皇帝编纂《永乐大典》相比，是有过之而无不及的。

乾隆三十八年降旨，博采遗编，汇为《四库全书》。起初，许多藏书家都采取了观望的态度，或略作呈献以搪塞。岂不知乾隆皇帝是下了决心的，他摸准了知识分子的心理，也包括藏书家们在内。乾隆说得体面，云："文人著书立说，是各抒所长；有些传闻的说法有出入，有的记载不符合实际，在所难免，何必观望不前，一至于此？"还说即使有些图书内容触冒违碍，譬如《南史》《北史》就互相诋毁，这是前人的偏执之见，与当前征集图书是无关的，又何必过于多虑，畏首畏尾呢？

同时，朝廷向各地督抚提出警告："若再似从前之因循搪塞，惟该督抚等是问。"进而下了死命令，征集到图书后，立即奏报，不必像先前所指示的那样先自检阅。而且要求督抚拓宽搜集范围，不管图书的作者和来历，不致有残本片叶的亡逸。由此可见，这已经很不像在编书了，而是一次名副其实的全国性大搜缴，而且搜缴得相当紧迫：凡禁书，令民间限期缴销，时限为半年；限满后，如有隐匿违碍悖逆之书者，发觉后，将隐匿者从重治罪。

清政府特派正总裁英廉主办查书的事，查出触违清王朝主张的图书，包括明末清初边事记载以及清廷宫闱传闻之类的书约二千余种。如屈大均、吴伟业、龚鼎孳、吕留良等人的个人著作及相关联的书都在禁毁之列。对著作中的民主思想或民族意识，乾隆皇帝及其御臣们特别敏感，据浙江一省的统计，在乾隆三十九年至四十六年间，共查缴送毁二十四次，查缴应禁各类书籍计五百三十八种，一万三千八百六十二部。

钱谦益（1582—1664年），明末清初江南大藏书家，又是一个著作极富的人，我们在本书《钱牧斋与绛云楼》一篇中介绍他。明亡后，他就投降了清政府，任礼部右侍郎。对于这样一个一百多年前归顺清廷的虔诚学人，乾隆也并未放过。认为他的《初学集》《初学二集》语涉诽谤，从此毁版禁印，窜夺更改，无所不用其极。

据《办理四库全书档案》记载，乾隆四十三年四五月间，正要把《四库全书总目》付刻的时候，乾隆皇帝发现了李清的问题，称李清《诸史同异录》中讲了崇祯和清世祖顺治内容相仿的四件事，认为那是有意辱没他的祖宗。于是，把李清著作从总目中剔除，"暂缓办理"。其实，李清其人在明亡之后就隐居乡里以著述自娱。康熙皇帝征召他出修《明史》，他拒不应召。清廷对他蔑视权贵、抗节不仕的民族情绪，大为嫉恨。李清的著作被禁毁，也是很自然的事，乾隆为先祖泄愤在其次，关键在于杜绝反满思想的源头。

到这个时候，乾隆修纂《四库全书》已取得了初战的胜利，在乾隆四十三年十一月初四日的上谕中就引用王锡侯、徐述夔逆词案为例证，明确指出了查办违碍书籍的紧迫性，"查办业经数载，仍复有续获之书""如有藏明末国初悖谬之书，急宜及早缴出"，因此，乾隆通谕各督抚，从接到圣旨之日起，以两年时间为限，实力清查。上谕中用了极不客气的口吻，大有斩草除根、除根务尽的势头。宣谕："凡收藏违碍悖逆之书，俱各及早呈缴，仍免治罪。至二年限满，即毋庸再查。如限满后，仍有隐匿存留违碍悖逆之书，一经发觉，必将收藏者从重治罪，不能复邀宽典。"此谕，显然是对"顽固不化分子"的敦促，发出最后通牒，如有违拗，则格杀不论！

王锡侯，江西新昌县人，乾隆举人。他曾经写了一本叫《字贯》的书，纠正了《康熙字典》中的许多错误，却为仇家告发，称说《字贯》的凡例中未讳庙号和御名。于是，王锡侯在乾隆四十三年十一月被治以大逆不道之罪，逮狱论死。江西巡抚至监司均被革职。

徐述夔，扬州东台人，康熙时举人。著有《一柱楼诗集》。其中有诗云"大明天子重相见，且把壶儿搁半边"两句，乾隆认为诗句有讽刺朝廷的意思，怀念明朝，咒骂满人。其诗句中的"壶儿"与"胡儿"相谐音。乾隆四十三年十月，述夔被戮尸。株连到他的儿孙及校对、改稿人，一并被处死。

乾隆四十七年（1782 年），《四库全书》已告成书，但查缴禁书的运动却愈演愈烈。在乾隆五十三年（1788 年）五月的上谕中竟再次展限一年，点名查缴。"江苏、江西、浙江省份较大，素称人文之薮，民间书籍繁多，何以近来总未据该督等续行查缴？"难道说这三省的应禁之书，已经全部搜查净尽了？还是督抚把查缴禁书看作无关紧要，始终不严格督促下属认真查办呢？

督抚们自然为保全身家性命，不敢有所怠慢。他们一再表示："实力搜查，以期净尽"，连僻壤穷乡、绅衿士庶都得"详细检查旧箧行笥，断编零帙，尽数呈缴"。他们委派得力官员，"于各处书坊，不动声色，分途购觅"。公开的、秘密的、强制的、欺骗的，施出了种种卑鄙龌龊的伎俩。由此制造的文字冤狱、惨酷繁剧，前所未有，在中国文化史上，乾隆写下了最黑暗的一页。

《四库全书》的修纂中，有一点我们还得提上一笔。出于统治者的政治目的，对有关戏曲、通俗小说方面的图书均予摒弃。这不仅是对民间文学的轻视、对古代文化艺术的摧残，而且是统治者顽固维护封建道统，惧怕人民用文艺手段揭露社会黑暗，表达人民呼声的表现。《四库全书》的"凡例"中记，"其倚声填词之作，命从屏斥"，指的就是戏文之类。

《四库全书》今有上海古籍出版社的影印本。《四库全书总目提要》1981 年中华书局有重印本，十六开，精装二册。另外，1958 年出版有余嘉锡的《四库提要辨证》，它是一部纠正四库提要错误的专著，可供参考。

敦煌遗书

光绪二十六年（1900 年）四月，在甘肃省敦煌县南四十里鸣沙山的莫高窟千佛洞中的佛龛突然坍方，时人奇异地发现在佛龛后面的石室中，贮藏着不少经卷写本。这些经卷写本当时并没有引起人们的多大注意。负责修缮石窟的是肃州巡防退伍军人王圆箓（或作王国箓），人称"王道士"，他按清廷的命令，仍将藏经洞严密封闭。这样，省去了五六千两银子的运费。这个消息对外严密封锁。

原来，这个藏经洞封缄在南宋时期。当时莫高窟的和尚为了躲避战乱，决定离开。离开之前他们把许多经卷文书一股脑儿塞进了石室，外面用泥封死。他们想等战火平息之后再回来打开。不料，他们一去不回，经卷文书在此封闭了九百年。

世上没有不透风的墙。藏经洞发现宝贝的消息终究在神不知鬼不觉的情况下泄漏了出去。1907 年英籍匈牙利人斯坦因，[1] 花了四十块马蹄银，花言巧语，买通了王道士。王道士让他秘密进入藏经洞。进洞七天，挖出遗书七千卷，装成二十九大箱运走了。今藏于英国伦敦博物院

---

[1] 1879 年匈牙利地质调查所所长洛克齐来到敦煌，惊叹敦煌艺术之美。他将敦煌艺术介绍给斯坦因，斯坦因才来敦煌盗宝。参见《斯坦因西域考古记》，向达译。

图书馆。

第二年，法国人伯希和也不甘落后，进洞劫走遗书二千五百卷，这还不包括藏文经卷在内。装成十辆大车明目张胆地运出国门去了。今藏于法国巴黎国立图书馆。

1909年夏，伯希和携带盗运的敦煌遗书一部途经北京，被在北京的日本人田中庆太郎得见，于是田中将此消息公布于日本公众。接着，学者内藤湖南也发表了以"敦煌石室之发现物，千年前之古书十余箱悉为法国人拿走"为题的消息，在日本引起巨大震动。其后，日本的吉川小一郎和美国的华尔纳也步其后尘，来到敦煌干了不光彩的勾当。1911年10月，日本橘瑞超和吉川小一郎带队在敦煌四个月，得四百六十多卷写本和两尊莫高窟塑像。现在存于京都龙谷大学图书馆大谷探险队西域文化资料室。

在日本人去敦煌之前的1910年，清政府才如梦初醒，急急忙忙下令甘肃省府，限期将洞中残卷及文物全部运到京城去。在运往京城的途中，各路大小官僚又垂涎欲滴，利用职权干起了巧取暗夺的勾当，将劫剩的精华部分又盗了去。到了京城，尚未清点，又被李盛铎、刘廷琛、何鬯成、方地山开箱搜罗一通，至此仅剩经卷八千六百九十七卷。收藏在当时的京师图书馆，编出了一个敦煌遗书的简目。

敦煌遗书的上述经历和遭遇，陈寅恪教授在《敦煌劫余录·序》中用一句话作了概括："敦煌者，吾国学术之伤心史也。"

敦煌遗书所涉及的时域，大约在公元4世纪至10世纪之间，即我国东晋后期到北宋时期。

借助敦煌遗书中的早期写本，可以部分或全部恢复某些已经失传了的古籍。例如敦煌残卷唐代写本王绩撰《东皋子集》，卷子中的国字写作"圀"，天字写作"𠀑"，这是武周时期所创制的新字，可证此卷子写于唐武后时期。显然它不是现今存世的三卷本《东皋子集》的原抄本。因为三卷本是唐时陆淳删削五卷本所成。敦煌卷子写于武后时，其时陆淳尚未出生。由此可见敦煌写本是吕才所编五卷本《东皋子集》的残卷了，今已亡佚。用敦煌卷子与现今存世的陆淳所删的三卷本相对校，很明显有许多地方是被陆淳删削而失传的内容，为研究唐代诗人王绩的生平及其创作提供了第一手的资料。

文人之作还有如《王梵志诗》、韦庄《秦妇吟》等。

另外，敦煌遗书中有许多民间文学获得了新生，如变文《韩朋赋》和《云谣集杂曲子》等，大大地打开了文学研究者的眼界。

世上有好些事情被一些好利之徒弄得很糟糕，这不能不说是社会上污秽阴暗的一面。1941 年某一天，据说有一批古籍写本、文牍、书帖等运到了天津，口口相传说是从敦煌来的。然而，仔细翻看，有些卷子上面还赫然有"李木斋"的收藏印。木斋，即李盛铎。他曾做过学部大臣，曾利用职权从敦煌残余的古卷中，挑选出其中最好的归之私囊。[1]天津藏书家周叔弢出大价钱买下了近十种。然而，他再次作了细致的辨别之后，发现这些双钩墨痕，纯属伪造。能让这些伪造的敦煌卷子、书帖再流传到社会上去骗人？周叔弢当然不会。他便一把火将它全部焚毁了。至于他花了不少的钱，那是无可顾惜的。

现今，世界上很多国家和地区收藏有敦煌写本，如英国斯坦因劫经存藏于原英国伦敦博物院图书馆，伯希和劫经全部存藏于法国国立图书馆东方部。有这样一段秘闻：据说伯希和劫回的敦煌写本，有几百页未

---

1 ［清］李盛铎：《木樨轩藏书题记及书录·附录》。

经整理，留在私宅里。现在目录中的几百处缺号可能就是这些。后来，伯希和的遗孀偷偷地将这批写本出售（一说出借）给了美国纽约大都会博物馆，成了私下的一笔大买卖。

沙俄帝国的奥登堡于1914—1915年间曾率领土耳其斯坦探险队劫走大量敦煌写本和其他珍品，数量之巨，远在英、法两国劫经之上，存藏于当时的苏联科学院东方学研究所列宁格勒分所内。日本出版的"讲座敦煌"丛书中称，早在1900年以前，塔城商人库库什金，在塔城耳闻来自敦煌的中国商人谈及千佛洞的情况和有佛经卖给洋人的事，于是带领一行人马前往敦煌，逗留三周，向和尚喇嘛用衣料、线香换得敦煌古文物文献若干，据说那些写本后来落入沙俄驻塔城领事索科夫之手，又送往了帝俄科学院。在美国，敦煌写本主要存藏在纽约大都会艺术博物院图书馆。而日本，由吉川小一郎劫走的敦煌写本除收藏在京都市龙谷大学图书馆之外，在九州大学、名古屋大学、东京灵友图书室中也存藏有敦煌文书、敦煌佛经资料。此外，在韩国首尔大学、印度新德里图书馆、丹麦哥本哈根皇家图书馆分别存藏有敦煌写本的卷子。

"敦煌学"已在世界范围内成为一门专门的学问。对它的深入研究首要的也是必不可少的工作是编出一部全面的敦煌遗书录。当前，随着技术的进步，敦煌文献电子化工作已经卓有成效，如国家图书馆敦煌遗珍项目、汉籍数字图书馆敦煌数据库等，都有较为完整的敦煌文献著录。

"大内档案"的流散

内阁大库是清廷储藏明清两代档案图籍的地方。这里收藏的档案图籍，后人统称之为"大内档案"。其中，有历代皇帝的实录史书，有清军入关之前的"盛京原档"，有明末和清初的诏令文书、奏疏簿册等。积贮巨大，却长期蛛丝蟫粉，固扃冷宫中。当然，也不时有珍本被不为人注意地盗出。如从中流出的《南齐书》，傅增湘认为是眉山七史本。[1]1914年，天津周叔弢用低廉的价钱买到了内阁"天禄琳琅"旧藏的宋本《寒山子诗》，也正由于这个原因，周氏取斋名为"拾寒堂"。李盛铎所收宋刻《礼记正义》《大唐六典》《说苑》等残本也都是内阁大库的旧藏。

清宣统元年（1909年），北京紫禁城里的清代内阁大库有一个殿角

1　傅增湘：《藏园群书经眼录》卷三"《南齐书》五十九卷"条下按云："今北京图书馆藏内阁大库之书所谓眉山七史者，皆厚皮纸钤礼部官书印，与此无一不合，而独于《南齐》乃无一册之存，疑自嘉道以来库书盗出者当不止此一帙矣。""眉山七史"，指南宋绍兴十四年（1144年）间，在四川眉山刊行的《宋书》《齐书》《梁书》《陈书》《魏书》《北齐书》和《周书》七种。其字大如钱，又称"蜀大字本"。今百衲本二十四史中"七史"大多以蜀大字本为底本配补而成。又，宋刊本"《隋书》八十五卷"条下按云："此书，余庚申岁（1920年）南游，获之宝应刘翰臣（启瑞）家，亦内阁大库佚出之书也。"

的墙倒塌了，库房年久失修，必须及时加以整修加固。库房里存储的庞大的大内档案怎么办？经研究决定：将大内档案全部移入文华殿做临时安置，移置之前可以稍作清查，从中剔出陈年旧档——早已失去历史价值的材料，准备援例销毁。当时学部参事罗振玉前去接收，并交学部图书馆作为库藏图书的旧档。他从那批即将销毁的旧档中意外发现了不少十分珍贵的资料，认为不能销毁。正如王国维在《观堂集林》卷二十三《库书楼记》中所云：

> 适上虞罗叔言参事以学部属官赴内阁参与交割事，见库垣中文籍山积，皆奏准焚毁之物，偶抽一束观之，则管制府干贞督漕时奏折。又取观他束，则文成公阿桂征金川时所奏，皆当时岁终缴进之本，排比月日，具有次第。

罗振玉还发现有明代文渊阁留下来的少量图书。于是，奏请内阁大学士兼学部大臣张之洞，暂停销毁，将它装入麻袋，然后运至国子监南学，存放在敬一亭里。原来选出的部分仍堆在库房内。

这些麻袋里装的东西，究竟有多大的价值，在没有整理之前，谁也说不准。不过，在规模这么巨大的档案材料里，人们会想，总会有一些珠玉混杂在沙砾中的，外界传说得更是神乎其神，说有什么海内孤本之类的宝贝混在里面。因此，官儿们都贪婪地盯着它，都想揩点油水。[1]1914年后，这批内档移交给了正在筹备的历史博物馆，搬迁到了午门的外朝房里。从1918年开始清理到1921年教育部决定作为废纸处理，数年间被那些冒充考古专家的总长、次长、参事，甚至留学生们

1　鲁迅：《而已集·谈所谓"大内档案"》，收于《鲁迅全集》第三卷，北京：人民文学出版社2005年版，第588页。

窃去了不少。剩下的仍旧塞进麻袋，堆放在午门的门楼上。

1921 年教育部将这些"大内档案"称了称，一共有十五万斤。结果以四千元银元的价钱卖给了西单牌楼北大街同懋增纸店，准备运到定兴、唐山去造纸。其时，琉璃厂翰文斋主人韩自元得知这个信息之后，曾用二百银元预购了其中一批断简残篇的宋元旧椠以及奏折等五百余斤（一说一百五十余斤），三十多种。据知情人回忆，其中有：

> 宋刊大字本有《苏文忠奏议》《居士集》《韦苏州集》《资治通鉴》《博古图集》《咸淳临安志》《文选》《周礼》《尚书正义》前后《汉书》等。宋刊本有《朱文公集》《三国志》……宋巾箱本《周礼》。元刊本《通鉴续编》《文选》……及元大德重校本《圣迹总录》等。[1]

这批断简残篇的宋元旧本，韩氏从中获利频丰。他竟以页论价，定价以每页十元出售。

罗振玉得知后，又用一万三千元将十五万斤的"做纸浆的原料"买了下来。他从中又找出有价值的东西，编出了《史料丛刊初编》。王国维在《观堂集林·库书楼记》中记载：

> 壬戌二月，参事以事至京师，于市肆见洪文襄揭帖及高丽国王贡物表，识为大库物。因踪迹之，得诸某纸铺，则库藏具在，将毁之以造俗所谓还魂纸者，已载数车赴西山矣。亟三倍其值价（一作"偿"）之，称贷京津间，得银万三千圆，遂以易之。于是此九千袋十五万斤之文书，卒归于参事。参事将筑库书楼以储之，而属余为

1　雷梦水：《书林琐记》，载《学林漫录》九集，北京：中华书局 1984 年版，第 116 页。

之记。[1]

另外选出的部分，即 1922 年历史博物馆清理留存的内档，后移交北京大学代为保管和整理。共六十二箱，一千五百零二袋。北京大学成立了"清代内阁大库档案整理会"加以清理。一说，1921 年，中文系主任朱希祖为北京大学接收历史博物馆残存内库档案一千五百零二麻袋。

再说这十五万斤档案。不久罗振玉又高价卖给了驻日公使李盛铎，其后，部分转卖给了日人。到 1928 年，中央研究院历史语言研究所成立，又从李盛铎手里买回。此时总重约十二万斤。他们对这批"大内档案"，又进行了整理，编出了四十册明清史料，旧档则移存于北京大学。最后存五万斤，装成一千七百麻袋。

1949 年后，对"大内档案"仍有几次清理，彻底解决了这个历史遗留问题。

---

1 "得银万三千圆"，一说二万二，或说一万二。

流散在世界各地的中国古籍

在世界各地，特别是西欧、北美、俄罗斯和日本等国的国家图书馆、博物馆和大学图书馆内，数量不等地收藏着我国历代的古籍，有许多原版珍本、孤本、抄本、稿本已成为他国的珍藏。

我国古籍的流散，原因是多方面的，有的是中外的文化交流，官方的、民间的都有；有的是中外书商投机取利，从事古书的买卖；有的则是外国传教士带回去的；还有的是外国探险队、考古队的所谓"成果"等等。

日本与我国一衣带水，文化的交流源远流长。大约在 9 世纪中期日本派遣留学僧惠萼来我国，惠萼曾于唐武宗会昌四年（844 年），在苏州南禅院亲手抄录《白氏文集》三十三卷，后携带回国。[1] 像这样的事例很多，据近人撰文指出，日藏宋人文集善本就有 700 种之多。[2]

西班牙籍的奥斯丁会士达拉曾在中国作过短期逗留，于 1575 年携带 100 卷中文书返回马尼拉（旧称巴达维亚）。这批书后来被运往梵蒂冈和马德里的伊斯科修道院。1682 年比利时耶稣会士柏应理携带 400

1　据日本《入唐求法巡礼行记》《头陀亲王入唐略记》记载。

2　参见严绍璗：《汉籍在日本的流布研究》，南京：江苏古籍出版社 1992 年版。

本中文书回到欧洲；他还在马尼拉向荷兰东印度公司的德国医生讲授中国医典。1552—1700 年的近 150 年内，大约有 500 多本中文书传到欧洲，其中包括中国的语言文字、哲学、地理、植物、医学以及度量衡等科目的著作。

在法国皇家文库汉文特藏中有 4000 卷汉文书籍，它们是在摄政时期（1715—1723 年）由傅圣泽在中国采购并经广州运回巴黎的。其中包括有史学、哲学、文学、地理等方面的书，其中有古籍善本 600 卷、四书 200 卷、辞书 300 卷。这些书一直无人问津。

在清朝，中国出口的书籍中有百分之七八十都舶载到日本。例如日本宽政十二年（1800 年），甲二番船运载了 72 种书籍，共 1120 部；弘化三年（1846 年），午二番船运载了 169 种书籍，共 4081 部；午四番船运载 125 种书籍，共 1625 部；嘉永二年（1849 年）酉三番船运载 195 种书籍，共 460 部；酉五番船运载了 212 种书籍，共 3261 种。其中难免有重复，但其数量是相当可观的。清末起，日本文求堂书店主人田中庆太郎每年都到琉璃厂购古旧书籍，价钱相当便宜。日本的东方图书馆以及内阁文库也直接或间接地从琉璃厂买走大批中国古籍。美国通过燕京大学还买走了大量的中国地方志。[1]

我们在本书《敦煌遗书》一篇中已经较详细地向读者介绍了敦煌劫经写本存藏在英国、法国、俄国、美国、日本以及韩国、印度、丹麦等处图书馆的情况。其实，在敦煌写本被劫之前后，也有不同国籍的多批探险考古队去过我国新疆。最早的是 1896 年瑞典人斯文·赫定，他首

---

[1] 日人早就对我国的地方志作过搜集。德川吉宗袭任将军后，他从享保六年（1721 年）开始注意我国地方志。此后的二十年间，大约有 400 种康熙时期的地方志入库。此外，他还预订了整部《古今图书集成》。

次进入新疆和田地区探险。在今斯德哥尔摩民族学博物馆，就存藏着此次探险发现的汉简。其后，1908 年橘瑞超和野村荣三郎去新疆作第二次探险，掠走了西晋、凉以及天宝、大历等时期的吐鲁番文书。20 世纪初，大谷光瑞探险队曾几次到新疆、敦煌搜集经卷写本，所得资料今存藏在京都市龙谷大学图书馆大谷探险队西域文化资料室内。1902—1904 年，普鲁士吐鲁番探险队由格伦威德尔·寇克等率领，曾连续四次取走吐鲁番佛寺遗址中挖掘出来的佛教经典一类的文献，存藏于民主德国科学院古代史考古学中央研究所内。1930 年左右在新疆发现了在 10 世纪初译成的回鹘文《玄奘传》残卷。德国突厥学家葛玛丽女士1935 年在《普鲁士科学院记要》发表了《回鹘文译文玄奘传》一文，在文章的"前言"中她作了如下回忆：

> 约瑟夫·哈肯先生给我提供了 8 页，这些是他在 1932 年作为雪铁龙探察队成员自叙利亚往北京途经中亚时购得的。几个月后北京国家图书馆馆长袁同礼先生给我提供了属于同一抄本的约 240 页残卷。同样，他也是通过他弟兄与海定一起去土耳其斯坦探察，在吐鲁番逗留时买来的。这部珍贵的书仍然缺很大一部分，我打听后得知，有一位吐鲁番商人又将 123 页残卷卖给了巴黎基密博物馆，这些是经伯希和先生介绍买来的。[1]

1906—1908 年，俄国陆军上校曼纳海姆在中亚进行过调查。他曾参加过伯希和的考察，后分道发掘、搜集，在喀什噶尔获得了一批古书抄本和用不同文字写成的残页。据统计，他收集到汉文写本 1971 件，

1　转引自卡哈尔·巴拉提：《回鹘文译本〈玄奘传〉的发现与研究情况》，《中国史研究动态》1986 年第 11 期。

今存藏在赫尔辛基大学图书馆里。

此外，1927 年瑞典人斯文·赫定又受美国国会图书馆等部门派遣，与当时国民党政府组织"中瑞西北考古团"，到新疆、甘肃活动。在新疆、居延等地发现汉简一万多支。

下面，我们再以《永乐大典》的流散为例，有代表性地作一介绍。

《永乐大典》现存仅 797 卷，占全书的 3％。其中存藏在海外的有 316 卷，它占现存总数的 39％。也就是说，现存《永乐大典》的五分之二散落在中国国土以外的世界各地。

在日本，存藏有 113 卷，占现存海外的三分之一强。日本东洋文库储存最多，有 62 卷。其他，京都大学人文科学研究所、天理图书馆、京都大学附属图书馆、嘉静堂文库、国会图书馆、大阪府立图书馆、斯道文库、神户黑川古文化研究所以及小川广巳、武田长丘卫、石黑传六都有数量不等的存藏。

在美国，存藏《永乐大典》残本共 100 卷，占现存海外的三分之一弱。以华盛顿国会图书馆为最多，有 82 卷。其他，美国哈佛大学、康奈尔大学、波士顿图书馆有少量存藏。

另外三分之一，分藏在以下这些地方：英国牛津大学、大英博物馆、伦敦大学东方语言学校、剑桥大学和私人收藏家马登处；德国原柏林民族博物馆、汉堡大学图书馆和科隆私人收藏家基莫处；越南河内远东学院；韩国旧京李王职文库。[1]

以上仅仅是粗略统计，只是让读者了解现存《永乐大典》散落海外的现状。在这里，我们希望有志于此的读者，去做更为广泛的查访，去

1　据张忱石：《永乐大典史话》（北京：中华书局 1986 年版）附录二统计。

获得新的发现。

在《王重民与〈中国善本书提要〉》一篇中我们将讲述他与夫人在1939年留居华盛顿，整理鉴定美国国会图书馆所藏的中国善本书的情况。在那里，他写成了《美国国会图书馆藏中国善本书录》，著录了中国古籍1600余种。1946年王重民又在美国普林斯顿大学图书馆，整理鉴定该馆所藏思德文库的中国善本书，写成了1000种古籍的提要。

还有，在美国、日本及其他许多国家的汉文图书馆内收藏有中国家谱近3000种、地方志5600种以上，以及人物传志、土地文契、回忆录等4000种以上。大多数都已摄成缩微胶卷，供研究之用。

有许多书流失国外，在国内都已无藏本。汤一介先生曾去美国访问，回来后，他向学术界发出了"应注意对流失在国外的我国古籍进行调查了解"的呼吁。他在文中说：

> 据我在国外各大学图书馆所见，有不少书是国内少见或根本没有的，例如大家所熟知的《四书参》和《四书眼》，不仅国会图书馆有，哈佛燕京图书馆也有。我还听哈佛燕京图书馆的戴廉先生说，吴晓龄先生在哈佛大学时曾说哈佛燕京图书馆所藏小说中有十一种是国内没有的。[1]

1992年，唐振常先生自日本归来，写了篇《京都觏书记》。文中有这样一段议论，权且作为本篇的结尾：

> 书是要流通，供人用的，如果说藏在哪里都一样，只要大家能用。问题在于，国外的汉学家毕竟数量不大，所用者也就有限，大

1　文载《古籍整理与研究》1986年创刊号（孙钦善主编，上海古籍出版社出版）。

量须用的人毕竟在中国。如果很多书在国内无法觅得，则中国学者能到国外者有多少？即使去了，能够在那里住一段时间得以细心查书看书者更有几人？

但如何去解决问题，使中国学者不出国门即能看到应看的书和资料，似乎至今未闻良策。[1]

---

1 《文汇读书周报》1992年7月4日第3版。

五
三

古書存亡史話

卷二　重現與收聚

孙武、孙膑写的书

孙武、孙膑都是我国古代的军事家。孙武写的书叫《孙子兵法》，早已家喻户晓；而孙膑呢？他有没有写过书，没有谁敢下肯定的结论；甚至连有没有这个人，早年史学界还为此有过争论。

在《史记·孙子吴起列传》中司马迁倒说得相当肯定，他说，在我国古代军事家孙武死后一百多年有孙膑。直到20世纪70年代地下发掘得以证实：孙膑确有其人。

孙膑是战国时齐国人，大约与商鞅、孟轲同时代，他曾经与庞涓一起学习兵法。当时庞涓在魏国任职，担任了魏惠王手下的将军，但是他没有大将风度，忌恨孙膑，心里明白自己的才能比不上孙膑。于是庞涓起了坏念头，他派了人去把孙膑叫来。孙膑不知是计，来了之后庞涓就借口触犯军法，对他处以"膑"这种削除膝盖骨的酷刑。这是极其残酷的刑罚。嫉妒心发展到如此残忍的地步，令人心寒。而且，庞涓还命人在孙膑的脸上刺了字，将他软禁起来，想就此让他永远得不到施展才能的机会。

后来，孙膑逃了出来，回到齐国，担任了齐国的军师。在公元前353年齐魏的桂陵一战，围魏救赵，大败魏军，庞涓被孙膑生擒活捉。[1] 当然，孙膑是坐在犹如今天的轮椅上指挥作战的。

《史记·孙子吴起列传》上说："孙膑以此名显天下，世传其兵法。"在《汉书·艺文志》上也说，"《齐孙子》八十九篇"，注曰："图四卷"。《齐孙子》即《孙膑兵法》。然而，在《隋书·经籍志》中却不见著录，表明那时《孙膑兵法》已无传世。的确，唐之后一千多年以来，谁也没有读到过它。因为这个原因，有些学者就对孙膑是否写过兵法存有怀疑，有人认为所谓的《孙膑兵法》不过就是《孙子兵法》的讹传而已，[2] 为此争论不休，谁也说服不了谁。要彻底解决问题，看来只有靠实物来求证了。果然，地不爱其宝，1972 年在山东临沂银雀山出土了竹简 4942 枚，其中 440 多枚为《孙膑兵法》，字数 11000 字左右。疑题从此得到解决，这样再也没有争论的必要了。与《孙膑兵法》同时出土的还有《孙子兵法》《六韬》《尉缭子》等其他先秦古籍。

失传 1700 多年的《孙膑兵法》竹简的出土，无疑丰富了我国古籍宝库，对深入研究先秦史提供了可靠的实证材料，也使我们对我国战国时期的军事家孙膑有了一个较为全面的了解。竹简《孙膑兵法》中就有"擒庞涓"一章，用以对勘《史记》，它是极好的材料。事实清楚地告诉我们，《史记》上关于孙膑的记载是有根据的。[3] 据杨伯峻的考研，他引用鲁仲连的话说，孙膑者久守孤城，"食人炊骨，士无反外之心，是孙膑之兵也"。又说，膑可能活到八十岁以上，还特别指出，"残简考察未

1　在《史记·孙子吴起列传》的"围魏救赵"一节中，未及庞涓。此据《孙膑兵法·擒庞涓》篇。

2　金建德的《司马迁所见书考》中有《论〈孙子〉十三篇作于孙膑》《论〈孙子〉书原始仅十三篇》。

3　山东省鄄城县红船镇孙老家村、宋楼乡孙家花园村曾发现两幅孙膑的画像和《孙氏族谱》。画像高 2.2 米，宽 0.8 米，据鉴定，这一传影是明代万历七年画像的摹写。

必是孙膑亲手编定"。[1]

与此同时，临沂银雀山出土的《孙子兵法》也为澄清现存十三篇《孙子兵法》是有人伪托或称经曹操笔削[2]等问题，提供了无可辩驳的证据。

对《孙子兵法》，前人又称《孙子》《吴孙子》，怀疑又起，是因为它的大名未见于《左传》。《左传》上既然详细记载了吴国的史事，在吴王阖闾破楚中立有大功的孙子却被遗漏了，令人生疑；另外，有关《孙子兵法》的篇数也说法不一，《史记》记十三篇，《汉书》却记有八十二篇，后起的反而比早先的多，怎么可能呢？[3]因此怀疑《孙子兵法》就是《孙膑兵法》，甚至发展到怀疑孙武其人的存在。临沂银雀山汉墓《孙子兵法》竹简的出土，为彻底解决学术界的"孙子"纷争作出了终结性的裁断。然而，2004年10月15日的《东方晨报》刊登了《真假兵法》一文，由网络上出现的"孙武兵法八十二篇"引起波澜。

《孙子兵法》已整理出残简300多枚，总计3000多字，残简文字基本上都能在现存宋刻《孙子兵法》十三篇中找到相对应的内容。历史上孙武作《孙子兵法》十三篇，已基本上有了定论，只是十三篇的前后篇次尚有出入。

这里我们再要说到竹简的保存。在造纸印刷术尚未发明的汉朝之前，用竹、木作为书写材料的竹简、木牍得到了广泛的运用。西汉武帝末年，从孔子旧宅中所发现的战国竹简、晋武帝时汲冢竹简等的出土，作为历史的发现都有较为详细的记载，可惜的是竹简未能留传下来。光

1　杨伯峻：《孙膑和〈孙膑兵法〉杂考》，《文物》1975年第3期。
2　[唐]杜牧：《樊川文集》卷十。
3　[清]姚际恒：《古今伪书考》"孙子"条。

绪二十五年在新疆、甘肃一带曾发现晋代木简，1930年在甘肃的居延泽发现大量（一万多根）汉代木简，但都不易保存。近年来，出土的竹木简牍更多，有关部门的整理任务繁重。

竹简《孙膑兵法》《孙子兵法》的出土，现在都得到了极好的科学保存，并进行了全面的整理和深入的研究，受到中外学术界的普遍关注。

《孙子兵法》早在日本奈良时代（相当于我国唐玄宗时期）就由遣唐的留学生吉备带回国，对日本的历史、军事、文化有着直接的影响。法译本《孙子兵法》也早在1772年出版，译者是法国神父阿米奥特。传说拿破仑是《孙子兵法》的最忠实的读者之一。世界上很多国家对《孙子兵法》的研究长盛不衰。

石　经

　　将经文刻在石碑上以期永存，这就是我们所说的石经。可以这样说：它是我国古代用石头作为制作材料的古老书籍。汉、魏、唐、后蜀、北宋、南宋等时期都曾组织过这类写经刻石的事。特别是在宋之前，造纸印刷技术还不很发达的时期，人们担心古代的经典著作，也就是人们常说的"经文"，单单凭借口授相传，难保永久，要让诸如《周易》《尚书》《毛诗》等经典著作不致淹没亡失，把它刻在石头上看来是最稳妥的办法了，既不会虫蛀霉变，又能经受住风雨的侵蚀，顽固不化，千古长存。尽管这种写经刻石的办法所耗费的人力、物力相当巨大，以现代人的眼光看来，那简直是蠢事一桩。但是，在科学技术不发达的古代，这又是不得已而为之的事情，应该说，经文刻石对保存我国古代的文化遗产是有一定贡献的。

　　我国现在存世的最早刻石是东周初年的秦石鼓文。石鼓文是指将文字刻在鼓形的石上。秦石鼓共十枚，大小不一，高度、直径约二尺，每鼓刻诗一章，共十首，以游猎、捕鱼、植树等日常生活为内容，所用文字为籀文，即"大篆"。[1] 石鼓上的文字历经沧桑，有的已经漫漶不清，

1　郭沫若在《石鼓文研究》中考定为秦襄公八年（即周平王元年，公元前 770 年）。

有的已经全部被磨蚀，仅存 300 字左右。然据报道，陕西省年仅 37 岁的汉中市政协工作人员尹博灵，潜心研究 18 年，全部破译了先秦"石鼓文"，辨识文字 665 个。[1] 这方面的相关情况我们暂时不表，放在本文所附《石鼓文和秦皇刻石》中做介绍。

留传于世的真正石经主要有以下七种：汉《熹平石经》、魏《正始石经》、唐《开成石经》、蜀《孟蜀石经》、北宋《嘉祐石经》、南宋《绍兴御书石经》和清《乾隆石经》。王应麟《困学纪闻》卷八云："石经有七：汉熹平则蔡邕，魏正始则邯郸淳，晋裴頠，唐开成中唐玄度，后蜀孙逢吉等，本朝嘉祐中杨南仲等，中兴高庙御书。"其中晋裴頠仅有奏请，未见刻石。

东汉熹平四年（175 年），曾任东观校书官的蔡邕认为经籍流传时间久长，产生了许多舛误，有的儒生讲经，任意穿凿，私改漆书，遗误后学，于是他向上奏请校正，刊定《六经》文字。灵帝为此下达诏令，由蔡邕用红色的丹砂抄写，命工匠刻石，树经文石刻在洛阳太学门外。从此，《六经》有了一个标准的石刻本，作为天下人读经的范本。据说，当时全国各地的儒生、学者都纷纷来洛阳开阳门外观览认读，或者临摹抄写。每天前往的车辆有千余辆，络绎不绝，填塞街衢。据李贤注引《洛阳记》中说，石碑有 46 块，所刻《尚书》《周易》《公羊传》《礼记》《论语》，凡五经。[2] 经考证，熹平石经的五经实际上是《周易》《尚书》《鲁诗》《仪礼》和《春秋》。至于《公羊传》《论语》刻石则为学官所立。它们用作刻石的本子也有所不同。不久，逢董卓之乱，碑石破毁；直到

---

1 《尹博灵破译先秦"石鼓文"》，《文汇报》1992 年 1 月 9 日。副题称："已征得 600 余字的形、音、义，证实这一大篆代表作是中国乃至全世界最古老的纪事体文学系列史诗。"

2 参见［南朝宋］范晔：《后汉书·蔡邕列传》及注。

宋嘉祐年间，偶有残碑出土。《熹平石经》用隶书写成，也有说用三种不同字体写成，尚无定论。解放以后洛阳故城出土不少残石。据日本消息，中村不折氏书道博物馆亦藏有残石数枚。

魏《正始石经》刻于三国魏齐王正始年间，因为它是用古文、篆、隶三种字体泐刻而成，所以又称《三体石经》。三体中的古文，即蝌蚪书[1]，它所依据的是汉武帝时从孔子私宅中发现的藏书。《洛阳伽蓝记》"报德寺"下称："堂前有《三种字石经》二十五碑，表里刻之。写《春秋》《尚书》二部，作篆、科斗、隶三种字。"书石的人可能有卫觊、邯郸淳等。刻成之后，树立在太学之前。到晋永嘉时逐渐崩坏。清光绪年间，洛阳出土其《尚书》部分残石，现在西安碑林。新中国成立之后也陆续有所发现。只是《正始石经》中三体文字的结体与常见结体不同，是否原石，是很可疑的。《汗简》亦收魏石经遗字，另见清人冯登府撰《石经补考》。[2]

《开成石经》从唐文宗大和七年（833年）到开成二年（837年）刻成。唐文宗李昂好古文，宰臣郑覃上书奏请仿照汉蔡邕刊碑的办法校刻《九经》，以便纠正儒士讲经中的讹谬。此事详细记载在《旧唐书·文宗纪》上。《开成石经》的刻石工作进行得十分慎重，书石、校勘、勒石各道工序都严格把关，由专人负责。书石者有艾居晦、陈玠、段绛等。此石所依据的是《十三经注疏》（除《孟子》外），这对经书的保存起了良好的作用，可以这样说，它是现存经书中最古老的完整本子，是后人用以校勘经籍的重要实证材料。石经刻成之后，在五代、宋、明又陆续修补。[3]

1　古人以漆墨写书于竹木简牍时，下笔时漆多，收尾漆少，头大尾小，形如蝌蚪，故名。若古籍或称"科斗文""蝌斗文"，此书统一作"蝌蚪文"。
2　见于《续修四库全书》册一八四。
3　乾符（874—879年）中修补，北宋时又补刻了旁注。明嘉靖（1522—1566年）中王尧惠补刻缺字石碑。明贾汉续补刊《孟子》，然字形甚拙劣。

《开成石经》凡十二经，计二百十七石。今完好地保存在西安碑林。《开成石经》楷书，多为欧体。石高六尺五寸，每石刻字分为七八段，每段每行九至十一字不等，这有助于传拓，而不必像汉魏石经那样面对石碑摹写了。从出版发展史的角度看，无疑它是我国雕版印刷术形成的前奏。

《孟蜀石经》与熹平、正始、开成石经不同，它是由私人捐资刻的石；碑石以千数，用个人的力量来完成这么一个巨大的工程，在中国金石学史上绝无仅有。后蜀宰相毋昭裔，是个生性喜好藏书、读书的人。早年，他向藏书家借读《文选》和《初学记》很不容易，藏书的人家或面有难色，或借口搪塞，毋昭裔很受刺激，他发誓说："虽然我现在没有足够的财力，但到将来等我慢慢发达了，我愿意尽我的一切力量，雕版印书，让天下人都能得到书读。"在后蜀孟昶广政元年（938年），毋昭裔履行了他的诺言，用他自己的官俸雇工雕版印制了《文选》和《初学记》，实现了他的夙愿。[1] 毋昭裔又组织人力刻石，他所刻的石经包括《孝经》《论语》《尔雅》《周易》《尚书》《周礼》《毛诗》《仪礼》《礼记》和《左传》，共十经。最后刻成于宋宣和六年（1124年），先后历经数代，历时一百八十余年。毋昭裔还上请蜀主，征得蜀主的支持，组织人力雕版刻印《九经》《白氏六帖》等。可惜板刻大多亡佚。《孟蜀石经》用的是欧体、虞体楷书。书法隽秀，有唐人遗风。1938年，原石经在四川成都被发现，其中有《毛诗》《仪礼》残石。今北京、上海图书馆均收藏有《孟蜀石经》的宋元拓本。

王国维研究"魏石经""蜀石经"颇深，见《观堂集林》卷二十。

北宋《嘉祐石经》和南宋《绍兴御书石经》分别刻成于嘉祐六年

1　参见［明］焦竑：《焦氏笔乘》，上海：上海古籍出版社1986年版。

（1061年）和淳熙四年（1177年），前者用篆、真二体刻成，所以又称《二体石经》，今存有残石和宋拓残本。后者有用小楷，有用行书的，与北宋石经相仿，今存残石八十六方，在今杭州孔庙，也称《南宋太学石经》，因孝宗建"先尧石经之阁"放置石经，故又称"先尧石经"。

有意思的是，在宋人王应麟《困学纪闻》卷六中提到石经："仲子有文在手，曰'为鲁夫人'。成季、唐叔有文在手，曰'友'曰'虞'。《正义》云：'《石经》古文虞作仌、鲁作衣，手文容或似之。"友"及"夫人"当有似之者。'"此说，未必如实。但是，其利用石经证史，可正是后人所谓的"二重证明法"。

此外还有一石经可说，即清代的《乾隆石经》。在雕版印刷术相当发达的清代，乾隆依旧刻《十三经》石经于当时的国子监，并亲自作序，以垂后世。这种刻石已经跟汉魏唐宋的刻经不同了，其不同主要在于并非以传播儒学，保存国粹为目的，其镌石修文，只为彰示功德，因此，它并无多大的学术价值可言。乾隆《十三经》石刻是按照蒋衡所书的《十三经》加以镌刻的。蒋衡，字湘帆，晚号拙老人。江苏金坛人。雍正贡生，好书法。在他六十岁之后手写《十三经》，历时十二年，于乾隆三年（1738年）写成，由江南河道总督高斌转呈朝廷。扬州人马曰琯出资白金两千锾，将蒋衡所书《十三经》装池成三百册，函装五十，藏于懋勤殿。蒋被赐以国子监学正衔。在蒋衡死后约五十年，乾隆五十六年（1791年），皇上命开石经馆，依照蒋衡所书刻石于太学。和珅为总裁，彭元瑞等为副总裁。彭元瑞校订蒋书《十三经》，改正伪字、俗体二十三例，并撰成《石经考文提要》一书。石经刻成之后，和珅忌恨彭元瑞，招人批驳彭的考辨，认为彭文不足为据，又命人凿石改字。清《十三经》刻石完工于乾隆五十九年（1794年），总计字数

63万余，经文碑石共189座，每座碑高300厘米，宽105.5厘米，厚31.5厘米，依次排序。正楷字体。刻成之后，第二年立于国子监东西二堂。事见《清史列传》。今移置于首都博物馆与原首都图书馆东跨院的夹道中。

除以上所举的石刻经典之外，还有附刻在唐开成石经之末的《五经文字》（唐张参）、《九经字样》（唐玄度）等小学字书类的石刻，我们就不再一一细述了。

宋人洪适《隶释》卷第十四记有石经《尚书》残碑、石经《鲁诗》残碑、石经《仪礼》残碑、石经《公羊》残碑、石经《论语》残碑等则，可参考。

附记：石鼓文和秦皇刻石

我国现在存世的最早刻石是东周初年的秦石鼓文。石鼓文是指将文字刻在鼓形的石上。秦石鼓共十枚，大小不一，高度、直径约二尺，每鼓刻诗一章，共十首，以游猎、捕鱼、植树等日常生活为内容，所用文字为籀文，即"大篆"。十枚石鼓在唐之前，一直未为世人所注意，委弃在陕西岐山之阳陈仓的荒莱之中，所以有"岐阳石鼓"之称。后经唐初书法家虞世南、欧阳询，唐宋文学家韩愈、韦应物、苏轼等的品评和宣扬，引起轰动效应，才搬到北宋的汴京开封。金人入汴京，石鼓又迁至北京，移置国子监内。抗战时期，石鼓南迁至四川；胜利后迁回北京，现藏故宫博物院，原宁寿宫内。

石鼓上的文字历经沧桑，有的已经漫漶不清，有的已经全部被磨蚀，仅存 300 字左右。《杨升庵集》曰："慎得'石鼓文'拓本于先师李文正公所，载六百五十七字，完好无伪。"杨慎（1488—1559 年），东阁大学士杨廷和之子。李文正公，即李东阳。对此，清人徐文清在《管城硕记》卷二十八引南宋《古文苑序》云："石鼓文，孙洙得于佛书龛中，凡四百九十七言。"至明正德、嘉靖时，安得有 657 字？一说 657 字，一说497 字，恐均据石鼓文拓本所计，拓本有早晚先后，有优劣精粗之分，计字有差互，也正常。正如《养吉斋丛录》卷二十上所云："石鼓文，言人人殊。"

日人内藤湖南也提到过石鼓文，他说：大径二尺，高三尺，其形若鼓，顶微圆。"宋治平年中，存字四百六十五。元至元中三百八十六，今则不过三百字内外，故其古拓益贵，至价数百金。"[1]治平，北宋英宗年号，1064—1067 年。

今有人说，能辨识石鼓文字 665 个。[2]古文字学者李铁华著《石鼓新响》，记述了石鼓文的破译经过。他认为，石鼓十诗，是东周初年秦文公东猎始，至其孙新立邀集筵宴四十四年间的叙事史诗。[3]

再说说年代。较为一致地认为秦刻，具体说法也言人人殊。罗振玉定为秦文公时期，公元前 765 至前 716 年；马衡《石鼓文秦刻石考》定为秦穆公时期，公元前 659 至前 621 年；郭沫若《石鼓文研究》定为秦襄公时期，公元前 777 至前 766 年，更具体考定为秦襄公八年（即周平王元年，公元前 770 年）。而唐兰在 1958 年《石鼓年代考》中指出："它应和诅楚文

---

1 ［日］内藤湖南、青木正儿：《两个日本汉学家的中国纪行》，王青译，北京：光明日报出版社 1999 年版，第 31 页。
2 《尹博灵破译先秦"石鼓文"》，《文汇报》1992 年 1 月 9 日。
3 《中国第一文物的真面貌——石鼓文千古之谜破译记》，《文汇报》2021 年 5 月 18 日。

秦刻石相近，石鼓文应该属于战国时代。"[1] 定为公元前374年。

严格说来，石鼓诗文只是记事写实，歌唱抒情，并不以保存经典为目的，然而它具有"书"的特点，为后人保存了二千六七百年前的诗歌创作。至于公元前219年秦始皇东巡时，在峄山、泰山、琅琊等地的记功刻石，与作为传播儒学，保存经典的石经性质就有所不同了。

峄山刻石，李斯书。篆体，11行，行21字。原碑已佚。西安碑林有后人重刻者。

泰山刻石，置泰山顶，诵秦功德。明末残石存篆书29字，移入碧霞元君祠。清人访得残石，真伪不辨。今传宋拓，存百数十字，近乎全本。

琅琊刻石，原在山东诸城海神祠，后没入海中。现存残石。据明拓本，篆书，残字13行，行8字。惜磨泐漫漶。

1　唐兰：《石鼓年代考》，《故宫博物院院刊》1958年第1期。

孔壁古文

　　西汉武帝初年，[1]"孔壁古文"被发现了。这是一件轰动当时学界的特大事件，特别是那些尊孔读经的儒生们，雀跃欢呼，连文人学士的斯文也忘得一干二净了。

　　汉景帝之子刘馀，在景帝前元二年（公元前 155 年）立为淮阳王。七国之乱之后，在景帝前元三年（公元前 154 年）又迁到山东曲阜做了鲁恭王。

　　鲁恭王刘馀喜好修治宫室，辟苑囿，养狗马，很会玩乐。他不止一次地扩建宫苑，把他的宫殿建造得富丽堂皇，为此就得拆毁孔子原来用作讲授生徒的讲堂和部分旧宅。在拆墙的时候，意外地从墙壁中发现了很多古书。"得《古文尚书》及《礼记》《论语》《孝经》，凡数十篇，皆古字也。"[2]鲁恭王又惊又喜，细细检点、辨认这些头粗尾细的古怪字，原来都是蝌蚪文，也有人称之为籀文。这些文字早就废弃不用了，当时的人都不认识。后来，鲁恭王想把墙再拆下去，据传说，当他走上孔子的殿堂，隐隐约约听到了金石丝竹之声。鲁恭王是个懂点音乐的人，听

1　有说孝景帝时，有说武帝末，说法不一。
2　［汉］班固：《汉书·艺文志》。

到了这一阵阵哀怨的乐声，他便害怕了，立即下令停止拆毁孔氏旧宅，并把他发现的古书全部送还给了孔家后裔。这些传说显然被加上了迷信神秘的色彩，我们只能姑妄听之。不过，"孔壁古文"的发现是确凿有据的，毋庸怀疑。

这些古书为什么要藏到旧宅的墙壁中呢？

有人说，这是孔子的裔孙孔鲋在秦始皇焚书坑儒的时期藏匿起来的。而《孔子家语》中说的是孔腾，孔腾字子襄，惧怕秦法峻急，就将《尚书》《论语》等儒家经典书籍收藏进了夫子旧宅的堂壁中。

孔壁中的古书居然能引起如此大的轰动，那么它到底有什么价值？

以发现的《古文尚书》来说，在未发现它之前，世上流传的是《今文尚书》，但面貌截然不同。

《尚书》，又名《书经》，或简称《书》，是上古典、谟一类的历史文件和少量追述历史事迹著作的汇编。"尚"是"上"的意思，所以称"尚书"。早先传说《尚书》有百篇，为孔子所传授。[1] 至始皇焚书，《尚书》亡失，只有原来在秦任过博士的济南人伏胜珍藏一部，不幸也在战乱中散失了。汉时，伏胜到处搜求，才得到二十九篇，在齐鲁间口授生徒，对原古文作了改写，犹如翻译，用汉朝当时通行的语言文字写成，此即《今文尚书》。

孔子后裔孔安国得到这批古书之后，他就把它跟《今文尚书》相比勘，发现它多出了十六篇，因为它是用"古文"写的，为区别原有的二十九篇《尚书》，所以称之为《古文尚书》，或《逸书》。

孔安国对新发现的《古文尚书》加以注释，写成《书传》，准备呈

1　［汉］王充：《论衡·正说》。

献给武帝。此时武帝继位不久，他正雄心勃勃，大力倡导儒家学说，尊崇儒术，在学宫里开讲儒家经典，习儒好书成为一时风气。然而，意想不到的"巫蛊"案发生了。

巫蛊，是我国古代巫觋用邪术陷害他人的一种迷信活动。据说只要把仇人的形象做成一个个小木人用针刺，埋到地下，再向神庙祈求，诅咒仇人，就会有灾祸降临到仇人身上，达到谋害他人的目的，武帝元光五年（公元前130年），一度承恩深幸的陈皇后失了宠，就与女巫楚服设法搞厌胜之法，谋害武帝新欢卫子夫。不料走漏了消息，激怒武帝，派御史张汤穷治严办，女巫楚服被枭首示众，陈皇后终生监禁，受牵连而被处死的有300多人。[1]

这么一来，孔安国被吓坏了，在孔壁中发现的蝌蚪文连同他整理注释的《古文尚书》也不敢献上去了。因此，《古文尚书》及其《书传》也就不可能列入学宫。结果是，包括其他的古文文献在内的最新发现也只能任其散失。大致在西汉末期的战乱中，已焚毁无遗。实在是一件令人惋惜的事。

晋元帝时，梅赜上献的《古文尚书》，包括孔安国的《书传》，和其后唐朝时颁行的《尚书》，据学者考证，都已经不是孔安国原来所要献上去的《古文尚书》了。[2]

不过，蝌蚪文在魏时石经中可得一见，古文字也因此能得以传世。

在此之前，《后汉书》上有段记载，也还是很有点意思的：东汉时

---

1 ［汉］班固：《汉书·武帝纪》："（元光五年秋七月）乙巳，皇后陈氏废。捕为巫蛊者，皆枭首。"《外戚传》："相连及诛者三百余人。"
2 《四库全书总目提要》卷十二，［清］阎若璩：《古文尚书疏证》："至若璩乃引经据古，一一陈其矛盾之故，古文之伪乃大明。"

有个儒生叫杜林，他博学多闻，尚礼有节。他曾经在西州获得一卷漆书《古文尚书》，十分珍爱。虽然他颠沛流离，多次遭受困厄，但总是把这部漆书保藏得好好的。东海人卫宏、济南人徐巡都是好古文的儒士。杜林把漆书《古文尚书》拿给他们看，并希望他们俩能弘扬古学，说："我在战乱中四处飘零，时常担心古文经学会断绝而流传不下去，想不到你们有志于古学，能使古学不废，真是荣幸的事。古文虽然不合时宜，但我仍然希望你们不要放弃这份文化遗产，终生不悔，把它继承发扬开去。"[1] 从此，卫宏、徐巡更加认真地学习古文经学。秦汉之前的古文字终算没有绝迹，而能流传到今天，这也应该加上他们的一份功劳。

---

1 ［南朝宋］范晔：《后汉书》卷二十七《杜林传》："（林）出以示宏等曰：'林流离兵乱，常恐斯经将绝。何意东海卫子、济南徐生复能传之，是道竟不坠于地也。古文虽不合时务，然愿诸生无悔所学。'宏、巡（徐巡）益重之，于是古文遂行。"

马王堆帛书

1973 年底，我国考古工作者在湖南长沙市东郊五里牌马王堆发掘第三号汉墓，出土了大批帛书。其中有两种本子的《老子》《战国纵横家书》和古佚书四种等。它是我国考古史上的一个重大发现，轰动海内外。[1]

春秋至汉魏时期，我们祖先所用的书写材料，除竹简、木牍之外，还用缣帛。竹、木简材料取之林木，用之不尽，但笨重不便翻阅和收藏，若是一部大书，搬动也是件麻烦的事。用缣帛则不然，既省力，又轻软易藏，还可以根据需要裁接。只是缣帛不能像竹木简那样随时随地刮削修改；缣帛的价值又太高，很难广泛应用。[2] 因此，绝大多数著书立说的人起草时用竹简，修改后再誊清到缣帛上去。马王堆三号汉墓出土的帛书，就是眷录的写本，上面基本上看不到有涂改的痕迹。要抄誊某一部书，要让它收藏保管相当长的时间，当然是采用缣帛比较好。即

---

1 在 1942 年 9 月一座长沙故国楚墓被盗掘，曾出土帛书一件，折叠为八幅，但未引起重视。参见商承祚：《战国楚帛书述略》，《文物》1964 年第 9 期。
2 ［北魏］贾思勰：《齐民要术》卷三上说："范子（范蠡）曰：'以丹书帛，致之枕中，以为国宝。'"可见在春秋时期，用缣帛书写是十分珍稀的。

便如此，在始皇当政时，公牍文书用的还都是竹木简，他每天所读的竹木简文书，重达一百多斤。可以想见，当时的缣帛还相当昂贵，不轻易用它做书写材料。

帛书的尺幅没有统一的规格。马王堆帛书《战国纵横家书》所用的绢高约 23 厘米，长约 192 厘米。所书写的字，共 325 行，每行 30 字到 40 字不等。出土时，帛书双幅折叠着存放，并不如我们想象中的"卷子"，像圆筒似的卷起来。

马王堆帛书所用缣帛是用生丝平纹织成的，横幅直写，有的地方用丹砂画着上下边栏。与马王堆帛书一同出土的还有彩绘的帛画、古地图等。

马王堆三号汉墓是长沙王相轪侯利苍儿子的墓。轪侯利苍死于吕后二年（公元前 186 年），他的大儿子利豨继位，死于汉文帝十五年（公元前 165 年）。这个墓大约属于利豨之弟，墓中有木牍可以证明他死于文帝十二年（公元前 168 年）。[1] 出土帛书的抄誊时间，有抄于吕后时代之前的，有抄于文帝初年的，时间有先后，并不一致。这一大批西汉初帛书的出土，为我们提供了丰富的战国史的实物史证，是我国古文献宝库中的稀世珍品。

马王堆汉墓出土了两种《老子》的写本。《老子》，又称《道德经》。因为出土写本中的"德经"在前，"道经"在后，所以有学者又改称它为《德道经》。

出土的西汉初年帛书古佚书《战国纵横家书》，经考古学家考证，它共二十七章，其中十章见于现存《战国策》，八章见于现存《史记》，

1　唐兰：《马王堆出土〈老子〉乙本卷前古佚书的研究》，《考古学报》1975 年第 1 期。

除去两书重复的，只有十一章有过著录，其余十六章都是佚书。它的重要历史价值，"正在于它保存了已被埋没两千年的真实可信的关于苏秦的书信和谈话十四章，既可以纠正有关苏秦历史的许多根本错误，又可以校正和补充这一段战国时代的历史记载"[1]。

在《史记》中有关苏秦的记载，有许多不实的地方，例如苏秦的卒年，《史记》说在燕王哙之时（公元前 320 至公元前 312 年），早于昭王之立（公元前 311 年）。[2] 但是，按帛书《战国纵横家书》的记载，苏秦为燕反间被暴露，车裂殉于市，应在公元前 284 年；帛书前十四篇所反映的历史事件，止于公元前 286 年，齐灭宋的前夕，因此，苏秦的死不可能在此之前。事实上在此之后，齐湣王灭了宋，苏秦的反间活动被发现，才惨遭杀害。

另外，还有四部古佚书：《经法》《十大经》《称》和《道原》。它们是研究汉初统治者崇尚"黄老"之学的重要资料。黄老之学是我国战国至西汉时期道家思想的流派之一，他们尊称黄帝和老子为其始祖，所以称"黄老"。西汉初期，统治阶级推行休养生息政策，推崇清静无为的"黄老"之学，《经法》等四部古佚书的出土，为研究黄老学派的思想以及与其他学派的关系，提供了丰富的实证资料。

1 唐兰：《司马迁所没有见过的珍贵资料——长沙马王堆帛书〈战国纵横家书〉》，载马王堆汉墓帛书整理小组编：《马王堆汉墓帛书：战国纵横家书》，北京：文物出版社1976 年版。
2 ［汉］司马迁：《史记·苏秦列传》："燕哙立为王。其后齐大夫多与苏秦争宠者……于是如其言，而杀苏秦者果自出，齐王因而诛之。"

汲冢竹书

西晋太康二年（281 年）[1] 发生了一桩轰动一时的大事：汲郡人不准盗掘魏襄公墓[2] 时，挖出了几十车竹简，后世称其为"汲冢竹书"。战国时的魏襄公大约于公元前 318 至公元前 296 年间在位，屈指一算，这几十车竹简埋藏地下已经有近六百年的时间了，是货真价实的稀世古物。

不幸的是，那些盗墓者为了寻找宝物，就用竹简作照明的柴火。等到被发觉，由官府派人去收拢残简时，大多已经成了烧焦的断片烬余。晋武帝司马炎随即命秘书监荀勖整理编缀，并加考证溯源，作了著录。

参加整理的还有著作郎束晳。束晳是位博学多闻的考古专家。民间还流传着这样的故事：有人在嵩山中捡到了一枚竹简，上面写着两行曲曲弯弯的蝌蚪文，许多人相互传视，谁也说不出这是哪个时代的东西，是作什么用的，对上面的字更是不知所云。司空张华就去问束晳，束晳

---

1 ［唐］房玄龄等：《晋书·武帝本纪》作"咸宁五年（279 年）十月戊寅"。［晋］杜预：《春秋经传集解后序》作"太康元年（280 年）"。
2 一说安釐王墓，魏安釐王在位的时间是公元前 276 至公元前 243 年。

回答他说："这是汉明帝显节陵中的简策。"然后又翻出文献资料作为验证，丝毫不差。当时，人们都对他的博学多闻佩服得五体投地。束皙对汲冢竹书也进行了细致的考释和论证。束皙与荀勖等将汲冢竹书整理成书共十七种七十五篇，其中有魏国的史书《纪年》以及《穆天子传》《周易》等，还分别写了内容提要。这些竹书上是漆写的蝌蚪文。因为用漆或墨书写，下笔时蘸漆多，落笔重，因此，字的上部粗壮，而收尾变得细弱，形体大多是头大尾小。蝌蚪文的名称，是汉朝的经学大师郑玄给定的，盛称于魏晋。

下面说一说汲冢竹书的整理。

汲冢竹书的整理，所采用的方法似有不一。成绩最佳的莫过《穆天子传》(包括《周穆王美人盛姬死事》)，有古文的摹写(已佚)，有全书的释文，于不识之字则用隶定，体例完善，顾实先生《穆天子传西征讲疏》曾作阐述。《纪年》和《师春》就差一些。特别是《纪年》，如朱希祖《汲冢书考》所论，整理时似有两本，其一广采文献，补其不足，用意可能在做成完整的史籍，结果则失去竹简的原状。这当然不可为训，但历史地去看，也有其不足怪之处。一些非出土的古书，那时也是这样整理的，如《孔子家语》《列子》等，都经过类似的增益。[1]

汲冢竹简简长二尺四寸，每一简40字。

这十七种共七十五篇的竹书，到隋唐时，据记载，仅保存有四种：《纪年》十二卷、《周书》十卷、《古文琐语》四卷、《穆天子传》六

1　李学勤：《失落的文明》，上海：上海文艺出版社 1997 年版，第 232 页。

卷。[1] 其中,《古文琐语》后又失传。《纪年》今通称《竹书纪年》,佚于两宋之际,经专家考证已非原本,多为明代人抄合而成;尽管《竹书纪年》曾为后人所淆乱,但是其中仍保留有不少珍贵的古史资料。近人用《纪年》来考订《史记》之所失,还取得了不少的收获。[2]《周书》,也称《逸周书》,《隋书·经籍志》上说它可能是孔子删削《尚书》之后的剩余材料,而宋人陈直斋则认为未必是这样,它可能是战国以后的人仿作的。今人黄怀信等撰有《逸周书汇校集注》一书,可供参考。

留传至今的汲冢竹书,事实上只有《穆天子传》一种了。[3]《四库全书》将它列入小说一类。《穆天子传》中记述了周穆王驾八骏西游见西王母,以及盛姬之死的故事。其中保存了我国上古时代中西交通的史料。

在汲冢竹简发现之后,还有多次类似的地下发现,但其命运大致与汲冢竹书相仿。例如齐建元元年(479年)在襄阳发掘了楚王墓,出土了一些竹简。在《南齐书·文惠太子传》上有这样的记载:

---

1 [唐]魏征等:《隋书·经籍志》"《纪年》十二卷"条注:"《汲冢书》,并《竹书同异》一卷。""《周书》十卷"条注:"《汲冢书》,似仲尼删书之余。""《古文琐语》四卷"条注:"《汲冢书》。""《穆天子传》六卷"条注:"《汲冢书》。"郭璞所注,共四种。分别见[唐]魏征:《隋书》北京:中华书局1997年版,第457、959、964页。

2 罗根泽编著:《古史辨》(六),上海:上海古籍出版社1982年版。吕思勉对古本《竹书纪年》的辨伪:"世所通用之本,为明人所造,已无可疑。然所谓古本,经后人辑出者,实亦伪物。盖汲冢书实无传于后也。"(《先秦史》第38页)"传于世者悉皆伪物"。[吕思勉、童书业编著:《古史辨》(七下),上海:上海古籍出版社1982年版,第270页。]后来,认为古本中战国一段"有《竹书》原文,兼有后人推校所得。"其余都是由后人增窜。(《吕思勉读史札记》,上海:上海古籍出版社,第914—916页)

3 也有学者认定《穆天子传》并非古本。姚际恒的《古今伪书考》认为《穆》为汉之后人所作。

建元元年，封南郡王……时襄阳有盗发古冢者，相传云是楚王冢，大获宝物：玉屐、玉屏风、竹简书、青丝编。简广数分，长二尺，皮节如新，盗以把火自照。后人有得十余简，以示抚军王僧虔，僧虔云是科斗书《考工记》，《周官》所缺文也。[1]

竹简出土后很难保存长久。只有科学技术发展到今天，竹简的长期保存才有可能。

今有朱右曾辑录、王国维校补的《古本竹书纪年辑校》，有王国维撰、黄永年校点的《今本竹书纪年疏证》，范雍祥撰《古本竹书纪年辑校订补》，方诗铭、王修龄撰《古本竹书纪年辑证》等，可供参阅。

---

1 见［南朝梁］萧子显：《南齐书》卷二十一。又，［唐］李延寿：《南史·江淹传》记载："（永明三年）时襄阳人开古冢，得玉镜及竹简古书，字不可识。王僧虔善识字体，亦不能谙。直云：'似是科斗书。淹以科斗字推之，则周宣王之前也。简殆如新。'"所记略不同。

关于简牍的出土

　　百年来，地不爱宝，大量简牍出土，许多古书、文书档案、法律文本重见天日，特别是最近三四十年间，我国考古事业蓬勃发展，出土了大量的秦汉、战国简册，从某种意义上说，这些丰富的实证资料使填补和改写我国古代历史叙述成为可能，"简牍学"作为一门新兴学科而随之兴起。

　　时至今日，出土简牍不胜枚举，用成语汗牛充栋来形容并不为过。简牍的整理、识读、考释和研究多是由考古等专门学科、具有这方面专长的学者才能做好的事，比如对马王堆出土的《五行》、岳麓藏秦简《数》等简牍材料的研究，就涉及考古、数术等专业知识。下面，我们仅从"出土"这个视角，介绍二三故事，避开浩繁而琐碎的简牍形制材质、编联整理、简文内容及其意义价值的阐述。

　　简牍的出土情况各各不同，有计划、有目的的考古发掘毫无疑问是最佳选择，当然，在实地的考古发掘中，通常情况下并非以出土简牍为考古的主要目的。一次次惊人发现往往出乎考古专家们的意外。我们拟从以下五个方面介绍简牍的出土。

一、有计划的考古发掘

1975 年 12 月，湖北博物馆、孝感地区和云梦县文化部门，在云梦睡虎地发掘了 12 座战国末至秦代的墓葬，其中 11 号墓出土大量秦代竹简。这是第一次发现秦简，是我国文物考古工作的一项重要收获。请读者注意，这个"第一次"，不只是当代的第一次，纵看两千年我国历史，这部秦简的发现也是"第一次"！

以往的中国法制史，"秦法制"部分可以说是暂付阙如。今天，因云梦睡虎地秦简的出土而得以填补，阙如状况大为改观。

这批睡虎地秦墓竹简包括《编年记》《语书》《秦律十八种》《法律答问》《封诊式》等多种秦代史料，这些史料的出土无疑大大地推进了秦汉法制史的研究。如：

> 《法律答问》位于墓主颈右，计简二百一十支，内容共一百八十七条，多采用问答形式，对秦律某些条文、术语以及律文的意图作出明确解释。
>
> 商鞅制定的秦法系以李悝《法经》为蓝本，分《盗》《贼》《囚》《捕》《杂》《具》六篇。《答问》解释的范围，与这六篇大体相符。[1]

《法律答问》很可能是商鞅时期制定的原文。其中的"廷行事"，即以判案成例作为依据，反映出执法者根据以往判处的成例审理案件，当时已成为一种司法制度：

1　见睡虎地秦墓竹简整理小组编：《睡虎地秦墓竹简》。此书于 1978 年由北京文物出版社出版平装本，1990 年出版精装本，此处引自 1990 年版，第 93 页，略有修订。

秦自商鞅变法，实行"权制独断于君"，主张由国君制订统一政令和设置官吏统一解释法令。本篇决不会是私人对法律的任意解释，在当时应具有法律效力。因此，本篇对于了解秦的法律制度以及社会政治经济状况，具有很重要的史料价值。[1]

　　《云梦秦简研究》论文集的前言中说："参加过睡虎地秦墓竹简整理小组的李学勤、裘锡圭、张政烺、于豪亮、高恒、刘海年、舒之梅、唐赞功、李均明等同志，曾对与秦简有关的各个方面的问题作过一些研究，写出了一些专题论文。另外，没有参加秦简整理小组的马雍、吴荣曾、吴树平、熊铁基、王瑞明、高敏等同志，也利用秦简进行了一些研究，写出了一些专题论文。"[2] 其涉及面之广、其阵容之强、其水平之高，同类文献的研究无法与之相比。法学界有代表性的《秦律通论》（栗劲著，1985 年由山东人民出版社出版）应运出版，填补了法制史上秦律研究的空白。[3]

　　此外，1972 年 4 月在山东临沂银雀山西汉墓出土《孙膑兵法》《孙子》《尉缭子》等外，还抄存有《守法、守令等十三篇》。参见本书《孙武、孙膑写的书》篇。

　　1993 年 3 月，江苏连云港市东海县尹湾 6 号和 2 号汉墓出土竹简133 支，木牍 23 枚，其中有《集簿》《东海郡吏员簿》《东海郡下辖长吏名籍》《东海郡属吏设置簿》《赠钱名籍》以及《元延二年日记》《神乌傅

1　见睡虎地秦墓竹简整理小组编：《睡虎地秦墓竹简》。此书于 1978 年由北京文物出版社出版平装本，1990 年出版精装本，此处引自 1990 年版，第 93 页，略有修订。
2　中华书局编辑部编：《云梦秦简研究》，北京：中华书局 1981 年版，第 1 页。
3　笔者曾路经湖北云梦，止足观瞻睡虎地秦简出土处。它处于云梦车站一侧，竖有石碑一块，无他。

（赋）》等 19 种不同性质的历史遗存，1999 年出版有《尹湾汉墓简牍综论》等。

考古发掘中发现简牍的情况举不胜举，如若从事古代法律制度的研究，可以参见上海古籍出版社 2022 年出版的《甲骨、金文、简牍法制史料提要》一书。

二、从缉获的文物中获得考古线索

据传，早在 1993 年，在澳门（一说在广州）古玩市场上发现盗墓者出手的玉龙挂钩。事发后，古物鉴定专家一眼就看破，此玉龙挂钩非平民百姓所能有。于是警方顺藤摸瓜，查出了盗墓人。追缴赃物、指认出盗墓地点之后，考古队在荆门市沙洋区四方乡郭店村一组田地里探定楚墓，进行抢救性发掘。在郭店 1 号楚墓出土了一批竹简，有《老子》[1]《太一生水》《缁衣》等战国简书。郭店楚简的面世，轰动学术界，一时间郭店楚墓竹简成为研究热点。

郭店盗墓一案，追查得紧，盗墓人将玉龙赎出，保住了一条命。同时牵出的博物馆内鬼、盗墓者及其相关作恶者，受到了法律的严惩，一网打尽。

值得一提的还有包山楚简。1987 年在湖北荆州十里铺发掘的包山二号墓，是一座战国中晚期墓，墓中出土大量竹简，共计 448 枚，其中有字简 278 枚。按整理者分类，有字文书简 196 枚，占总数的 70.5%。

---

1 传统的《老子》版本，有王弼本、河上公本、敦煌写本、马王堆汉墓帛书本（甲、乙），还有易县龙兴观刻唐刻石本（景龙道德经碑、开元御注道德经幢）等，不一而足。今又有"郭店本"，郭店本《老子》的最大特点是有甲、乙、丙三组。

其余的简大多为卜筮祈祷简和遣策。包山文书简中包含的篇题有：《集箸》(简1)、《集箸言》(简14)、《受期》(简33背)、《疋狱》(简84背)，此外学者疑为总题的签牌（楬）为《廷等（志）》(简440-1)。均为司法文书。墓主身份明确：邵坨，官居左尹。下葬时间为公元前316年。

其墓地遗址，今已平为农田，无标识，难觅踪迹。据传盗墓者被处重刑。罪有应得。

相关内容，可见陈伟主编的《楚地出土战国简册［十四种］》一书。

三、探险考察所得简牍

早年，简牍的发现往往与探险考察有关，如《流沙坠简》，据该书出版说明所知，英籍匈牙利人斯坦因于1906—1907年第二次在新疆探险考察，发现大量多种文字的简牍文书材料。法籍汉学家沙畹对汉文文书做了系统的整理。"1901年，罗振玉得知沙畹正在考释汉文简牍，翌年即向沙氏索取有关资料。"[1]1912年，罗振玉与当时也侨居日本的王国维据此做了释文和考证，于1914年首次出版了《流沙坠简》一书。

清末，法国人沙畹和斯坦因调查甘肃、新疆的汉代遗址的发掘，发现汉代木简。

1920年，西北科学考察团在额济纳河发现汉代木简，由马衡、傅振伦、余逊、向达等整理、考释。1930—1931年在额济纳河流域发现

---

1 见《流沙坠简》的《出版说明》。罗振玉、王国维编著：《流沙坠简》，北京：中华书局1993年版。

记载边塞屯戍档案的汉木简一万多枚，这就是居延汉简。其后北平沦陷，这批居延汉简落入日本人之手，辗转香港、美国，后用照相版做考释。经过劳幹的整理，在 1943 年出版了《居延汉简考释·释文之部》，1944 年出版了《居延汉简考释·考证之部》。其后，陈直著《居延汉简研究》、陈梦家著《汉简缀述》，由中华书局 1980 年出版。《居延汉简释文合校》一书由谢桂华等整理，为普通读者阅读居延简提供了方便。

　　1973—1974 年又整理出居延新简二万余枚，出版了《居延新简》一书。

四、购买、捐赠所获简牍

　　万不得已之下，有关研究机构购买、接受捐赠，也是简牍入藏的渠道之一。如上海博物馆所藏战国楚竹书、清华大学所藏楚简、北京大学藏汉简和岳麓书院所藏秦简，均非考古现场发掘所得。问题是，机构购买、接受捐赠而入藏的简牍，不能确切反映简牍出土地点和墓葬内部的具体状况，墓穴位置、墓主以及随葬品等都不甚了了，为科学研究带来困难。

　　据上海博物馆前馆长马承源讲：1994 年 5 月和这一年冬天收到两批竹简，“当时正好近年终，上海博物馆缺乏可以调动的资金”，“我请张光裕先生想想办法”，结果在香港的朱昌言等五位先生共出资 55 万元港币买下，共 497 支竹简，捐给了上博。后又购得一种楚文字书简。前后两次入藏的楚简共 1200 多支。

　　对于这批购置、捐赠楚简的真伪问题，毫无疑问是文物鉴定的重中之重。以往香港市场上多有假简出现。马承源的三个判断依据是：首先当然是从这些材料的内容来看，考察它与传统文献有无关系；其次是观察简的书法和墨色，看这些简的文字字体与已出土的战国楚简文字是否一致；在日光下是否变色，脱水后是否变形；再次是看这批简的碳14年代测定的结果。[1]

上博战国楚竹书所收简书有《缁衣》《周易》《孔子诗论》《武王践阼》等，内容涉及范围相当广泛，无论治国理政，还是法律思想，乃至文学杂论都世所未见，珍稀可宝。

《上海博物馆藏战国楚竹书》由上海古籍出版社于2001年始逐年出版，出版至今共九大册。

再说说清华大学所藏战国简。2008年6月李学勤教授向清华大学汇报香港市场出现竹简的情况，受到学校党委的重视。随后，李亲自前往香港观摩实物。

《清华大学藏战国竹简》第一册前言中做了这样的说明：

> 清华简是通过校友赵伟国先生的捐献，自香港抢救回归的。现在知道，二〇〇六年冬已有学者在香港见到这批简的少数样本，而我们在北京确知有关消息，要迟到二〇〇八年。为了解情况，我们曾请香港中文大学张光裕教授在当地鉴定，随后我们又赴港直接观察，在竹简是真非伪这一点上取得一致意见。[2]

这批竹简入藏清华大学，是2008年7月15日。随后，专家对其真伪做出详密的考察和鉴定。由李伯谦、裘锡圭二位担任组长，与李家

---

1 《马承源先生谈上博简》，载朱渊清、廖名春：《上博馆藏战国楚竹书研究》，上海：上海古籍出版社2002年版。
2 李学勤主编：《清华大学藏战国竹简（壹）》，上海：中西书局2010年版，第1页。

浩、吴振武、陈伟、曾宪通、张光裕、宋新潮、胡平生、陈佩芬、彭浩组成11人的专家组。10月14日，如期举行了"清华大学所藏竹简鉴定会"。10月22日召开新闻发布会。

清华大学所藏战国简出版至今共十三大册，有类似于传统的《尚书》文献，其中有些楚简文字还与传世本相近，如《金縢》《皇门》等。还有大量的篇目前所未见，如《系年》《傅说之命》《筮法》《厚父》《管仲》《子产》《病方》等佚篇，所涉历史纪年、政治人物、占筮卜卦、治国安邦、天象历算等内容，洋洋大观，不胜枚举。

在清华简第十一辑中，有《五纪》，130支简，黄德宽认为，它反映出古人完整的宇宙空间概念。其云："黄帝有子曰蚩尤，蚩尤既长成人，乃作为五兵。"说蚩尤是黄帝的儿子。今人从未有此闻说，为此引起学术界的热烈讨论。

无独有偶，北京大学于2009年1月入藏汉简3346枚，2010年入藏秦简牍、木觚共726枚，其中有《苍颉篇》《周训》《赵正书》《隐书》《算书》及若干古医书等。还有安徽大学，于2015年也收藏了一批战国简，有1000余枚，其中有《诗经》《曹沫之陈》等。2019年出版《安徽大学战国竹简》一书。

此外，2007年12月，湖南大学岳麓书院从香港购得竹木简1300余枚。其中有《质日》《为吏治官及黔首》《占梦书》《数》《为狱等状四种》（奏谳书类文献）及《律令杂抄》等。当时，香港古董商送达的这批竹木简，大小不等，共8捆，外包用的是塑料薄膜，濒临霉变坏损，保存状况很差。随后，在荆州文物保护中心专家指导下，得到清理和科学保护。详见陈松长等著《岳麓书院藏秦简的整理与研究》一书。这批岳麓书院藏秦简也值得我们关注，它是我国发现睡虎地秦简之后，最为重要的秦律令资料，它为研究秦法制提供了可靠而充足的材料，填补了秦朝法制历史文本的空缺，为研究古代法制的学者展示了一个新的舞台。

在《律令杂抄》中许多律令条目，均未见于睡虎地秦简，如：

> 1265　●关市律曰：县官有卖买也，必令令史监，不从令者，赀一甲。
>
> 1266　●内史杂律曰：黔首室、侍舍有与厱、仓库实官补属者绝之，毋下六丈……

此外，岳麓书院藏秦简中有秦令 23 目，[1] 这些于睡虎地秦简中未曾见得，值得注意。《岳麓书院藏秦简》整理、出版至今，共七大册，已出齐。

附带再提一下战国简牍，除上文介绍的郭店楚简、包山楚简外，有一些是早期发现的，如长台关楚简、望山楚简、新蔡葛陵楚简、信阳楚简、慈利楚简等，仍可利用，供学者比照、校释。

五、基础建设中发现的简牍

1983 年在湖北荆州张家山汉墓出土了《二年律令》《奏谳书》等汉代律令文献。张家山 247 号汉墓位于湖北省江陵县，今荆州市荆州区城外西南 1.5 公里处的江陵砖瓦厂内，因取土而发现。1983 年 12 月由荆

1　这 23 目秦令包括：《内史郡二千石共令》《内史官共令》《内史仓曹令》《内史户曹令》《内史旁金布令》《四谒者令》《四司空共令》《四司空卒令》《县官田令》《食官共令》《给共令》《赎令》《安□居室共令》《□□□□又它祠令》《辞式令》《尉郡卒令》《郡卒令》《卒令》《迁吏令》《捕盗贼令》《挟兵令》《稗官令》。

州博物馆配合进行发掘。

张家山 247 号汉墓出土的《二年律令》，共有竹简 526 枚，简文包含有律 27 种和令 1 种。它是吕后二年（公元前 186 年）施行的法律。

从残存的竹简可知，竹简原置于竹笥中。由于受到淤泥及其他文物的挤压，竹简已有损坏，卷束已散开，并有不同程度的移动。从竹简的堆积状况可以判断，各种书籍是各自成卷，然后堆放在一起的。整理者参照竹简堆积情况，按竹简形制、字体和简文内容分篇、系联，也只能恢复各书的大致编联次序。

《二年律令》的发现使亡佚已久的汉律得以重现，不仅使秦律、汉律的对比研究成为可能，而且是系统研究汉律、唐律关系及其对中国古代法律影响的最直接资料。《奏谳书》则是秦、汉司法诉讼制度的直接记录，从中也可以了解到秦、汉法律的实施状况。

在出土文献中，有从古井中发现简牍的情况，如里耶秦简和长沙吴简。

2002 年 6 月，在湖南湘西龙山县里耶一号古井中出土秦简两万余枚，是秦始皇统一中国前后迁陵县基层社会的行政管理状况，包括各地官府往来公文、司法文书、吏员职司等。简文主要是秦代的文书，较丰富地反映了当时的行书制度。2012 年、2017 年和 2024 年分别整理出版《里耶秦简》第一卷、第二卷和第三卷。

另外，1996 年 7 月，从长沙五一广场的走马楼工地发现的古井中出土了大量东吴简牍，约在 14 万枚左右。大致反映从建安二十五年（220 年）到嘉禾六年（237 年）之间孙吴政权的史事。[1] 其中，有为佃田租税券、官府调拨物资交接券，还有司法文书等。这批简牍主要属

1　胡平生：《长沙走马楼三国孙吴简牍三文书考证》，载《文物》1999 年第 5 期。

于长沙郡治临湘县的文书档案。其中有案例若干，如发生在嘉禾四年（235 年）的一份关于许迪贪污案的复核审查报告。其中的"迪辞"，正是贪污犯许迪的供词。

至今已公布、由文物出版社出版的《长沙走马楼三国吴简》共九册。

本文讲的是简牍的出土，讲简，也讲牍。前文重于简而略于牍，所以在最后我们还要补充举例说一说木牍，云梦家信木牍、青川木牍《为田律》、张家界古人堤木牍、走马楼木牍、益阳兔子山司法木牍等，都是值得一提的材料。

云梦家信木牍，指的是湖北云梦睡虎地 4 号墓出土的两枚木牍，是秦征夫黑夫、惊的家信，共 300 余字，字迹尚清晰可辨。家信反映征夫参加了秦灭六国的激烈战斗，战地的生活相当艰苦，他们写信要家里寄钱、寄夏衣，同时从信中可知他们思念家人，反复问候，再三叮咛，精神上十分痛苦。[1]

青川木牍，是指 1979 年在四川青川郝家坪 50 号墓出土的木牍两件。其中一件为战国秦国的更修《为田律》（有称《田律》），计 121 字。此木牍可能与先秦田制有关，特别与井田制可能有关。[2] 除在释读方面作了补订之外，学术界一致认为，此木牍为秦武王二年（公元前 309 年）所更定的《为田律》，抄写于武王四年。其中提到的戊（茂），正是《史记》中提到的甘茂。《为田律》的主要内容是规整田亩。规整田亩的

1　张伯元：《出土法律文献丛考·云梦木牍考》，上海：上海人民出版社 2013 年版。

2　《文物》1982 年第 1 期发表了四川青川县战国墓发掘报告《青川县出土秦更修田律木牍》等。在发掘报告中称："牍文似属追述记事性质，叙述了新令颁行的时间及过程。大意是：更修田律，律令内容，修改封疆，修道治涂，筑堤修桥，疏通河道等六件大事。"

目的一是保护农田生产，二是加强田间管理，此外，还有采取整顿道路交通方面的措施。

1987 年湖南张家界古人堤遗址出土简牍 90 枚，大致是东汉时期的遗物。其中有汉律木牍两块，包括汉律（14 号正面）与汉律目录（29号正面），残损十分严重。在这些残损的简牍中，记录了盗律、贼律的细目，如盗出故物、诸诈始入、贼杀人、斗杀以刀等。[1]

1996 年走马楼出土的 14 万枚简牍中，就包括了记录经官吏调查核实后的某类家庭成员概况的木牍。这些材料反映出当时的户籍制度，而且直接与征兵有关，也被看作兵籍，相当详细。

2013 年湖南益阳兔子山的古井出土西汉简牍 1 万多枚，时间跨度大，数量又多，目前尚在整理之中。其中有标题为"张勋主守盗"的木牍，反映出当时的司法规范和实施的实际状况。

最后附带说一下"觚"。觚主要有两种含义：一为酒器，二为木简。这里只说木简。《急就篇》颜师古注："觚者，学书之牍，或以记事。削木为之，其形成六面或八面，皆可书。"可知，觚是一种多棱体木牍。

2021 年 11 月最新公布的"中华第一长文觚"，是战国末期湖北云梦郑家湖墓葬 M274 所出木牍，正反两面，每行书写 50 余字，全文约700 字，以秦隶书写，所记内容为筹游说秦王"寝兵罢战"立义之辞，体例和文风与《战国策》《战国纵横家书》近似。

该觚也是目前所见年代最早的长文觚。其形制罕见，内容丰富，为我们提供了一篇全新的策问类文献，丰富了战国后期的政治史资料，觚文记载的魏越宿胥之战等事件，为研究春秋战国时期的历史提供了新材料。

1　张春龙、李均明、胡平生：《湖南张家界古人堤简牍释文与简注》，《中国历史文物》2003 年第 2 期，第 79 页。

《水经注》的散佚、收聚及出版

《水经注》，顾名思义，是《水经》和它的注释的合刊本。

《水经》一般都认为是三国时魏人的著作，它记载了我国 137 条河道。注文是由北魏时人郦道元所作，相当详备，其字数竟比原文多出20 倍，补充记载的河道多达 1252 条。加上《水经》正文所记的河道数，总计 1389 条。郦道元（约 466—527 年），字善长，涿鹿（今河北涿县）人。曾任御史中尉等职。他一生博览奇书，好学不倦，他所作的《水经注》的内容既记载了水道的位置、流向和变迁，又有历史掌故、民间传说、风土人情和大小战役的记录，还有对《水经》的考证辨误。郦道元在书中引用书证多至 437 种。《水经注》是一部有很高史学价值的地理学著作。

宋版《水经注》散佚五卷。传世的只有校影宋本和《永乐大典》本。

明末清初述古堂主人钱曾曾收藏有影抄宋本一部。他又在陆孟凫先生那里抄录了一篇跋文，在这篇跋文中说，到元祐二年（1087 年），《水经注》就只剩三分之一了。有位晏运使命官校正，募工镂刻，完缺补漏，又增补了十三卷，共成四十卷。[1] 这四十卷本在北宋元祐年间已算是相当完备的了。钱曾能保存下这四十卷影宋本也弥足珍贵，其功不可没。

原以为宋版《水经注》早已绝迹了。想不到在 1916 年春天，上海市面上却奇迹般地出现了六卷宋版残帙，[2] 虽然有严重的缺损，但确实是宋版原刻。这六卷宋版残本归了袁克文（抱存），由徐森玉校存。原来，袁克文得到的这六卷残本是从内阁大库中流散出来的。

1922 年又一次发现宋版残本，有十多卷。后被吴县曹元忠、宝应刘启瑞得到，他们俩各得其半。之后又辗转数家，残本破损也日渐严重，差不多没有一页是完整的。最后为傅增湘（沅叔）所得，再请良工揭裱、装帧成册，才勉强可以阅读。[3] 考察残本的字体、刻工和纸墨，可断定它是南渡初浙江杭州的刊本。它也是从内阁大库中散出来的，估计与 1916 年袁克文所得同属一部书。

至此，郦道元《水经注》的宋版刻本存于世上的恐怕不足二十卷。

在明代，传刻的《水经注》有多种，但舛误很多。清代学者全祖望、赵一清、戴震等都又重新作了校勘、注释。有意思的是，其间还发生了"戴袭赵书"的文案。[4] 近代，除王先谦的合校本外，研究《水经

1　[清] 钱曾：《读书敏求记》卷二"水经注"条引跋语云："《水经》旧有三十卷，刊于成都府学宫。元祐二年春，运判孙公始得善本于何圣从家，以旧编校之，才三分之一耳，乃与运使晏公委官校正，募工镂板，完缺补漏。比旧本凡益编一十有三，共成四十卷，其篇帙大小，次第先后，咸以何氏本为正。元祐二年八月初一日记。"

2　[清] 李盛铎：《木樨轩藏书题记及书录》"水经注"条："抱存得残宋本《水经注》卷十六至十九，又第四十卷，又第三十九卷存五叶，为乾嘉以来诸老所未见，盖内阁大库物也。"

3　傅增湘：《藏园群书经眼录》卷五"水经注"条称："存卷五至八、十六至十九、三十四至四十，共十二卷，内卷五缺前二十六叶，卷十八衹前五叶。"照此计数，应为共十五卷。

4　张重威：《默园〈水经注〉校勘记跋稿》，载《学林漫录》（八集），北京：中华书局1983 年版，第 181—184 页。

注》取得最大成就的要数杨守敬、熊会贞合作的疏文。1971 年台北中华书局影印出版了《杨熊合撰水经注疏》，1988 年江苏古籍出版社也出版了《水经注疏》，前者依据的是传抄本；后者则是南京图书馆特藏部所收藏的沈钦韩《水经注疏证》手稿本。

当年，杨守敬及其弟子熊会贞合撰的《水经注疏》，共四十卷。对水名、地名、故实以及征引典籍都作了详尽的考释，并绘制了《水经注图》。杨守敬（1839—1915 年），号惺吾，湖北宜都人，长于目录金石舆地之学。杨守敬去世后，熊氏又作了增补。但是过不多久，杨熊合撰的稿本便不知了去向。熊会贞悲愤之余，发誓继承杨先生遗志，他蛰居武昌故庐，闭门谢客，继续校书，书稿经六次修改增补方定稿。1934 年日本京都研究院派松浦嘉三郎前来武昌，想用重金买走《水经注疏》。熊会贞严词拒绝，到 1936 年，熊自缢身亡，以身殉稿。更感人的是，熊会贞曾有一笔"膏火"，然而到死一直未去领用，只是在临死之前说，愿用这笔钱"为杨先生刻书之赀，某愿已毕，死无遗恨，今全稿具在"。

魏源在他的《书赵校水经注后》中说，赵一清和戴震都研究《水经注》，历来说法赵氏抄袭戴氏，也有反说，魏源的观点是戴震剽窃赵氏成果。同时认为戴氏将赵氏的《畿辅水利志》删节后据为己有。事见《魏源集》。

那么，《水经注疏》稿本的结果如何呢？很不惬人意。杨氏后人曾两次出卖稿本。1938 年 7 月傅斯年得稿本，转运至台湾。

经过数代学者的不懈努力，终于使一部北魏以前的地理学名著，大体恢复了原书的面貌。

1974 年，日本学者、京都大学名誉教授森鹿三氏主持翻译、出版了《水经注》的选译本。这是到目前为止《水经注》的唯一外国译本。

《玉篇》唐写本再现

　　《玉篇》是我国古代的一部按汉字形体分部编排的字书，跟今人用的字典功用相同。《玉篇》三十卷，南朝顾野王撰。顾野王（519—581 年），字希冯，吴郡（今属江苏）人。在梁任太常博士，入陈后官至黄门侍郎。《玉篇》这部书是遵奉梁武帝之命而编撰的，编好之后献给了武帝之子萧绎。该书成书于梁武帝太清年间[1]，距今已有 1400 多年的时间了。

　　《玉篇》分部首 542 部，例字大多以字义相类的为先后。原本收字凡 16917 字，见《封演闻见记》所载。后来，在唐上元元年（674 年）富春孙强又增加了条目，收字 22561 字，比原本多五六千字。《玉篇》内容宏博精赅，通用了 400 多年，到五代时却亡佚了。因此，在宋大中祥符六年（1013 年）有陈彭年、吴锐、丘雍等重加收辑、修订，增加了大量后起的字。总共收字达 209770 字，注 407530 字。至此，与原本《玉篇》相比较，已面目全非。

　　今存世有宋版《大广益会玉篇》，它是明内府刻本。

　　汲古阁主人毛晋之子毛扆曾经收购到宋版《大广益会玉篇》一部。

1　一说书成于梁武帝大同九年（543 年）。见《大广益会玉篇》序。

康熙癸未年（1703 年），秀水朱彝尊寓居吴下，向毛扆借去了这个本子，精心校雠之后，由张士俊泽存堂开雕刻印，以广流传，第二年春天竣工。

自《玉篇》由南朝顾野王编纂、唐孙强增修、宋陈彭年等重辑以来，学术界都以为原本已失，宋本为最古。然而，出乎意料，清朝末年却在日本发现了《玉篇》的唐写本，很使语言文字学界兴奋了一阵子。

在我国唐朝时期，日本曾不断派遣遣唐使来我国，每次都有一些学问僧、留学生随船而来，促进了文化的交流；还有，日本的商船也不断来往，带去了相当数量的书卷。在历史上，日本还有向唐朝廷请求颁赐书籍的记载，据记载，日本僧徒宗叡在咸通六年（1865 年）回国时，携带回去经卷多达 134 部，还有西川印本《唐韵》一部五卷、《玉篇》一部三十卷。中华文化对日本文化的发展产生过巨大的影响。

带去的诸如《玉篇》之类的写本不少，再经人陈陈相因地传抄，这些写本、抄本流传至今已有千百年，究竟有多少存世，如今尚不可确知。

光绪五年（1879 年），黎庶昌接替清廷驻日本公使之职，出使日本国。[1] 历史地理学家杨守敬当时以参赞的身份同往。当时日本发生明治维新运动，建立以天皇为中心的绝对专制政权。其时不少人提议废除汉学，一时间，旧藏的中国古代图籍被视同废纸，很不值钱。杨守敬趁此机会大量购求旧版古书，并遍访公私收藏，发现了不少在我国已经绝迹的唐代写本。

杨守敬在日大量廉价收购中国古籍，引起了一些日本学者的注意。于是，他们也纷纷出重金争购，书价顿时又狂涨了起来，那些书商只要

1　中华书局 1985 年影印出版《原本玉篇残卷》一书，其"前言"称："清代末期黎庶昌、罗振玉先后在日本发现了原本卷子《玉篇》的残卷，并各自集佚成书。"

得到一部嘉靖本子，就被看作秘籍，旧版本日见其稀，他们已经把中国的古书当作可居的奇货了。

杨守敬把收购的古书运回家乡，收藏在邻苏园内。关于这次收书的收获和经过，全部记录在他所撰写的十六卷《日本访书志》中。[1] 他在光绪十年（1884 年）又校刻了《古逸丛书》，为维护和保存我国古代典籍做出了不小贡献。

《玉篇》唐传写本二卷，又残五卷，收在《古逸丛书》中。[2] 这些珍贵的传写本是杨氏在日本时陆续向收藏家借书摹写下来的，在日本曾印行有单行本。日本现在所存唐写本《玉篇》部首仅 62 部，2052 字，相当于全书的八分之一强。在这些唐写本残卷中，例字字头之下的释文文字数要比通用本多出十倍甚至几十倍，这也正是引起学术界特别注意的原因，它对于文字学、注释学的研究有重要意义。古书中往往存有抄写讹传、后人妄改的错误，用唐写本《玉篇》与今通用本宋版《大广益会玉篇》相对校，就会发现宋本中许多增字重出、脱漏妄删的毛病。

当然，《古逸丛书》所收的《玉篇》中也难免有轻改原文的缺憾，引用时当十分慎重。

已故语言文字家胡吉宣（1895—1984 年）对《玉篇》详加校注，写成《玉篇校释》一书，已由上海古籍出版社影印出版。

1　［清］杨守敬：《日本访书志·缘起》："日本大钞本，以经部为最，经部之中，尤以《易》《论语》为多，大抵根源于李唐，或传钞于北宋，是皆我国所未闻。"杨守敬去世后，1919 年藏书大部分转售故宫，现存北京图书馆；其余卖给当时的中央研究院，藏湖北省图书馆。

2　据《中国大百科全书·语言文字卷》"《玉篇》"条统计：日本现在所存有卷八、卷九、卷十八、卷十九、卷二十二、卷二十四、卷二十七；其中除卷二十二、卷二十七不缺字以外，其他都是残卷。

《李师师外传》的流传

  明末吴郡藏书家钱允治，字功甫，是个特别喜好收藏世间罕见之本的人。他家有老屋三楹，丛书充栋。又好抄书，常年不辍。他藏有一卷《李师师外传》，或称作《李师师小传》，视之为至宝。他的族人钱牧斋知道后，好几次去向他借阅，却遭到拒绝。后人都弄不明白其中的原因。我们推想，这也简单，从辈分上说牧斋还差一截，六七十岁的长辈对二三十岁的后生，长幼有序，自然不会去引导他读这种稗官小说。

  李师师何许人？宋朝汴京人也。传说她年幼时曾舍身为尼。佛弟子俗呼之为"师"，李姓，所以大家都称呼她为李师师。后来又当了歌伎，以歌舞著名京师，并跟当时的著名词人周邦彦等人往来。宋徽宗这个荒淫的皇帝，暗中出行，也常住宿在李师师家里，后来李师师又被召入宫，封为瀛国夫人。靖康年间流落南方。

  词人周邦彦在汴京的生活，可以从他的词作中窥其大概。他写有一首《少年游·并刀如水》，传为李师师而作，词云："并刀如水，吴盐胜雪，纤手破新橙，锦幄初温，兽烟不断，相对坐调笙。低声问：'向谁行宿？'城上已三更。马滑霜浓，不如休去，直是少人行。"说的是：一次，宋徽宗去私见名伎李师师，不巧，周邦彦已在。周邦彦吓得魂灵出窍，慌忙躲到床底下。偷听得徽宗与李师师的谑语。回家之后，周邦彦就写了这首词，描叙了当时的情景。徽宗知道后震怒，把他逐出了汴京城。[1]

这是历史上比较符合事实的记载，尽管有好事者曲意附会的成分。在当时，民间文人取名伎李师师为写作的素材，编成了传奇小说故事，老百姓也喜闻乐道。《李师师外传》就是这样一部书，其故事情节与历史的真实出入比较大，这也就是我们今天所谓的艺术加工。这部传奇小说大致形成于宋宁宗嘉定元年（1208 年）至理宗淳祐八年（1248 年）间。

《李师师外传》把李师师的身份说成汴京城里染坊主王寅的女儿。年幼时双亲俱亡，为娼家李姥收养。长大后，色艺双绝，惊动京师。后由内侍张迪牵线搭桥，与大商人赵乙相识，前后收受了赵乙大量的金银财宝。其实，赵乙不是别人，就是当时的荒淫皇帝宋徽宗。徽宗退位之后，李师师就买通张迪，要求徽宗准许她出家为尼；她把所有的金银财宝拿出来作抗金将士们的军饷。不久，汴京被攻陷，卖国求荣的大汉奸张邦昌为讨好金兵主帅暗中追捕李师师，把她送往金营献给了金兵主帅闼赖。李师师对张邦昌严加痛斥，大义凛然，坚贞不屈，最后吞金簪而死。

应该说这是宋代传奇小说中的一部上乘之作。它构思新巧，结构谨严，塑造了一个被社会视为下贱的歌伎在国破家亡之时，为抗击金兵，保卫国土慷慨解囊，不畏强暴而为国献身的侠义形象。并且，跟那班穷奢极侈、苟且偷安的封建帝王、汉奸官僚形成鲜明的对照。小说在"论曰"中道出了作者劝惩世俗的用意：

1　此事见［宋］张端义：《贵耳集》卷下。说郛本《贵耳集》无此记载，故后人多所怀疑，认为是小说者流的附会，该词亦非为李师师而作。

李师师以娼妓下流，猥蒙异数，所谓处非其据矣。然观其晚节，烈烈有侠士风，不可谓非庸中佼佼者也。道君（宋徽宗）奢侈无度，卒召北辕之祸，宜哉！

这部书在明朝没有广泛传播，也不可能广泛传播，因为它歌颂的对象是位歌伎，而且封建帝王又被"丑化"了。前者捐躯殉国，后者苟且偷生。如此主题，广大的封建文人又怎能接受得了？因此，流传于世的《李师师外传》在明末清初已十分稀见。某些收藏家虽然有所保留，也不轻易示人，个中原因不言而喻。本文开头我们说到钱允治没有把《李师师外传》借给钱牧斋，但是到他病殁之后，钱允治家的藏书也就一夕迸散了，抄本及旧椠本都被论秤担负而去，一本不值数钱也，[1] 绝大部分归入牧斋绛云楼。《李师师外传》想必也毫无例外地归藏到绛云楼中。可以想象，这也是牧翁一生中的得意之事。早年所受的那份窝囊气，如今能排遣一空，岂不快哉！

然而，绛云一炬，毫无疑问《李师师外传》也同毁于此。钱遵王曾为了这部书的种子断绝也叹惋不已。[2]

这部书的种子究竟有没有断绝呢？没有。嘉庆年间，爱日精庐张金吾（月霄）家中的教书先生黄廷鉴，有一次偶然听说常熟城里一姓萧的人家有部《李师师外传》的抄本，于是他急着去借抄了一册。其后由胡珽（心耘）从鲍芳谷那里得到抄本，咸丰三年（1853 年）仁和胡珽用

1　［清］钱谦益：《初学集》卷八十四《题钱叔宝手书〈续吴都文粹〉》。

2　［清］钱曾：《读书敏求记》卷四："（允治）所藏多人间罕见之本，有《李师师外传》一卷，牧翁屡借不与。此书种子断绝，亦艺林一恨事也。"《也是园书目序》："功甫殁，此书归之不知向人（别本作'不知散落何处'）。今虽悬百（一本无此字）金购求，岂可复见。"笔者自认为此书为牧翁所得，毁于绛云一炬。

活字排印，印入《琳琅秘室丛书》第四集中。1927 年鲁迅先生校辑《唐宋传奇集》时将《李师师外传》收入其中。1935 年还有吴曾祺的《旧小说》本行世。1988 年上海出版了周楞伽所著《李师师传奇》一书。

　　书是传下来了，可惜的是这部传奇小说的作者没有留下名字；也很可能这正是作者的聪明之举，与其徒具虚名，去遭受政治上的迫害，不如逍遥而去，视名利如浮云。

最早以"志"命名的苏州方志

　　苏州，在宋代属平江府，连属周围诸县，包罗于吴郡的范围之内。流传至今的宋代地方志《吴郡志》，可以说就是一部最早的苏州方志。事实上，以"志"命名的宋代地方志流传到今天的，它是唯一的一部。

　　主持修纂这部苏州方志的是范成大，当时他隐居在吴郡的石湖。范成大（1126—1193年），字致能，号石湖居士。吴郡人。累官参知政事。他的一生大多在官场度过，但仕途坎坷，三起三落，直到58岁时才因病辞归故里。在晚年家居时期，他邀集朋友龚颐正、腾岌和周南等共同编修了吴郡地方志。《吴郡志》完稿在南宋绍熙三年（1192年），他去世的前一年。

　　这部最早以"志"命名的《吴郡志》，共五十卷，记载了吴郡的历史沿革、古迹风俗、山川水利、牧守人物等，保存有许多人文景观的原始资料和富有历史参考价值的异闻逸事。例如在《吴郡志·牧守》中就记载了这样一则故事：

　　　　唐成及，字弘济，吴越钱氏时为苏州刺史。乾宁中，杨行密
　　　攻之，常熟镇将陆郢等以城应贼。及被执，行密阅其府库，惟图

书药物。心敬重之。与归淮南，将以为行军司马，及辞曰："及以百口托钱塘，姑苏城陷，不能引决，以至于此。岂可以本道符节，易富贵于邻境？愿以此身赎百口之命。"引佩刀将自刺。行密遽起，持之厚，为礼而归之。镠迎劳郊外，把袂而泣。终彰义军节度使。[1]

按常理而论，编写地方志是一件大好事，让如唐成及这样的好官留名青史是完全应该的，不会有什么问题。然而，编纂工作并不顺利，好事情不一定能办好；弄不好，还会招来麻烦乃至灾难。《吴郡志》的编纂就是个典型的例子。范成大是一个刚正廉直、不徇私情的封建官吏，《吴郡志》是为保存郡县的历史资料而编纂的，所以他主张修地方志的人要出以公心，所收材料要求真实可靠，所作评价要求公允全面，经得起后人的检验。然而，不顺当的事情偏偏又发生了。

《吴郡志》的修纂已近尾声，即将大功告成，范成大跟他的文友们如释重负。郡守陈岘召集了著名刻工准备付梓刻印。正在此时，半路杀出个程咬金。某日，有人托故来与范成大商量，要求将他的大名列入方志。他是吴郡地方的一位知名人士。明眼人都能明白这不仅仅是列个名字的问题，列个名字很简单，反正方志中列有"人物"好几卷，问题是如何对此人作出评价。实事求是地写，此人必定会老大地不高兴；歌功颂德，又无甚可歌可颂处。做违心的事，我范成大不干！

此事没有谈成，郡守也弄得十分尴尬，不能开雕。绍熙四年（1193年），范成大不幸病卒。他去世之后，社会上又传出流言，说："《吴郡

1 ［宋］范成大：《吴郡志》卷十一。江苏古籍出版社于1986年出版，收于《江苏地方文献丛书》中的《吴郡志》一书，以毛晋汲古阁本为底本。

志》并不是范成大所作。"俗话说三人成虎，一传十，十传百，传得像真的一样。郡守怕有人因此滋事，又只得暂停雕版。为此，《吴郡志》的稿本贮藏在学宫里，一搁就是三十多年。

绍定初年，尚书郎李寿朋继任了吴郡郡守之职。他上任不久就打算镂版印行《吴郡志》。首先，他要澄清淆乱了的舆论，替范成大辩白。他用《石湖墓志》上的记载驳斥了"《吴郡志》非石湖手笔"的谬说，严正声明此志的主笔就是范成大，其他人如龚颐正、滕崟、周南三人曾经协助范成大搜访过遗事旧迹，如此而已。从此，才算有了结论。

绍定二年（1229 年），李寿朋派校官汪泰享会同当时的几位贯通文史掌故的学者，对《吴郡志》订伪补缺，增补了范成大之后三十年的重要事件和人物。

《吴郡志》自宋镂版印行至今七百多年，宋版已不易得。明末毛晋汲古阁曾有刻本，其后有影宋本。毛晋刻印《吴郡志》还有一段有趣的故事。

毛晋（1599—1659 年）年轻的时候，曾经在吴郡受业于名师高伯昈，高是府学博士员。一次，先生带了毛晋登大成殿，礼拜夫子像，接着又去拜谒了韦刺史祠。在祠的西面庑廊上有一排木架，堆放着不少镂版，尘封蠹蚀，无人看管。毛晋有好奇心，从上面搬取了一块镂版来看，名为《吴郡志》，他并不知道它是什么时候刻镂的版块，不以为意。后来，云间（今上海松江）刺史有志修葺郡志，毛晋被召到云间去，与陈继儒共事，遇上了名重一时的博儒史辰伯，谈起《吴郡志》版刻的事，史辰伯说，绍定刻板曾收藏在学宫的韦刺史祠里。毛晋这时才似有所悟，回忆起他年轻时所见到的镂版竟然是宋时的刻板，失之交臂，叹惋不已。于是，他即刻备好船棹，沿水道入吴门，再去韦刺史祠察访。当他奔到西边庑廊下，只见到朽腐的木块五片，垫在香炉的底座下面。抚摸版块，细细辨认，果真是宋时原版。也就是毛晋在此之前，曾在荣木楼见到过的一部宋绍定刻印的《吴郡志》。他再去周围人家访求，希望能得到宋代镂版的断木残片，然而终不可得。听那里的居民说，早就被厨师当作柴火烧掉了。呜呼哀哉！异代珍宝，不遇赏音，竟付煨烬于庖丁之手！

为此，毛晋汲古阁于崇祯乙亥（1635 年）冬重新镂梓刊印，保存了这部珍贵的地方志。汲古阁本尽管是翻刻的，但仍不失为善本，不过其中已有残缺，后人又作过辑补。清人黄丕烈曾访书校勘过《吴郡志》，[1] 校勘精勤，其功亦不可没。

传世的《吴郡志》是不是宋绍定二年的刻本呢？也不一定。因为在存世的《吴郡志》的牧守题名中，自绍定元年（1228 年）至二年的郡守李寿朋的名字之下又增列有自绍定二年至宝祐三年（1255 年）的牧守朱在等二十一人的名录。宝祐三年时的吴郡郡守为赵与𥲤，依此推断，可能是他在宝祐三年主持了《吴郡志》的修订，并增加了历年地方官员的名录。因此，传世的《吴郡志》是南宋宝祐三年间的补刻或重刻本。想来这些郡守也是很想借方志扬其美名而流芳百世的。尽管在范成大完成书稿之初，严拒附名者，然而在他死后也就无力阻止别人的增补了。增补者是谁，编撰者没有敢写出来。从时间上推算就显露出了增补者手法的拙劣和心怯。他们没有任意添加政绩上的溢美之词，还算是老

1　徐珂：《清稗类钞·鉴赏类》："苏州任蒋桥顾氏有宋刻《吴郡志》，菀圃闻之，倩人访求，得诸华阳桥顾听玉家。华阳，即任蒋分支也。听玉之祖雨时亦喜蓄异书，辄手自雠勘。"

实的。

后人看到问题的存在，总结出教训说：

> 夫作志而不得其人，不如勿作，作亦勿传。若文穆公所编之
> 志，非但哗然者欲阻其传而不可得，且以哗然有阻其传者而传，乃
> 益可久已。[1]

历史的辩证法就是如此。

---

1 《吴郡志》汪瑞龄《跋》。引文中"文穆"为范成大谥号。

冷落无闻的古文字书——《汗简》

制作简书，需将竹子放在火上炙烤收干，使它的汁液像出汗一样散发掉，即所谓的"杀青"。竹简的"简"前面加一个"汗"字，意思就出于是。文天祥"留取丹心照汗青"诗句中的"汗青"之所指，即史书。

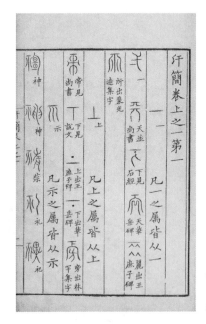

汗简书影
日本国立公文书馆藏
版权协议：CC0 1.0

《汗简》是一部古文字字典，宋人郭忠恕撰，分上、中、下三卷，目录叙略一卷。录存古代文字，用古文偏旁分隶诸字。《汗简》征引古书共 71 种，除《说文》《石经》《碧落碑》文外，其余均已散佚。散佚的古书中有《史记》《庄子》《山海经》等我们熟悉的书名，这些古书用的都是"古文"，即所谓的"蝌蚪文"，与流传至今的通用本子是不同的，却都早已散佚了。直到清代后期，研究古文字的学者郑珍才注意到这部书，著《汗简笺正》。郑珍（1806—1864 年），字子尹，号柴翁、巢经巢主，晚号小礼堂主人，遵义人；道光举人，学宗许郑；著有《巢经巢文集》《仪礼私笺》《说文新附考》等。

郭忠恕（约 910—977 年），字恕先，河南洛阳人。北周时召为宗正兼国子书学博士，后被贬。宋太祖时，又因批评朝政，流配登州，死于道中。擅长山水，尤精界画，绘有《雪霁江行图》，作品传世极少。编撰有字书《汗简》《佩觿》。《佩觿》是部蒙学性质的字书。

《汗简》在宋代流传不广，许多藏书书目都未录存。天禧二年（1018 年）李直方在《汗简》的后序中说，郭宗正忠恕集成《汗简》之后，儒家罕有得者，"余访久矣"。经过寻访，于大中祥符四年（1011 年）得到了由李衎转抄的"秘阁新本"。[1] 从大中祥符五年（1012 年）正月九日起摹写，到三月二日方才抄毕。用时约五十天，摹写完成后他颇有感慨地说："虽笔迹驽弱，有愧于名贤，且乐善君子必悯余留心于此道焉。"其预测，确然如此。

宋代以来学者接触商周金文的数量超过前人，然而，战国古文渐被忽视，大家觉得战国古文上不合钟鼎款识，下不同《说文》篆体，怀疑

1　北宋李衎，字建中，以字行。

它出于杜撰。清人郑珍是这种观点的代表。[1] 当然郑珍给这本书加笺注，其推介之功不可没。

相当长一段时间内没有人注意到这本古文字书，李直方的转抄本子成了孤本。

直到明末清初，有位自称屦守老人的藏书家——冯舒，他读到了《汗简》，意识到它的重要性，写了这样一段跋文：

> 吴僧文莹《玉壶野史》云：李留台建中以书学名家，手写郭忠恕《汗简》业以进，皆蝌蚪文字。太宗深悼惜之，诏付秘阁。[2]

并在落款处钤上"癸巳人"印。癸巳人，是冯舒的别号。癸巳，指的是万历二十一年（1593 年），他是此年生人。[3] 此后，冯舒又对这本被冷落了的《汗简》做了考证，将它的来龙去脉查了个遍，又写下一段长长的跋文。跋文中讲到他阅读、收藏《汗简》的情景：

> 崇祯十四年借之山西张孟泰氏，久置案头，未及抄录。今年乙酉避兵入乡，居于莫城西之洋荡村。大海横流，人情鼎沸，此乡犹幸无恙。屋小炎蒸，无书可读。架上偶携此本，便发兴书之，二十日而毕。家上人笑谓予曰："世乱如此，挥汗写书；近闻有焚书之令，未知此一编者助得秦坑几许虐燄。"予亦自笑而已。犹忆予家有旧抄《张燕公集》卷末识云："吴元年，南濠老人伍德手录。此

---

1 李学勤：《战国文字》，载《失落的文明》，上海：上海文艺出版社 1997 年版。

2 ［宋］郭忠恕、夏竦编：《汗简·古文四声韵》，北京：中华书局 2010 年版，第 51 页。

3 冯舒（1593—1649 年），藏书家，字巳苍，号默庵、屦守老人。江苏常熟人。顺治年间，冯舒因揭露邑中漕粮弊端，县令忌之。指控冯舒《怀旧集》手抄本诗中忌讳语，被罗织讥讽朝廷之罪，屈死狱中。

时何时，啸歌不废。他年安知不留此洋荡老人本耶？"但此书向无刻本，张本亦非晓字学者所书，遗失伪谬未可意革。李公序云，赵字旧字下，俱有臣忠恕字，今赵字下尚存旧，下则亡之矣。确然，知其非全本也。既无善本可资是正，而所引七十一家予所有者仅仅始一终永，本说文、古孝经、古老子及碧落碑而已。又何从钉其伪谬哉。亦姑存其形侣耳。[1]

接着，他举例"沔""汸""泯"等字的偏旁归类问题，他指出这是因为古代字少，"援文就部，以足其数"而已。至于《汗简》的"目录"放在第七卷，这正合古人著书惯例，今人反而将书的目录"一概移置卷首"，这是不合旧制的。

有意思的是，这样一本宋人留下来的古字书不止引起文字学者、藏书家冯舒的兴趣，而且早在宋末就被所南先生注意到了，只是没有引起后人的关注。

所南先生，即《心史》的作者郑思肖（1241—1318 年）。他在庚寅年（1290 年）六月读到《汗简》之后，写了一段跋文，大意是说，在我国文字发展过程中，古字的字形是有所变异的，但是后代的人不知道，被忽视了。这些古字在抄写复制、长期流转的过程中难免出现变化，"丧其本真"，并不足怪；如今，幸运的是郭公的《汗简》"古法"未泯，泽被后世，功德无量！[2]

《心史》的作者郑思肖，我们在本书的《奇书〈心史〉的重现》篇

---

1 见［清］张金吾：《爱日精庐藏书志》。
2 郑思肖跋文："古人制字，良各有说，特后世莫知异，故传之久而复久，不免有舛谬，竟丧其本真。《汗简》之作追古法于既泯，流新传于无穷。郭公之功多矣。后之业字学者可不知之！"

中再做介绍，这里先不说他。

不过，奇怪的是《心史》在明末清初重现，郭公的《汗简》也就是在这个时间段引起藏书家冯舒注意的，据此我们可以想见，冯舒注意到了《心史》之后，又读到了《汗简》上所南先生的跋，不免引起深思。这种思考，是出于对汉字字书的珍视、对汉文化的热爱，仔细阅读之余，便一口气写下了一篇如上面我们所引述的长跋。跟他明朝遗民思想是一致的，这可以从冯舒《怀旧集》手抄本压卷载顾云鸿《昭君怨》诗有"胡儿尽向琵琶醉，不识弦中是汉音"之句，得到证明。事见王应奎《柳南随笔》。

毫无疑问，《汗简》这部古文字书对收藏家复翁黄丕烈是很有吸引力的。他在己巳年（1809 年）读到了《汗简》的刻本之后，当即写下跋文：

> 《汗简》一书，钱唐汪立名所刊，出于竹垞藏旧抄本旧刻无闻焉。《钱遵王读书记》谓屏守居士藏书率多异本，此殆是也。《汗简》字学中不甚重，潜研老人曾言之，然论古书源流，是本何可废哉。且屏守居士钞于明代，较竹垞所藏更旧，因急收之。己巳冬至后二日复翁识。

汪立名，号四亭，官工部主事。通六书，有《钟鼎字源》。

此刊本出自竹垞朱彝尊抄本旧刻。引起当时的古文学家、收藏家如钱曾、潜研老人钱大昕、士礼居主人黄丕烈等人的浓厚兴趣。

今天，我们看到的《汗简》，是与《古文四声韵》的合辑本。《古文四声韵》的编撰者是宋人夏竦。夏竦成书于庆历四年（1044 年），稍晚于郭忠恕。

另外，北京大学出版社 2008 年出版的《古文源流考》、上海古籍出版社 2015 年出版的《〈汗简〉〈古文四声韵〉新证》，可供参考。

丘濬征求天下遗书

丘濬，何许人也？

丘濬（1420？—1495年），字仲深，广东琼山人。是明朝中期一位颇有作为的礼部尚书、文渊阁大学士。尚书入内阁参预政事，自丘濬始。可见在当时丘濬宠恩有加，是个德劭望重的人物，然而其个性偏激，议论多有棱角，与同僚时有争锋。

弘治五年（1492年），丘濬上奏，提议广征天下遗书。他认为经籍图书，记载了万年百世的史事，现在就依靠它来了解古代社会；到将来，后代的人也得依靠现在的经籍图书来了解今天的社会。在他的奏章中征引了太祖、成祖广征天下遗书的历史。

明太祖朱元璋在建都登基之前，就在至正二十六年（1366年）的秋天，求遗书于天下，一时间典籍积储不减前代。对于元人藏在北京的图籍宝物，大将徐达尽全力予以封存、转移，他知道保护祖国文化典籍的重要，可见徐达决非一般草莽英雄可比。洪武初年，朱元璋还兴建了大本堂，用以庋藏古今图书，并郑重其事地写了《大本堂记》。[1] 可见这

---

1 ［明］郑晓：《今言》卷四。

样一位识字不多、贫僧出身的皇帝也知道"武功"只能用于打天下，而守业还得靠"文治"的道理。洪武十年（1377年）十二月，因佛经的散佚，太祖特遣僧人宗泐和他的僧徒前往西域征求佛经，三年之后才回到京城。

明成祖朱棣迁都北京之后，曾经派遣修撰陈循前往南京内府承办图书北运事宜。陈循从南京内府所贮的古今图籍中，每一种各取一样，装了一百柜，用大船十艘，载运到北京，其余的封存如故。这样，南北二京就都有皇家图书的收藏了；正副本分储二京，确保了宋、金、元以来皇家旧籍的珍藏和延续。[1]大家知道，明成祖朱棣还纠集天下名儒编纂了《永乐大典》。本书《〈永乐大典〉的修纂及其散佚》一篇对该书作了较为详尽的介绍。

英宗正统六年（1441年）编辑成《文渊阁书目》一书，大凡收书43200多册。"缥湘之富，古所未有。"

弘治五年离洪武之初已有120多年，离永乐也已有90年了。在这段时间里内府所藏典籍，鼠啮蠹蛀，又经过许多人的翻检，不无损坏、散失。前代藏书多至37万卷，而到丘濬之时已不到十分之一。于是，作为内阁大学士的丘濬提出了一个建设性的意见，见《明通鉴》卷三十七，他说：

> 今请敕内所藏书籍，令学士以下督典籍官，汇若干册，册若干卷，检其有副本者，分贮一册于两京国子监。若内阁所无或不备者，乞敕礼部行天下提学官榜示购访，俾所在有司校录呈送。其藏书之所，二在京师，曰内阁，曰国子监；一在南京，曰国子监；使

---

1 ［明］余继登：《典故纪闻》卷十六。

一书而存数本，一本而藏三所。每岁三伏时，令翰林院僚属同赴阁、监曝书，毕事启镌。廷臣有因事欲稽考者，奏请诣阅，以为常规，则于文治有裨焉。

丘濬建议多备复本，分藏多处的做法，成了以后分抄七部、分藏七处的《四库全书》之嚆矢。而且，丘濬考虑得十分细致，他提议在文渊阁近地建造砖石结构的藏书楼，楼上庋藏各朝的实录、御制玉牒等，楼下收藏诏册、制诏，以及准备纂修当代历史的有关资料等。

明孝宗弘治皇帝十分赞赏丘濬的聚书计划，于当年五月，诏令天下，广求遗书。在当时这也可说是一桩轰轰烈烈的大事了。效果如何？出乎孝宗预料，很不理想。丘濬本人在弘治八年（1495 年）去世，再加上他个性的偏隘过激，发生过许多伤人感情的事情，朝臣们对聚书之议的阳奉阴违就不足为怪了。

丘濬死后不久，雕版及古书的命运也并不尽如人意。弘治十二年（1599 年）建阳书坊失火，阙里孔庙也遭火灾。弘治十三年（1600 年）建安书林又遭大火，祝融下临，古今书版，荡为灰烬。[1]

除此而外，人为的破坏也是丘濬聚书计划效果不佳的因素之一。在明人余继登的《典故纪闻》中有这样一段记载："内阁藏书甚多，然岁久不无残阙。正德十年冬，大学士题请，令中书舍人胡熙、典籍刘伟与原管主事李继先查对校理。由是其书为继先等所盗，亡失愈多矣。"

正德十年是 1515 年，离丘濬去世不到 20 年，然内阁藏书管理的

1　[清] 张廷玉：《明史·五行志》："建阳书坊火。"自宋以后，福建建阳书坊，即以刻书闻名天下。宋版麻沙本即出自建阳。[清] 张廷玉：《明史·许天锡传》："去岁阙里孔庙灾，今兹建安又火，古今书版荡为灰烬。阙里，道所从出；书林，文章所萃聚也。"

混乱，藏书的残损缺失已相当严重。原管主事借查对、校理的机会，趁机自盗。内阁藏书是愈校愈失，将羔羊交给馋虎看守，书藏缺失自不可避免了。

还有这样一件事是关于武宗正德皇帝的。正德十五年（1520 年）八月，正德皇帝南巡，从瓜州渡过长江，登临金山，到达镇江，下榻在大学士杨一清的私宅。杨一清大摆宴乐，通宵达旦，饮乐了整整两个昼夜。其后，皇上观览了杨一清的家藏图书，皇帝看中了《册府元龟》，就叫人把二百零二册全部载送京城。[1] 在封建专制统治下，皇帝可以任意取用私家收藏，更不必说内府的藏书了。此则材料可以作为丘濬征求天下遗书效果如何的解答，是很值得人们深思的。

---

1 ［清］夏燮：《明通鉴》卷四十九记："幸大学士杨一清第，乐饮两昼夜，赋诗赓和以数十。又遍览一清所藏书籍，取《册府元龟》二百二册以归。"

奇书《心史》的重现

崇祯十一年（1638年）十一月八日，深冬时节。苏州府城皋桥东首承天能仁禅寺[1]的寺僧达始和尚趁天旱井枯，浚掘井中淤泥。不料，从井里打捞出一只铁匣子，寺僧好生奇怪。铁匣子并不重，却层层禁锢，封缄得密不渗水。打开一看，里面既没有金银财物，也没有奇珍异宝，只是一卷书。

这是怎样的一卷书呢？为什么要用铁匣藏在井里？

原来这是一部古书。书的封面上赫然写着"大宋铁函经"五个大字，题名曰《心史》；扉页上还题有著作者的姓名："大宋孤臣郑思肖再拜书。"[2]屈指算来，是三百五六十年前宋代人写的书。消息传开，时人无不惊诧，轰动了整个苏州城。

郑思肖，南宋福州连江（今属福建）透乡人，是一个具有民族气节的读书人，曾以太学上舍生应博学鸿词科。元军南侵襄阳时，郑向朝廷

---

1 ［宋］范成大：《吴郡志》卷三十一："能仁禅寺，在长洲县西北二里，即梁重玄寺，入国朝为承天寺。"
2 ［清］丁传靖：《宋人轶事汇编》卷十九转引自［清］潘永因：《宋稗类钞》。又，"再拜书"，一作"百拜封"。

献御敌之策，但奸相贾似道专权，未予采纳。宋朝灭亡之后，他就迁居苏州，寄食寺庙中。

其实，"思肖"并不是他原来的名字，思肖的"肖"取"肖"从"赵"；有思念赵宋王朝的意思。至于他的本名叫什么，到现在已经无法查考了。郑思肖，字忆翁，号所南。"所谓所南，以南为所也；忆翁，忆乎宋也。"[1] 表达他不忘故国，不屈于元蒙贵族民族压迫的坚贞气节。郑思肖还是个画家，善画墨兰，宋亡之后，他画的兰只画萧疏的兰叶而不画根土。人问为什么？他回答说："土被番人夺了去，你难道不知道吗？难道不想把它要回来吗？"

《心史》也称《铁函心史》。《四库全书总目》集部有《心史》存目，凡七卷。其中包括他写的各体诗歌和记载宋代灭亡时期时事的杂著等。他在书中高度赞颂了文天祥、陆秀夫、张世杰等许多爱国志士抗击元军的英勇气概和事迹，表达出自己不能为国立功、收复失地的悲痛。

书中有首《德祐二年岁旦》诗很著名。诗中这样写道：

> 有怀长不释，一语一酸辛。
>
> 此地暂胡马，终身只宋民。
>
> 读书成底事？报国是何人？
>
> 耻见干戈里，荒城梅又春。

作为大宋遗民，眼见胡马奔突，肆虐生灵，心中油然而起丧权失地的痛苦，自己是个读书人，不能上战场去冲锋杀敌，保卫家园，但坚信，大宋的爱国志士将坚持抗战，收复失地，家园不久就将重建。表达

---

1 ［明］李诩：《戒庵老人漫笔》卷三。

作者坚持抗元卫国的爱国情怀是《心史》一书的主题。

正因如此，《心史》写成之后，如何保存就成了问题。如果《心史》落入元人之手，销毁不可避免，还会牵连到大宋的许多爱国人士，招致杀身之祸。因此，他封缄铁函，沉于眢井，坚信赵宋将复国，《心史》定有重见天日的一天。

《心史》从枯井中被挖出后，辗转呈献给了应天巡抚张国维，张国维即出资付刻印行，[1] 并且替郑思肖立了祠堂，把他的那只铁匣子供在祠堂中，以示纪念。太仓守钱肃乐还赋诗十首，并为《心史》作跋，略云：

> 士君子不可一日遭《心史》之事，不可一日不存《心史》之心，此心之失，则人而禽矣！白日而昏夜矣！文字召妖，口舌战血矣！金铄而石穿矣！此心之存，则人而天矣！一日而千古矣！

回想过去，汉景帝时发现过孔宅壁中书，有认为那是孔子的裔孙孔鲋为避秦火而壁藏的。毫无疑问，如果没有禁书、焚书的事发生，也就没有壁藏的必要了；封建统治者大张旗鼓禁书、焚书，无非是对书中异端思想的恐惧。郑思肖在《心史》中秉笔直书，对元蒙贵族的抨击和唾骂无所顾忌，此书必然在禁毁之列。井藏《心史》是一种斗争的策略，也是郑思肖坚持独立人格的个性体现，在客观上，又为后人保存了一份珍贵的历史资料。

顾亭林《井中心史歌》诗云："忽见奇书出世间，又惊胡骑满江山。"《心史》被从井中挖出之时，正值明末清初又一大动荡的年代，其

---

1 《四库全书总目提要》："《心史》七卷，吴县陆坦、休宁汪骏声皆为刊印。"张国维之名恐为清人所删。

时北方满族统治者不断扩张势力，1644 年清军入关，在镇压农民起义军和大江南北抗清义师的腥风血雨中，建立并巩固了清王朝的统治。因此在清初的三十多年里，重刻的《心史》也没有能得到广泛传播，收藏有《心史》的私人也"多讳而不出"，生怕惹出不测之祸。《心史》虽已重见了天日，但不能公开，与沉埋枯井也并无多少不同。康熙十七年（1678 年），顾炎武入关中，至富平，见到《心史》这部书之后激动异常，就是这样一位明朝遗老，竟然不畏禁网，敢冒不韪写下了《井中心史歌》。在诗序中他说："见贤思齐，独立不惧。将发挥其事，以示为人臣处变之则焉。"[1] 他极高地评价了郑思肖的赤臣之心，同时结合时事，借古讽今，对明朝的叛臣贼子的降清行为作了痛快淋漓的鞭挞。顾炎武之挚友归庄则写有《读郑所南心史已成七十韵后钱希声明府以十律见示复次韵得十章》诗。[2]

正因为如此，在清朝的禁书书单上，《心史》与《亭林遗书》比肩而立，同入禁毁之列。然而，历史却证实了郑思肖的预见：《心史》总有重见天日的一天。

有评论称《心史》是一部奇书，颇具神奇性和鼓动性，这种特点适应了明末清初的时代需要，也最能满足当时士人的情感需求。[3] 后代有人怀疑过《心史》一书的可靠性。认为是明人所假托。[4] 近人更有认为《心史》是一部伪书，出于明末遗民的手笔。[5] 有关《心史》真伪诸问题

1　[明] 顾炎武：《亭林诗文集》卷五。

2　[明] 归庄：《归庄集》卷一。

3　何宗美：《明末清初文人结社研究》，天津：南开大学出版社 2003 年版。

4　[清] 阎若璩：《古文尚书疏证》卷五上。[清] 徐乾学：《资治通鉴后编》卷一百五十二。

5　姜纬堂：《辨〈心史〉非郑所南遗作》，载中华书局编辑部：《文史》（第十八辑），北京：中华书局 1983 年版。

的考证，可见上海文艺出版社于 2001 年 7 月出版的陈福康的《井中奇书考》一书。在该书"《心史》'伪书说'出现后"一章中，著者罗列出大量史料并作了考辨，可供参考。书后附有《心史》原文，更大有利于读者作进一步的研究。此外，上海外语教育出版社于 2015 年 7 月出版了《井中奇书新考》上、中、下三册，可供参考。

《国榷》稿本的失窃和重新撰写

　　《国榷》是一部私家著述有明一代历史的编年体史书，记载史事起自元天历元年（1328年）到明弘光元年（1644年）为止，按年、月、日逐次记录了当时的重大史实。《国榷》开首四卷分类作综合性叙述，后按年月记事，分一百零四卷。全书共计一百零八卷。是一部五百万言的皇皇巨著。

　　《国榷》的著作者谈迁（1593—1657年），原名以训，字观若，明亡后改名迁，字孺木，一字仲木。浙江宁海县枣林村人，明诸生。入清后隐居不出。谈迁是一个有点书癖的人，不论好书坏书他都要读；他又好做笔记，看到的、听到的，只要觉得有点意思就要把它记下来，就跟陶宗仪喜做卡片一样。[1] 为了借书，他可以跑上百里路去借，借回来就抄。他读了明代的许多种历史书之后，觉得它们所记载的史事或失之疏，或失之偏，或失之略，心里十分不满。明代官修的编年体史料长编

一二〇

《明实录》又颇多忌讳失实之处，于是，在天启元年（1621年）他29岁时就开始着手写作《国榷》，对明代十五朝的实录，逐条加以甄别；再广泛研核各史家的撰述，以成一家之言，初稿成于1626年。明亡之后，他又寄亡国之痛于《国榷》的写作中，访读崇祯年间的邸报，在顺治二年（1645年）增补明末史事，续订了崇祯、弘光两朝政经资料，以江左遗民自称，抒发了内心亡国的悲愤。

谁也没有料到，不幸的事发生了。顺治四年（1647年）八月的一天夜里，小偷光顾了他的家。谈迁家徒四壁，除了书以外，没有什么值钱的东西。小偷翻箱倒柜，从他的书柜里翻出了一大堆《国榷》的书稿，也就顺手偷了去。谈迁发觉手稿被窃，痛惜万分，想到数十年心血竟失于一旦，不免失声痛哭，嗟叹道："唉，我已经精疲力尽了啊！"[1]谈迁家里任何东西丢失都不足惜，唯独《国榷》的手稿不能丢失，这是他几十年心血的结晶，也是他借以抒发反清复明思想的一种精神寄托！

痛惜之余，他痛定思痛，再次下了决心，重新从头写起。有朋友安慰他，劝他不必再花时间去写了，太辛苦了。他却回答说："我的手还在，怎么能就此罢休呢！"[2]他振作精神，四处奔走，到归安唐氏家去借善本《明实录》，到嘉善去向钱相国借阅史书，夜以继日，孜孜矻矻，冰毫汗玺，又花去了若干年。顺治十年（1653年），正巧义乌朱之锡官弘文院编修，服满之后进京供职，聘任谈迁当书记，一起坐船溯运河进京。他也正好借此机会携稿到北京去再加修订。在京的近三年中，他走访了降臣、皇亲、宦官和明公侯的门客，搜集遗闻，订正《国榷》。在京，他又寻访古迹，实地考察，有时候还迷失了道路，向牧童村民问

---

1 参见［明］谈迁：《国榷·义例》。
2 参见［明］黄宗羲：《南雷集》卷八、《谈孺木墓表》。

路，乐此不疲。

在北京的几年中，收获最大的是接触了一些闻名海内的藏书家，有吴伟业、曹溶、霍达等，跟他们经常讨论明代史事掌故。借书、抄书，是没有一天空闲着的。有时候，谈迁跟吴伟业太史进行激烈的讨论，竟长达四五小时。一天他在吴伟业家里借书，晚了，就在他家里吃饭。谈迁知道，侍郎孙承泽是吴伟业太史的同年，写过一部《四朝人物传》，这部书的内容相当丰富，谈迁很想借回去认真读一读。但是，孙承泽把书秘藏起来，不轻易给人看。大家知道，写史书是很不容易的事，评价人物一旦犯了违碍，得罪了某些王公大人，那就糟了，其结果可想而知。因此，如果能读一读《四朝人物传》，那是会有很大帮助的。太史吴伟业很理解这一点，出于友情，又受谈迁著书不畏艰难的精神所感动，多次代谈迁向孙承泽借，孙都没有赏脸。这件借书的事，足足讲了有一年多，孙碍于舆论，才勉强从中选了部分章节借给他，并再三关照不要告诉别人，叮嘱他只摘抄这些历史内容，千万不能写出那些人的姓名。[1]

谈迁在京地位不高，借书、抄书很不容易，借人书就好比借和氏璧那样难。买书吧，囊中羞涩，常常对着想买的书紧锁眉头，这滋味真不好受啊！北京的风沙大，生活上多有不惯，时常是飞埃袭人，目翳不开，嘴里、鼻子里塞满黄沙。当时他已经是个六旬老人了，他在给朋友的信中就描绘到当时的情景，说，在报国寺门口有两棵老松树，离他住的地方只有二里地，他常常外出访书，归来时就坐在树下歇息，他看着这两棵老松树一副佝偻卷曲的模样，就仿佛是他的两位亲密的朋友。[2]

1　参见［明］谈迁：《北游录·纪邮下》。
2　参见上书《寄李楚柔书》。

本来想在京城看一看天禄石渠之藏，后来知道内阁图书早已残缺不全，他就此离开北京，南归海宁老家去了。有《自咏》诗，云：

往业倾颓尽，

艰难涕泪余。

残编催白发，

犹事数行书。

离开北京时，他当然仍是穷书生一个。有人劝他去求人开张条子，沿途会得到许多方便，他不愿意这样做；有人愿意出钱来买他的文章，他也一口拒绝。这恐怕就是古代文人的品性！谈迁是个有骨气的人，对仗势欺人的豪绅，他更不买账。[1] 从北京回到老家，他唯一的收获就是一大箱抄录的材料，大概有数千张，他抚摸着这数千张纸录抄本，自慰地说："余之北游幸哉！余之北游幸哉！"[2]

《国榷》的写成，前后足足花去了三十年时间，参考书目不下几百种，特别是万历以后明朝与后金的史事，为其他史书所未及。史学家吴晗在 30 年代就是利用《国榷》的抄本，纠正了《明实录》记载中的不少错误。清朝政府有意隐没明代三百年的历史真相，《国榷》在禁印之列，所以，在当时只有传抄本在文人学士中间流传。正因为它流传在民间，未曾被清廷窜改，所以它的史料价值反而较高。据吴晗所称，他所见到的《国榷》抄本是蒋氏衍芬草堂抄本和四明卢氏抱经楼藏抄本互相

---

1 ［明］谈迁：《北游录·纪邮下》己未年（1655 年）四月己卯日记一则："杨氏虽邑子，旧无半面，而数役我，挟进士相加耳，余发种种矣。自贵自贱，了不相及。此后愿勿以腐鼠吓也。"

2 同上书《后纪程》。

校补后的本子。南浔嘉业堂原藏《国榷》两部，均为平湖小重山馆胡氏旧藏旧抄本，[1] 说明传世抄本还不止一种。今北京图书馆藏有残六册叶德辉郋园藏本，原为朱彝尊潜采堂故物。

朱彝尊曾以博学鸿词入史馆，撰修《明史》，《明史》的全书体例，都是他一手裁定，《国榷》的残卷抄本是他修史时的重要参考史料之一。后来几经厄劫，抄本流传到民间，他的书友李强之持书单求售，叶德辉花了大泉四千的高昂书价把朱氏原藏《国榷》抄本收购了下来，存天启六年至崇祯六年的六册；仅《国榷》全书的百分之五而已。[2]

1958 年中华书局出版铅印本《国榷》，精装六册。

写到这里，笔者不免忽生奇想：《国榷》手稿最初真是小偷顺手牵羊吗？小偷的猎取目标恐怕不会是一堆稿纸吧，要它何用？假如说是专为偷稿而来，那背后肯定有人，是有目的的窃稿了；也许窃了稿不敢公开，毁了。黄宗羲撰《谈孺木墓表》中倒曾透露过一点信息，不过语焉不详：

> 当是时，人士身经丧乱，多欲追叙缘因，以显来世，而见闻窄狭，无所凭借。闻君之有是书也，思欲窃之以为己有。

也说不定是谈迁耿直的个性，不知是什么时候得罪了某某上大人，上大人在暗中捣了鬼。以上推测还找不到充分而确凿的论据，只能暂付阙如。这可以说也是我国学术界的一大悬案。

1　周子美：《嘉业堂钞校本目录》。
2　王重民：《中国善本书提要》，上海：上海古籍出版社 1983 年版。海宁张阆声撰《铁如意馆手抄书目录》有《国榷》抄本之目。

廖燕与《二十七松堂集》

　　我们介绍古书的散佚与存藏，涉及的人和事，或乡里巨族，或下野朝臣，或文化名流，或商界翘首，上层人物及其藏书楼居多，自然，他们专注于收书、刻书、藏书，无疑是崇礼积德的高雅事，有益社会，泽被后世。不过，它与中下层的巫医百工、贩夫走卒终究关涉不大，经济、文化生活的悬绝和科举的束缚，是受了历史环境的局限。下面介绍一位民间塾师，看看他写的书和书的命运。他就是以课徒为生的廖燕。

　　廖燕，何许人也？初名燕生，字人也，号柴舟，广东曲江人。廖燕生于 1644 年，即明末甲申那一年，卒于乾隆四十四年（1705 年）。他个性简傲，终身不仕；工古文辞，善草书，多才多艺。[1] 著有《二十七松堂集》二十二卷。私塾课徒，一介布衣，名不见经传，据钱希曾《戏瑕》记，著有《樗斋漫录》，"辑《黑旋风集》行于世，以讥刺进贤"。后人称之清初的民间学者。

　　他是个读书迷。既教书，又读书；既读书，又写作。教书、读书和

1　廖燕有五绝三首。如《无酒》："辗转眠难稳，披衣坐薜萝。怪来疎翰墨，双眼醒时多。"《善书》："独有磊块人，狂情托毫泄。醉后始一挥，掷笔叹奇绝。"《善画》："解衣久盘礴，急起为一拂。丘壑多奇形，写我胸中物。"廖燕还撰有杂剧四种。

写作贯串于这位教书先生的一生。

廖燕认为，读书是天底下最快乐的事情。接着他又将读书跟写作做了个比较，说"读书之至乐又莫如作文"，意思是说写作使他更快乐。他拿起笔，精慎构思，惨淡经营，外人看来好像他很费力，很痛苦，其实，他写得顺手的时候，如得神助，得意疾书，便觉鬼神与通，造化在手，行止自如，纵横任意。[1] 这种写作的境界，在今人看来，可望而不可即，极其难得，敬佩之心油然而生。不过，夫乐者乐也，不乐者不乐也，盖造化通神无可比并焉。他说：

> 此时我之为我，无父兄师友督责于其前，又无主司取舍荣辱之虑束缚于其后，惟取胸中之所得者沛然而尽抒之于文，行止自如，纵横任意，此其愉悦为何如者耶！
>
> ……
>
> 呜呼！人寿几何，忽焉坐老。与其习不能必售之时文，何如从吾所好之为愈也，予故弃彼而取此也。至于乐与不乐，则作者能自得之，非予一人之私言也。

以上这些话都写在廖燕《作诗古文词说》一文中，收在他的《二十七松堂集》中。这里所说的"时文"和"弃彼"之"彼"，针对的都是科举八股文。他对科举深恶痛绝，竭力反对八股取士制度。在《山居杂谈》一篇中他这样说："明制以八股取士，巧于秦始皇焚书，使人无书可读。明与我朝使人有书而不肯读，愚天下之法莫妙于此。"[2]

1　"尝以谓天下之乐莫如读书，而读书之至乐又莫如作文。""时方搦管构思，不无惨淡经营之状，似亦有时而不乐者矣，及其得意疾书，便觉鬼神与通，造化在手，不难取天地宇宙山川人物区划而位置之。"《廖燕全集》，上海：上海古籍出版社 2005 年版，第 258 页。
2　其说见《廖燕全集·明太祖论》。正如胡适所言："倘若科举制度至今还在，白话文学的运动绝不会有这样容易的胜利。"(《胡适文存》第二集)

至于"取此"之"此"，则体现在他的著作和课徒生活中。下面我们再看看他的课徒生活：

> 予课小子，出对云："镜里有人人似我。"众不能对。予即以此意对云："水中无地地同天。"遂成佳联。

这是廖燕教学生对对子，拟写对联的情景。此下联，据他说是受他妻子的启发。[1]

在《二十七松堂集》中还记述了他 51 岁时与酒友的一段对话。朋友读了他的诗文之后，大加夸赞，说："你的一生可谓是不虚此生。"他却是这样回答的："我不是能'不虚此生'，而是我不敢虚度此生。"接着他一口气说了下去：

> 虽然，予敢以此为寿耶？予不幸生而贫且贱，至今一布衣终其身，则此五十有一之年，共三百六十甲子，多半予穷愁闭户著书之年也，而欲以此为寿可乎？
>
> 客笑曰："著书之寿，更有不可以数计者在。"予不敢对。须臾客去，遂并次其语以为序。[2]

著书之寿，不可以数计，廖燕何以不敢对？燕弗对，今人不可知也。方其时，文字之狱事，廖燕心知肚明而避忌焉。世人可知者，其大

1 "一日，春夜初霁，月明如昼，予与内子坐花间闲谈。内子指地上积水，谓予曰：'地都是空的。'予问：'何谓也？'曰：'此勺水耳，积在地上，试俯首窥之，只见天而不见地，非空而何？'予首肯久之。匹夫匹妇亦可悟道，此类是也。"并自加注，当为其后之所补也。燕得内子禅语，体悟久焉。以"联"课徒，就地取材，唾手而得，其才情可掬也。事见《廖燕全集·记内子语》，上海：上海古籍出版社 2005 年版，第385 页。
2 ［清］廖燕：《二十七松堂集·五十一初度自序》。

著传至兹三百有余年矣，文章之寿既将无可数计也哉！

清人朱鹤龄《生日自嘲》诗云："一生编纂曾何用，只博他年覆瓮赊。"无奈自叹也。

遗憾的是，廖燕的《二十七松堂集》刻本在国内所有的公私藏书楼均无存藏。

一直要到同治元年（1862 年），柴舟先生卒后 157 年，他的《二十七松堂集》才意外在日本被发现，引起藏书家的注意。当时此书是如何传入日本的，不得而知。据刻本所示，当时的日本"监察妻木君酷好之，将梓之以惠后学"，便嘱托二本松市（在福岛县）的儒员山田士文校梓此书，凡十六卷，盐谷世弘为之撰序。光绪十年（1884 年），即柴舟先生卒后 179 年，日本伊予（今松山市）近藤元粹《明清八大家文读本》为之作评。

此书在日本得到传播，后又被访回。是否由清末访书者杨守敬寻访所得，尚不清楚。有评论称：它确实是中日图书交流史上的一段佳话。谓之佳话，于国人，不无愧怍。

我们今天所能见到的《廖燕全集》，上下两册，由上海古籍出版社2005 年出版，上册是廖燕诗古文词，其底本就是日刻本《二十七松堂集》。

柴舟生处清初顺治、康熙、乾隆三朝，主要是康乾时期，此时期被史家虚誉为盛世，实际上无论经济，还是政治都名实难副，特别是朝廷对汉族人民的压迫和控制都是前所未有的。

在这里值得一提的是，上海古籍出版社的《廖燕全集》下册编有附录。附录有《廖燕研究资料汇编》《廖燕研究篇目》《廖燕全集涉及人物资料汇编》三大部分，林林总总，延伸充实。这样的编集大大有利于读者，受到读者的欢迎和肯定。

玉函山房辑佚书

伴随着世事的沧桑变化和人为的损伤，古书的残损、缺佚，甚或亡失，已在所难免。但人们总希望散佚的古书能够有朝一日得到收编乃至恢复原貌，无论是读书消闲，还是研究学问，都得有卷帙齐全的书才行，这是前提。为此，有些学者就想出法子，从其他的古书中去爬罗剔抉，找寻原散佚书籍的断章残简，力图恢复古书的本来面貌。

例如，现在我们所见到的笔记《相鹤经》，就是一部较早出现的辑佚书。收录在陶宗仪《说郛》卷十五中。早在隋唐时，《相鹤经》就已经散失了。后人就从《意林》《文选》注、鲍照《舞鹤赋》中去辑录有关材料，大致上恢复了它的原貌。

清代专门从事辑佚古书工作而且做出较大成就的有不少，如《古经解钩沉》的辑佚者余萧客、《小学钩沉》的辑佚者任大椿、《全上古秦汉三国六朝文》的辑佚者严可均、《汉魏遗书钞》的辑佚者王谟等。特别值得我们向读者推荐的是马国翰和他的《玉函山房辑佚书》。

马国翰（1794—1857 年），字词溪，号竹吾，山东历城县南权府庄人。家贫，却好学不倦，每见异书，必手自抄录。道光进士。曾任县令，官俸所入，全部用作购书；家中藏书五万七千五百余卷，庋藏于玉函山房中。他退任之后，家居不出，主要从事唐代以前古书的辑佚。他广引博征，勤勤恳恳，片辞只字，无不搜集，收辑佚书凡六百十七种，[1] 衰成《玉函山房辑书》七百卷。

马国翰嗜好收藏。只要听到朋友家里有他从未见过的书，他就会不惜重金去把它买到手。不能买到，他就带了瓶酒去借，亲手抄录；还书时还要赠送上一瓶酒去，正如古语所云："借书一瓻，还书一瓻。"[2] 颇有一点古风。他所得的润笔收入，一半用在收集古书上。有时手头拮据，他会用衣裘作抵押，家里的人都取笑他是"书痴"，然而他并不认为有什么羞耻。

《玉函山房辑佚书》将所收辑的唐以前亡佚的六百十七种古籍分经、史、子三类。经部最多，有四百余种。史部所得仅八卷。子部除儒家、农家之外，都未分出细目，随编随刊，体例不一。经部、子部刊刻于陇州。胶州人匡源（字鹤泉，当时在泺源书院任主讲）看到这部书，主动为它补上了目录，条理分明，一目了然。

马国翰在世时，他的辑佚工作并未引起学术界的注意，然而，在他去世之后，则声誉鹊起，日高一日。匡源在《玉函山房辑佚书》的"序"中就说："先生殁后""其书始显于世。"

事情又往往不是风平浪静的。在引起人们足够重视的同时，学术界又传出了《玉函山房辑佚书》是剽窃了章宗源劳动成果的说法，掀起轩

---

1 一说632部，见《辞源》"玉函山房辑佚书"条。又一说为629种，见杨立诚、金步瀛合编：《中国藏书家考略》，上海：上海古籍出版社1987年版。
2 ［宋］邵博：《闻见后录》卷二十七。瓻是盛酒的器皿。

然大波，众说纷纭。[1]

章宗源，字逢之，浙江山阴人，乾隆举人。他花了十多年时间，从经史群籍中辑录了唐宋以来亡佚的古书有好几箱。显然，章所辑录的古书与马国翰所辑唐之前的散佚古籍不属同一时限。为此，蒋式惺写了《书马竹吾〈玉函山房辑佚〉书后》等三篇文章，比较全面地分析了《玉函山房辑佚书》的成书经过，消除了所谓"剽窃章宗源劳动成果"的疑问。

在马国翰之后，清代学者王仁俊辑有《玉函山房辑佚书续编》《玉函山房辑佚书补编》《经籍佚文》等。上海图书馆藏其稿本一部，上海古籍出版社 1989 年以《玉函山房辑佚书续编三种》为名影印出版。

另外，马国翰曾对相关辑佚书的经义做过细致深入的考订，写了《目耕帖》三十卷。今上海古籍出版社将此作为附录，置于《玉函山房辑佚书》书后影印出版。

1　如，［清］朱学勤增订顾修《汇刻书目》册十四曰："《玉函山房辑佚书》，按此书起汉迄唐，计六百三十有二种，乃乾隆间山阴章宗源编辑，至道光间历城马国翰得其稿本，改序授雕，据为己有。然序文每有会稽章学诚说，犹曰家实斋，未免为读者所瞳。"又如，胡元玉《汉魏六朝为说文之学者几家考》注云："章氏所辑，即今《玉函山房辑佚书》是也。马国翰购得其稿，因易以己名而刊布之耳。"如此等等，皆误传《玉函山房辑佚书》为马国翰剽窃之作。

王韬与叶子奇的《草木子》

　　清咸丰初年，我国近代维新思想家王韬[1]前往鹿城应试。路过旧书摊，见到一本明正德刻本《草木子》，欣喜过望。他翻了又翻，爱不释手，觉得这本书跟西方物理方面的学问有点相仿。《草木子》的作者是元末明初的叶子奇，他在书中所阐发的认识论方面的一些看法，很独特，也很有见地，与西方学者相比，毫不逊色。意大利传教士利玛窦传教来到中国，也传播了自然科学知识，那是万历十年（1582年）的事，相距叶子奇已有二百年的时间。

　　谁能想到，《草木子》是一部在狱中写成的书。作者叶子奇，字世杰，浙江龙泉人。元末时他隐居在龙泉的槎溪。可能与刘基、宋濂等浙东名士属于同一派系的人物。明朝开国之初，正是用人之际，叶子奇在朱元璋的广罗之列。曾任巴陵主簿。

　　洪武十一年（1378年）春天，官员们都去城隍庙祭神。在行祭拜

1　王韬（1828—1897年），字仲韬，一字子潜，号紫栓、弢园。晚号天南遁叟等。苏州人。我国近代维新思想家之一，主要从事翻译、编辑工作。咸丰八年（1858年）与艾约瑟同译《格致新学提纲》，在上海为格致书院主讲。曾任香港《循环日报》、上海《申报》编辑，著有《弢园文录》等数十种。

礼之后，许多官吏私下都喝了猪脑酒，认为喝了这种酒之后，才能真正得到城隍神的保佑。然而，这个"猪"字却同朱元璋的姓读音相同，大犯忌讳。县学里有个生徒告发了这件事。那天叶子奇也在城隍庙祭过神，喝过猪脑酒，因而受株连，入了狱。[1]

叶子奇无故遭诬，被关在大牢里，幽愤忧思，拿起笔来排解心头的积怨，他用瓦片当作砚台，研墨作文。心有所思，偶有所得，当即把它记录下来。后来，祭神生事的案子终于搞清楚了，他被无罪释放，但心灵上的挫伤却再也无法抚平，他从此再也不愿出去做官了，蛰居在家，专心写他的文章。写完之后，命名他的集子为《草木子》。应该说叶子奇还算是幸运的，如果再做几年的官，就可能被纠缠到朝廷内部的明争暗斗之中，进而牵连上莫须有罪名，恐怕就不会这么太平，也不可能被轻易地无罪释放。刘基、宋濂的遭遇就是明证。

《草木子》主要是讲占星、历律方面的知识，书中有讲释老之学的，有讲时事得失、兵荒灾异的，它纯属断想随笔一类。

为什么要取书名为"草木子"呢？朱彝尊在《曝书亭集》的传文中作了解释。用"草"来计算时节，用"木"来记载年岁，自比草木，人生短暂。[2]意思是自己被无辜入狱，唯恐未能辩白而死去，所以他自比草木，借用文字抒写心志，使之长留人间。另外，"草木"二字，与其姓氏繁体（葉）从草字头（艹）、从木相合。

书写成后未能刊印。作者蹲过大牢，书的主题又是这样神秘莫测，

1　[清]钱谦益：《列朝诗集小传·甲集》："洪武十一年春，有司以令甲祭城隍神，群吏窃饮猪脑酒，县学生发其事，世杰（叶子奇）适至，亦株连。"

2　[清]朱彝尊：《曝书亭集·叶子奇传》："曰'草木子'者，以草计时，以木记岁，以自况其生也。"《草木子》卷首自序云："幽忧于狱，恐身先朝露，与草木同腐，实切悲之。""托空言，存名于天地之间。"

谁敢刻印出版？没有谁有这个胆量。一直到他的七代宗子叶溥才得以镂版印行，其时为正德十一年（1516 年），离叶子奇卒年已经过去一百多年的时间了。嘉靖八年（1529 年）又有重刻，从此《草木子》传于世。清乾隆二十七年（1762 年）又有重刻本，一直流传至今。

前面我们说到王韬在书摊上买到的那部《草木子》，是明刻本，可惜残缺三页。为此，王韬一直在留意《草木子》的原刻本，想补全那残缺的三页。十年过去了，却一无所获。在善本难觅的情况下，王韬于光绪十一年（1885 年）夏六月，向忠州人李芋仙借了乾隆重刻本补抄。当时王韬已是五十八岁的人了，正遇上酷暑天气，又生了场重病，但他抱病抄补，了却一桩心事。

在抄补的同时，王韬又读到了范氏天一阁的《草木子》藏本，上面有一篇郑善夫的序文，在序文中详细记述了叶子奇著述经过和《草木子》的内容介绍，可惜这篇序文在他所见到的其他本子中都已佚失了。今北京图书馆藏有明正德刻本，而北京大学图书馆所藏明刊本为残本，仅存一二卷。北大本有林有麟序，显然此为又一刻本。如今，天一阁郑序之《草木子》的本子是否存世，尚不得而知。

《草木子》能得以幸存，其中有朱彝尊的一份功劳，他曾为叶子奇立过传。叶子奇的其他著作，如《太玄本旨》《本草节要》就早已散失无存了。[1]

历史上有许多事情十分相似。在这里我们想再回过头来说一件王韬的事。据上海补白大王郑逸梅所记，在四十年前，他的好友陆澹安曾经在南市旧书摊上买到了一部《蘅华馆日记》，没有署名，陆氏据书

1　王韬题识："久之，仅得《草木子》残编，使朱竹垞表彰之，则亦涅没无闻耳，人可不以空文自见哉。"

中"紫铨王韬印"断定它是王韬手稿。偶然所得，却如获至宝，他十分珍爱。当时的《新声杂志》向陆澹安索稿，陆就将《蘅华馆日记》交给了杂志社，让他们逐期刊登。不料，杂志社的印刷所失火，除已载的几则之外，其余手稿全被烧毁，此种损失已无法补偿，陆澹安谈及此事，懊丧不已。[1] 想不到，王韬自己的稿本也遇到与《草木子》相类似的不幸，惜乎奇哉！ 1982 年 4 月上海人民出版社的《清代日记汇抄》中收有《蘅华馆日记》，日记起自 1858 年，止于 1860 年夏。据日记的按语所称，此日记为稿本，共四册，上海图书馆藏。自署王瀚娸，瀚娸是王韬早年用过的名字，前有沈毓菜等读后的题签，内容均为有关上海的掌故，依此分析推断，上海图书馆所藏可能是王韬日记的另一部分，并非陆澹安所见到的那一部。

1　郑逸梅：《王韬和金翠芬》，载《艺坛百影》，郑州：中州书画社 1982 年版。

故宫善本古籍的失而复得

1911 年辛亥革命，推翻了清朝的封建统治，结束了二千年的封建君主专制制度，但革命的胜利果实又被北洋政客和军阀们所攫取，仍维持着以爱新觉罗·溥仪为首的"小朝廷"，并给予了清室优厚的待遇，把紫禁城的珍贵文物也作为他们合法的私产予以"特别保护"。

故宫珍藏的我国典籍、字画中大量精品的散失也就从此开始。

1922 年前后，北京战火不断，为避免战乱，以防不测，溥佳的父亲载涛在天津英租界十三号路代溥仪买了一所楼房。这样就可以安全地栖身于侵略者的卵翼之下，得到帝国主义的保护。此楼，日渐成了盗运故宫宝物的窝赃之所。

从是年七八月始，溥仪采取以库藏珍品"赏赐"臣工的办法偷盗出宫，他的两个弟弟溥杰、溥佳，每天也都要进宫陪溥仪读书，于是就借他们出入紫禁城的便利，秘密将宫中所收藏的古版书籍——大部分是宋版——和历代名人法书名画用"赏赐"给他们两人的名义，裹在包袱里，携带出宫，即使有太监和宫伴盘问，也都只要说是皇上赏的，也就搪塞过去了。

这批被盗的宫中宝物，以后陆续都送至天津，存藏于十三号路 166

号楼内。[1] 其中，如 1922 年 7 月 20 日"赏赐"《无为集》、旧抄本《谢谔孝史》等十七种善本书，8 月 6 日"赏赐"《自警编》《抱朴子·内篇》（孤本）等十六种宋版书。自 7 月 13 日至 9 月 25 日两个多月间，盗运出宋元善本二百零九种，总计五百零二函，其中包括南宋临安监本《韩文朱注》、宋版李涛刻《续资治通鉴长编》等。

溥仪出宫，至天津。1931 年"九一八"事变后，溥仪于 10 月从天津潜至长春，登上伪满洲国皇帝的宝座。第二年，将天津的这批宋元善本、法书名画运抵长春，藏于伪宫东院图书楼楼下东间，今长春宽城子区光复路 1 号。运走的珍品中宋元版书二百部，装三十一箱，殿版书装为三箱。这些都是二尺多高、二尺多长、一尺多宽的长箱子。其他书画、金银我们就不去说它了。

抗日战争胜利，1945 年 8 月 10 日，日本关东军司令小田乙三宣布伪满洲国迁到通化，溥仪于 13 日离开长春，至通化大栗子沟，企图逃往日本，17 日，被中国人民解放军俘获。

长春伪宫东院未被溥仪带出的珍宝，被伪军大肆抢掠而去。

国民党派财政特派员张嘉璈到东北，他在长春发现了伪宫内的宋元善本图籍，命其助手凌志斌整理，后交当时国立沈阳博物院院长金毓黻暂藏，后又转运北平故宫博物院，解放后全部移交北京图书馆，庋藏于珍本库，得以保全，是一大幸事。

在这里，我们说的故宫善本的得而复失，是从总体上来说的，具体的某一部分，其散失和收藏情况就各不相同，例如宋国子监本的《经典释文》之延津之合，就是一例，这件逸事我们记载在本书《筱翁藏书》

1　溥佳：《1924 年溥仪出宫前后琐记》，载中国人民政治协商会议全国委员会文史资料研究委员会：《文史资料选辑》第三十五辑，北京：文史资料出版社 1963 年版。

一篇中。

其中也有不少由国民党政府移藏至台湾的。

1948 年冬天，国民党的政局已摇摇欲坠，大势已去。当时，故宫与中央博物院再度选拣文物精品，[1] 包括善本图籍，于 1949 年运抵台湾，存储在台中县雾峰乡的北沟。1965 年士林区外双溪故宫博物院落成。将文物、图籍悉数移储其中。古代器物和书画我们不作计数，仅图籍文献部分总计有 545219 件：其中图籍部分有观海堂藏本、四库全书、内阁大库本等，以及外人的捐赠，共计 152408 件；文献部分有宫中档、军机处档、实录、清史馆档、国书、诏书、杂档，以及满文老档，共计 392811 件。[2]

---

1 "九一八"事变之后，1933 年，故宫博物院与古物陈列所选拔精品，南运上海，以求安全之策。1936 年，故宫博物院南京库房落成，又转运南京。1937 年"七七事变"后，博物院文物又迁运至贵州和四州，分藏于安顺和峨眉，抗日战争胜利后返回北平。

2 据《台北故宫博物院探宝》一文，原载香港 1977 年 8 月的《今日世界》。

卷三　传存与流布

公主的嫁妆

公元 629 年，吐蕃松赞干布（617—650 年）继承王位，做了赞普。赞普是吐蕃君长的称呼。松赞干布是一个很有作为的吐蕃国王，他文韬武略，大胆改革，使得吐蕃国力一天比一天强大。他十分仰慕唐朝文化，在唐太宗贞观八年（634 年）派遣使者到唐朝请求通婚，并送去黄金五千两和珍宝数百种，作为聘礼。

贞观十五年（641 年），唐太宗令江夏郡王李道宗作为主婚，持节护送文成公主进入西藏。松赞干布亲自率军迎接。文成公主（？—680 年）是唐太宗宗室女，她入藏时携带的嫁妆是十分丰厚的，除很多的金银器皿之外，还有不少典籍，为民族文化的交流和发展做出了贡献。据吐蕃史书记载：

> 唐王以释迦佛像、珍宝、金玉书橱、三百六十卷经典、各种金玉饰物作为文成公主的嫁奁；又给予多种烹饪的食物、各种饮料、金鞍玉辔、狮子凤凰树木宝器等花纹的锦缎垫帔，卜筮经典三百种，识别善恶的明鉴、营造与工技著作六十种，治四百零四种病的医方一百种，诊断法五种，医疗器械六种，医学论著四种。又携带

芜菁种子。以车载释迦佛像，以大队骡马载珍宝绸帛衣服及日常必需用具。[1]

其中，带去的书籍中有佛教方面的经典三百六十卷，以及工、艺、医学等方面的著作。如果引文中"识别善恶的明鉴"一句是喻指史书的话，那么，汉文化的输出范围已经是相当广泛了。其中，松赞干布又派出贵族子弟到长安学习汉文化，促进了藏族经济文化的迅速发展。

其后，唐中宗景龙四年（710年），金城公主又出嫁吐蕃赞普弃隶缩赞。玄宗先天二年（713年）吐蕃派遣使臣代表金城公主来长安，向皇上奏请《毛诗》《礼记》《左传》《文选》各一部。玄宗下令秘书省抄录赐予。然而，时任秘书省正字之职的于休烈上疏，不同意这样做，他认为：

> 今西戎，国之寇仇，岂可贻经典之事！且臣闻吐蕃之性，慓悍果决，敏情持锐，善学不回。若达于《书》，必能知战。深于《诗》，则知武夫有师干之试；深于《礼》，则知月令有兴废之兵；深于《传》，则知用师多诡诈之计；深于《文》，则知往来有书檄之制。何异借寇兵而资盗粮也！[2]

于休烈认为不应赐予书籍的观点一提出，就遭到了裴光庭等大臣的反对，他们则认为，读书，既可以让人懂得用兵的机诈谋略，但也可以让人懂得忠信礼义。让藏族人知书达理，从而遵守封建的道德规范，天下也自然就太平了。结果，唐玄宗接受了裴光庭等人的意见，命令秘书

1　范文澜：《中国通史简编》第三编第二册，北京：人民出版社1965年版，第485页。
2　［后晋］刘昫等：《旧唐书》卷一百九十六《吐蕃上》。

省抄录《毛诗》《礼记》等各一部限时送去，并附带提出让藏人来唐学礼的希望；要求吐蕃使臣入朝，必先到国子监去接受礼仪的训导。

虽然，于休烈提出赐书吐蕃是"借寇兵而资盗粮"的观点是十分迂腐的，但实际上于休烈又是一个以藏书为己任的人，安史之乱之后，他及时提议招访天下史籍，是位尽忠尽职的史官。

安史之乱，中原板荡，古代典籍大多被战火焚毁，于休烈上奏说，《国史》一百零六卷、《开元实录》四十七卷、《起居注》并余书三千六百八十二卷，原来全部收藏在兴庆宫史馆。京城陷落后，全部被焚毁了。然而，《国史》《实录》，圣朝大典，历时已久，现在又无别本，因此建议御史台郑重研究，能不能下令各府县招访。如果说有人能够从民间搜集《国史》《实录》，送交到官府，应给予优厚的奖赏。如果是史官所得，可以授其官爵，或赦免他的罪错。得一部书，官俸加倍；得一卷书，赏绢一匹。[1]

几个月过去了，书只收购到一两卷。此后，前修史官韦述，将他家里珍藏的《国史》一百十三卷送到官府。他的献书功劳最大。

文成公主、金城公主先后出嫁吐蕃国王，无疑对稳定大唐政局、促进民族文化的交流产生了巨大作用，只可惜有唐一朝，朝廷与吐蕃的战事时有发生，从未断绝。

---

1 ［后晋］刘昫等：《旧唐书》卷一百四十九《于休烈传》。

李清照夫妇和《金石录》

　　研究我国古代器物文字的学问，我们称之为金石学。研究金石的学者也代不乏人。宋代词人李清照和她的丈夫赵明诚则是这方面卓然有成的专家。《金石录》这部书就是这对伉俪学者的研究结晶。

　　据统计，宋代研究金石的学者主要有 22 家，其著作流传到今天的仅四分之一。[1] 也有说仅散失的宋代金石著作就有 89 种，甚为可观，更是可惜。此说见杨殿珣《宋代金石佚书目》。比如，与欧阳修同时的曾巩曾经集古今篆刻为《金石录》500 余卷，此书也没有能流传下来。李清照夫妇《金石录》的传世，着实可算是件幸运的事。

　　李清照（1084—1155 年），宋代著名的女词人，号易安居士，济南章丘（今属山东）人。她的父亲李格非官至礼部员外郎，是齐鲁一带的著名学者。李清照接受了很好的家庭熏陶，工书善文，兼通音律。建中靖国元年（1101 年），十八岁时，与赵明诚结婚。

　　赵明诚（1081—1129 年），字德甫，山东诸城人。其父官至尚书右仆射，工书、善收藏，家里的收藏颇丰。据传，在元祐四年（1089

1　参见容媛、容庚：《金石书录目》。

年），赵明诚才九岁，跟他父亲到徐州，就得到了隋化善寺碑的拓本，对金石之学萌生了特殊的爱好。

婚后，赵明诚还在太学读经，每逢初一、十五休假回家与妻子相聚。虽然他俩都出身于官宦之家，但是都不愿去依赖家庭，而是自食其力，刻苦自励。赵明诚每当从太学回家，总是先去当铺换了些钱，再转悠到相国寺市场去买一些碑文拓片，带回家去。一对年轻的夫妇，豆灯之下，翻阅碑帖，切磋玩味，其乐融融。在《〈金石录〉后序》中记载了这样一件事：

> 崇宁间，有人持徐熙《牡丹图》求钱二十万。当时虽贵家子弟，求二十万岂易得耶？留信宿，计无所出而还之。夫妇相向惋怅者数日。

李清照《〈金石录〉后序》书影
日本内阁文库藏
版权协议：CC0 1.0

有时候，他们还通过亲友的帮助，去官府馆阁借阅珍本秘籍。借出来之后都亲手抄录，丰富了自家的收藏。

大观元年（1107年）之后，因为赵、李两家受到当时朝廷内部政治斗争的牵连，他们夫妇俩也被迫离开汴京，一起回到山东青州。

夫妇俩对金石古器有特殊的喜好，情投意契，志同道合，在乡居的十年里，他们"虽处忧患困穷，而志不屈"。后来赵明诚出仕，担任了莱州、淄州太守，在任官期间，他们一如既往，竭尽自己的财力收藏文物古籍。李清照在生活上无所追求，"首无明珠翡翠之饰，家（一作"室"）无涂金刺绣之具"，而对收藏、鉴赏以及校勘古籍的工作倾注了全部心血。他们钦慕陶渊明的为人，取《归去来辞》的文意，给家里的书斋命名为"归来堂"，作为藏书之所。[1]

李清照夫妇得到一部《集古录》。这是宋代文学家欧阳修编纂的金石学著作。赵明诚读了之后，觉得这是一部好书，但是也难免有一些不足。《集古录》中漏记的碑拓铭文不少，又没有注明时间的先后，读者不便。于是，他想编写一部比较全面的集金石之大成的著作，广而成书，留传后世，以资学者，"于是益访求藏蓄，凡二十年而后粗备"。[2]为这样一部书竟然花去了二十年的宝贵岁月。

《金石录》凡三十卷（一作"二十卷"），著录了宋代之前的历代金石刻辞，是欧阳修《集古录》的一倍。前十卷以时代先后为序，各题之下注明年月和撰者姓名，后二十卷为辨证，对碑刻作了较为精细的考

1　[宋]李清照：《金石录〈后序〉》中还记猜书趣事：李清照记性甚佳，"每饭罢，坐归来堂烹茶，指堆积书史言：某事在某书某卷第几叶第几行，以中否角胜负为饮茶先后，中即举杯大笑，至茶倾覆怀中，反不得饮"。此事被清人洪昇改写为戏剧《斗茗》，剧中平添两名丫鬟，名为绿肥、红瘦。

2　见《〈金石录〉自序》。

辨。举例来说，如在卷十六《汉石经遗字》一则中，李清照夫妇用汉《熹平石经》的刻字来对勘传世的儒家经典，竟然发现它们之间的不同有数百字之多。由此可见，利用碑刻铭文对古籍加以考订，也是古籍整理的重要手段之一。

由于宋金交战，《金石录》的写作计划未能全部完成，仅写出原计划的四分之一，写有502篇题跋。为了躲避战乱，李清照夫妇先后将家藏的大部分文物古籍迁徙到江南。在《〈金石录〉后序》中李清照饱含泪水，描绘了他们转移时的情景，读来是令人心酸的：

> 闻金人犯京师，回顾茫然，盈箱溢箧，且恋恋，且怅怅，知其必不为己物矣。建炎丁未春三月，奔太夫人丧南来。既长物不能尽载，乃先去书之重大印本者，又去画之多幅者，又去古器之无款识者。后又去书之监本者，画之平常者，器之重大者。凡屡减去，尚载书十五车。至东海，连舻渡淮，又渡江，至建康。青州故第（一本作"地"）尚锁书册什物，用屋十余间，期明年春再具舟载之。十二月，金人陷青州，凡所谓十余屋者，已皆为煨烬矣。

战火对文化的蹂躏和摧残是无情的，是令人发指的。

赵明诚在建炎三年（1129年）病亡。想不到御医王继先却上门来求购他家的所有文物，出价三百两黄金。强求不得，又散布出流言蜚语，诬称赵明诚生前私通金人。然而，李清照在权势面前并不屈服，她下定了这样的决心，愿与丈夫的手泽和遗藏同存亡。

可惜的是，在战乱的年代里，李清照辗转南北，生活漂泊无定，文物古籍大多数都散失了。绍兴中，李清照将《金石录》上呈朝廷；在她的保护之下，这部书终于保存了下来。绍兴二年（1132年）她满怀深情写作了《〈金石录〉后序》。明朝中期散文家归有光读了后序之后，特地为它写了篇题跋，说："观李易安所称，其一生辛勤之力顷刻云散，可以为后世之戒。"

《金石录》在明清时期有多种抄本流传。流传中有这样一则故事：吴县东洞庭山人叶树莲（一作廉。别号石君）是个嗜书如命的人，特别对金石碑刻有浓厚的兴趣。崇祯十二年（1639年），叶树莲从京城参加考试回乡，路过金阊（今属江苏苏州市），买到了一部《金石录》的抄本。带回家之后，被他的朋友借了去。一年后，他去索讨再三，朋友说已经丢失了。这又有什么办法呢！无奈，他只能随时留意，想望能再买到一部《金石录》，然而总不可得。到了康熙十一年（1672年），叶树莲在京城报国寺意外得到了《金石录》的又一抄本，喜出望外。后来，为了避免有误后人，他借助其他的藏本细加校勘，希望让抄本《金石录》少些差错，以便传之子孙，长留人间。[1]

此外，还有清人吕无党手写本《金石录》三十卷。书中有各家藏印三十四枚之多，如钤朱圆印"南阳"、朱方印"无党较正图书"、朱印"袁又恺藏书"、朱长方印"松下藏书"等收藏印。[2]可见，即使是一通清人的手写本，其辗转变迁也相当频繁。

《金石录》有南宋龙舒郡斋刻本。1984年中华书局已影印出版。影印出版的依据，可能是解放初期南京赵世暹先生从论担秤斤的旧书里

1　[清] 瞿启甲：《铁琴铜剑楼藏书题跋集录》卷二"金石录"条的题识中称："至壬子岁，又得此本于都门报国寺。甲辰南归，借宗人所藏赵寒山本校过一次。己未岁又得陆敕先抄本重校，差讹已十去八九矣。"其中"甲辰"与上下文不对应，显然有误。铁琴铜剑楼另藏有校宋本。此本为顾千里校定，校雠精善。
2　傅增湘：《藏园群书经眼录》卷六"《金石录》三十卷"条。

获得的宋刻本《金石录》三十卷全书。[1] 这应该说是十分幸运的事。不知它是不是由朱大韶传之冯砚祥、再传之江立的旧藏所配补,因为江立曾藏有不全宋版《金石录》,并因此而题其书斋,名曰"金石录十卷人家"。据说此书不久归之赵晋斋,继而为阮文达、韩水亭所得,后来又为滂熹斋潘文勤所收藏。[2]

今《金石录》四部丛刊本为一精校本,书后附有张元济跋文及校勘记。

附记: 李清照离婚案

建炎三年赵明诚病逝于建康。李清照于绍兴二年再醮张汝舟(一说再醮于建炎二年)。张汝舟是个驵侩小人,虐待李清照,又贪欲其藏品。因家暴,她告发张汝舟"履历造假,谋得官职"情事,二人"义绝",提出离婚。判决结果李清照"居囹圄者九日",坐了九天的牢房。物议鼎沸。其依据是《宋刑统》,《宋刑统》有明文规定:"虽得实,徒两年。"后因翰林学士綦崇礼等亲友极力营救,李清照才得免牢狱之灾。

据李心传《建炎以来系年要录》卷五十八所载:"右承奉郎、监诸军审

1　郑振铎:《漫步书林》,载《西谛书话》,北京: 生活·读书·新知三联书店 1983 年版。

2　徐珂:《清稗类钞·鉴赏类》。又见 [清] 韩泰华:《无事为福斋随笔》:"《金石录》,明以来多传抄,惟雅雨堂刻之。阮文达有宋椠本十卷,即《读书敏求记》所载者。文达自抚浙至入阁,恒携以自随。一日,书贾来售,惊喜欲狂。余得之,亦刻'金石录十卷人家'小印。"

计司张汝舟属吏，以汝舟妻李氏讼其妄增举数入官也。其后有司当汝舟私罪徒，诏除名，柳州编管。十月己酉行道。"胡仔《苕溪渔隐丛话》亦有记："再适张汝舟，未几反目。"王灼《碧鸡漫志》云：李清照"再嫁某氏，讼而离之。"

所谓履历造假，指的就是"妄增举数入官"。所谓举数，就是由府举荐参加省试的次数。其时，"凡士贡于乡而屡绌于礼部，或廷试所不录者，积前后举数，参其年而差等之，遇亲策士，则别籍其名以奏，径许赴试，故曰特奏名"。[1] 凡是由乡里向中央申报的弟子，在礼部试（或称省试）中多次不合格的，依据建炎二年四月七日诏：凡下第举士，进士六举曾经殿试，五年曾经省试，并年在四十以上，以及进士四举曾经殿试，五举曾经省试，并在五十以上，都可以免解，径赴殿试。此即可以由"特奏名"而得以及第和授官者。

《南方周末》2017 年 11 月 16 日版发表有《李清照离婚案》一文，作者详尽分析了"李清照离婚案"的法理依据，并提出了不同以往的主张，认为："不要以为'亲亲得相首匿'是落后的'封建礼法'，现代法治国家同样承认'亲亲得相首匿'。"意思是：亲亲相隐，人伦之纲常。大义灭亲，人性被扭曲。李清照告发丈夫"履历造假，谋得官职"情事，有违人伦大义。

其实，关于李清照离婚一案，至今未有定论。

歙人俞正燮《癸巳类稿·易安事辑》认为：李易安改嫁，千古厚诬。正燮辩之，详矣。

陆心源在《癸巳类稿易安事辑书后》跋文作了概括，云："妄增举数与妻何害？既不应与讼朝廷，亦岂为准理耶！惟李氏被献璧北朝之诬，人人代抱不平。故一控而汝舟即夺职编管，汝舟无可泄愤，改其谢启，诬为

---

1 ［元］脱脱：《宋史·选举志》。

改嫁。"认为，其启即汝舟所改。其证有五。李心传误据传闻之辞，未免疏谬。此跋文见《仪顾堂题跋》卷十三。

笔者以为，李清照离婚案之异见尚存，关键在于未见充分据理而驳斥之者。无此前提，而云亲亲相隐，人伦之纲常；大义灭亲，人性被扭曲之类，未免有凿空之嫌。

有说李易安之所以才坐了九天牢，是因为该年高宗选艺祖后裔二人入宫延嗣，特赦越州府及行在监牢人犯减免刑期。此外，还因为金兵时刻侵扰，临安朝不保夕，那时的监狱管理很宽松，她就这样被放出来了。这种说法属实么？问题在于是否有直接的历史材料证实与之相关。否则至多为推测而已。

庄肃藏书和危素修史

南宋末期，上海有位名不见经传的大藏书家，名叫庄肃，字蓼塘，曾是一个任秘书小史的小官。宋亡之后，浪迹海上，居住在松江青龙镇。他性嗜书，收聚图书八万卷。为当时的江南三大藏书家之一。

庄肃藏书，除购置之外，还亲自组织人力手抄，抄录的书籍，除经史子集外，还有野史笔记、稗官小说等，良莠不捐，无所不具，洋洋大观。并且，他将藏书都作了甲乙分类，每类之下又列十门，颇具条贯而自成一体。

然而，庄肃死后，他的后代子孙却对书籍很不爱惜，藏书楼无专人管理，虫鼠蚀啮相当严重；邻里中有来偷盗的，也无法追究并追回；有的儿孙好饮酒赌博，把书拿去换了钱，作为饮博之资；也有的儿孙认为这些古书无甚用场，堆放着反而占据地方，用它来作糊墙纸倒是不错。因此到头来，庄家的丰富藏书大部分散失，所存无几。

至正三年（1343 年），元朝朝廷决定修纂宋、辽、金三部史书，[1] 就

1　[明] 陶宗仪《南村辍耕录》卷三作至正六年，误。诏修《宋史》《辽史》《金史》自至正三年三月始，至五年十月修成。见 [明] 宋濂：《元史·顺帝纪》。其实，元代议修三史事，早在至正三年之前，见 [明] 宋濂《元史·袁桷传》有购求辽金宋三史遗书事。又见 [元] 袁桷：《清容居士集》。

下诏令向全国各地广泛征求遗书。诏令中还特别指示对献书者予以一官的奖赏。

后来，朝廷派大学士危素南下，到上海松江的青龙镇庄氏藏书楼去拣选修撰三史的有关资料，但是庄氏的后裔们担心藏书中有诸如天文图谶之类的违碍书籍，不愿让危素拣取。元代对违碍书籍所定的范围是宽泛的，禁绝又是相当严厉。《元史·刑法志四》"禁令"条目中记述了当时禁书的法律内容：

> 诸阴阳家天文图谶应禁之书，敢私藏者罪之。诸阴阳家伪造图谶，释老家私撰经文，凡以邪说左道诬民惑众者，禁之，违者重罪之。

因此，未等大学士危素挑选取走，庄氏的后裔子孙就放火一炬，付之祝融。

在庄氏的后辈子孙中，只有一个叫群玉的孙子，他思念着祖先的恩德，悲痛地到烬余中去捡拾残页片纸，再用布帛把它包裹好，带回了家。可惜啊！庄肃辛勤一生的积藏都已荡为灰烬，收拾残页，又能增添几多安慰？毫无疑问，元朝的禁书法令对文化的摧残是严酷的。不过，危素到青龙镇曾经买到的遗书五百卷，似乎并没有烧毁。[1]

危素，字太朴，临川人。在元朝时任经筵检讨一职，参予了宋、辽、金三史的修纂。据史载，他主持撰写《后妃传》等，这是有很大难度的课题，宫闱之事不仅多所散逸，而且其时的当事人讳莫如深，守口如瓶。危素就深入皇宫周围去调查，买了饧饼去送给老太监，询问宫中

的秘闻轶事。在这样的实地采访中常常能获得真实的情况，终于完成了编写史书的任务。危素这种写作态度和深入实际调查研究的工作作风，是难能可贵的。他对保存特定时期的某些特殊内容的历史材料是有功绩的。

编写元代的历史书，最为可靠的依据是《元十三朝实录》。元末，徐达率兵攻入大都（今北京）。当时危素在元朝担任翰林学士承旨。他见徐达的军队已冲进京城，就急忙跑回自己原来居住的报国寺里去，准备投井殉国。寺僧大梓见了，将他一把抓住，力挽之，说："你怎么能死！元朝一代的历史除了你，没有谁了解，你如果死了，我大元朝的历史也就完了。"[1] 这几句话竟把危素镇住了。军队已迫近内阁史库，危素马上奔到那里去叫镇抚地方长官们把史库打开，尽数让徐达运走，千万不能阻拦。把书运走了，书还总保存着。结果内阁藏书全部安全地运到了南京。因为这个缘故，《元十三朝实录》才得以保存了下来。它是编纂《元史》的主要原始资料。可惜的是，没有流传到今天。

在明初修撰《元史》时，危素身为翰林学士，却未能入选为修史官员。[2] 原因是明摆着的，照御史王著的说法"亡国之臣，不宜列侍从"，他是个亡国之臣。唯其如此，危素在明初不可能真正受到朱元璋的重用。尽管朱元璋对他时有赞誉，恩宠有加，却始终对他存有戒心。最后危素被贬谪到和州，老死客地。

传说有这样一件事：他日帝御东间侧室，素行帘外，履声橐橐然。帝曰："谁？"对曰："老臣危素。"帝哂曰："朕谓文天祥耳，而乃尔。"诏谪居和州。

1　［清］托津：《明鉴》所记寺僧曰："国史非公莫知，公死，是死国史也。"
2　有说，危素曾与宋濂同修《元史》。

元好问、野史亭与《中州集》

  金代作家元好问（1190—1257 年），字裕之，号遗山。太原秀容（今山西忻县）人。祖系北魏拓跋氏。鲁迅在《且介亭杂文·儒术》一文中就称他是"拓跋魏的后人"。兴定五年（1221 年）进士，后任国史院编修等。金亡不仕。他既是一个史学家，又是一位嗜书如命的藏书家。他家的藏书大多是宋朝元祐之前的写本。

  然而，正当他年轻有为的时候，就经受了国破家亡的忧患。贞祐二年（1214 年），蒙古军攻进太原秀容，他的长兄被杀。他逃到阳曲北山避难。把家里的书全部藏匿到了夹墙中去，总算逃脱劫难，得以保全。蒙古军退兵之后，元好问带了家属渡过黄河向西迁徙，去寻找一块安全的"净土"。临行前把大部分书籍寄放在太原的亲戚旧家，随身携带的仅仅是一些杂书，以及自家先人手抄的《春秋》、三史、《庄子》及《文选》等千余册，还有百轴画卷，满满地载了两部鹿车，离乡背井，无奈而别。

  流徙到一个名叫三乡的地方，即河南宜阳县境，他们暂时安顿了下来。不料到十月，蒙古军攻破潼关，他们又被迫转移，躲避到了宜阳女几山的三潭；三潭，俗名石鸡山。等到他们下山，家中所藏的先人抄本、书画已大都焚烧成灰，所剩无几。此刻他唏嘘不已，感慨万千。在他的《故物谱》中就写下了当时的这种失落情绪：

> 往在乡里，常侍诸父及两兄燕谈。每及家所有书，则必枚举而问之。如曰某书买于某处，所传之何人，藏之者几何年，则欣然志之。今虽散亡，其缀缉装褙，签题印识，犹梦寐见之……或曰：物之阅人多矣，世之人玩于物而反为物所玩。[1]

天兴二年（1233年），京城被攻破。元好问在离乱中携了他朋友的孩子白朴，随被俘官民北渡黄河，被羁管在山东聊城。直到入元之后，才在窝阔台七年（1235年）摆脱羁管，移居山东冠县。白朴，即白仁甫，原名恒，后改名朴，字太素，号兰谷。我国元代戏曲家，《鸳鸯简墙头马上》《唐明皇秋夜梧桐雨》等杂剧的作者。

元好问晚年潜心于著书立说，特别是对金源资料尤多关注和研究。他立下了"国亡史作，己所当任"的志愿。在金人入据中原之后就修撰有各朝实录，但在金亡之后《金实录》已全部为元帅张万户（即张柔）所收。元好问就把自己愿意修撰《金史》的想法告诉了张柔，可是被人阻止了。[2]他很懊丧，但他又想："我怎么能使金一代的史事泯灭不传呢?!"于是，他自告奋勇，重振旗鼓，在家园里修筑了一座亭子，题名为"野史亭"。请社会上的宿儒耆老们聚首到野史亭，纵谈天下散失旧闻；只要有点滴可采用的，他就用寸纸细字记录下来。日积月累，他将野史亭收集遗闻传说整理编辑，在此基础上写出了《金源君臣言行录》《壬辰杂编》等书，虽然说元好问没有实现他修撰一部完整金史的

---

1 ［金］元好问：《元好问集》卷三十九《故物谱》。
2 ［清］叶昌炽：《藏书纪事诗》卷二，按刘静修诗自注称："汴亡，张蔡公以《金实录》归遗山，尝就公誊录。"此说与《金史》所载不同。也有说在中统二年（1261年），张柔将《金实录》送交史馆。

愿望，但是他写的这些当时人的言行录却都是元人修纂《金史》的主要参考材料。遗憾的是，后人修成了《金史》，元好问写的书却都散失了。今人也为之惋惜不已。

说是"野史亭"，其实并不只是一只孤单单的亭子，而在亭子周围同时筑有书楼，用来收藏书籍和文稿。元好问为了写作《金源君臣言行录》，把所收集到的遗闻逸事都照实记录了下来，竟有百余万言之多，还有书稿、图籍，他捆捆扎扎，积在屋子里，把好几间屋子都堆得满满的。

为保存金代文学艺术的精华，元好问收集、编辑了金诗的总集《中州集》十卷，还辑出金词的总集《中州乐府》一卷，附在《中州集》后，并加目录一卷，共十二卷。[1]

《中州集》的最早版本当推金代当时的刊本了。清代著名版本学专家黄丕烈曾经得到过这种刻本，这是他引以自豪的一件事。但是书中有缺页，这又美中不足。为了抄补，他时时留意。

机缘也终于来了。他的朋友顾千里告诉他江南吴郡曾有金版《中州集》散出。果然，不数日，书商把小字《中州集》送上门来兜售了。经黄丕烈仔细鉴别，认为它是元本明印，并非初刻，而且缺少集后所附的《乐府》。最后他花了十六千文钱买了下来。好在他精于鉴别，不然，差点受书商的勒索，因为书商开价竟高达五十金。[2]

说来也很幸运。在黄丕烈买下所谓的金版《中州集》之前，还曾发

1　元好问《序》云："亦念百余年以来，诗人为多苦心之士，积日力之久，故其诗往往可传。兵火散亡，计所存者才什一耳。不总萃之，则将遂湮灭而无闻，为可惜也。乃记忆前辈及交游诸人之诗，随即录之。"

2　［清］瞿良士：《铁琴铜剑楼藏书题跋集录》卷四《中州集》载莞圃跋曰："明日书友来，询其直，索白镪五十金，云是金版，须每本十金。余方疑书友学问平庸，无此识眼，而书友以为物出故家，主人以为金版，故价昂如是。"铁琴铜剑楼所藏《中州集》十卷，为仁宗延祐二年再刻本。

生过这样的事：书商原先是准备将《中州集》卖给一位姓鲍、名从文的先生，讲定以十二两银子成交。但鲍氏在泛舟回杭州寓所时，半夜遇上大风，客船差一点覆溺，为此受一场惊吓。人身不保，还有什么心思去买书？这桩交易也就此告吹，却成全了荛圃黄丕烈。

黄丕烈对《中州集》钟爱有加，郑重其事地再给《中州集》加上封皮，包装好藏入"读未见书斋"中。并督促他儿子玉堂将它归入金元文集一类之中。玉堂不意中又在架上发现了《中州乐府》，回报父亲，是毛抄元本，也就是汲古阁抄本，跟刚收购到的这部小字《中州集》上的字迹无纤毫差异。真想不到好多年前收得的书在不经意中又冒了出来，在补缺中发挥了大作用。真是奇迹！从此，《中州集》的缺页补足了。黄丕烈踌躇满志，这是他平生最为得意的成功藏书事之一。

《中州集》的初刻本还有没有存世的呢？据说濂溪蒋氏珍藏着一部。用作借抄配补，蒋氏一口答应；但要他转让，却十分困难。随着时间的流逝，物华转移，沧桑变化，蒋氏藏本终究脱手，转到了冰雪堂汪氏的名下，但汪氏作古，冰雪堂所藏图书由几个儿子分别继承，书被分得四分五裂，后来他们各自又找了买主卖掉了。再想要得见蒋氏《中州集》藏本，难矣哉！

元好问墓在忻县。据传在墓园内原筑有"野史亭"。亭高 12 米，底座 2 米。匾额"野史亭"三字由徐继畲所书。1924 年重修。

徐继畲（1795—1873 年），字松龛，号牧田。山西代州人。地理学家。著有《瀛寰志略》《退密斋时文》等。顺便一说，美国华盛顿广场中央耸立着一尊华人称之为"纪功华表"的纪念碑，上面有用汉字刻写的纪功铭文，该文便是由徐继畲在咸丰三年（1853 年）所书。

存世的元刊本《资治通鉴》

　　文征明（1470—1559 年）是明代文坛"吴门四才子"之一，也是位酷爱收藏的藏书家。文氏藏书代有人出，到他的长孙元发时，家中藏书已大多散失，但是，唯独一部《资治通鉴》元刊本始终珍藏着，被视为传家之宝，因而此书能得以保存并流传，也是一件幸事。[1]

　　《资治通鉴》是北宋司马光组织编纂的一部编年体通史，从周威烈王二十三年（公元前 403 年）到后周世宗显德六年（959 年）为止，记载了共一千三百六十二年的史事。凡二百九十四卷。宋神宗认为此书"鉴于往事，有资于治道"，于是定书名为"资治通鉴"，明确显示出它为封建统治集团巩固封建政权服务的目的。《资治通鉴》的最早刻本为元祐元年（1086 年）的杭州刻本，[2] 在元祐七年（1092 年）印成。此刻原本今天仅存残叶，一般难以得见。绍兴二年（1132 年）有余姚重刻

1　《铁琴铜剑楼藏书目》收录了文氏藏《资治通鉴》，有题字云："万历丁酉岁十二月廿又三日看毕，老人心力衰减，涉猎而已，强记则不能也。清凉居士记。"又曰："家中书籍散亡，此书幸存。老年无事，时一观览，遂至再四，然心神耗减，不能记忆，障目而已。万历辛丑四月朔日湘南老人记。"清凉居士、湘南老人均为文元发的别号。
2　中华书局校点本《资治通鉴》卷首所载章钰《校记》中，认为《资治通鉴》成书后立即刻印两种版本，一为监本，一为杭州本。其实它们是同一种版本，通称"杭州刻本"。

本，今天存在于涵芬楼《四部丛刊》中的《资治通鉴》就是以余姚本为主，收集其他宋刻本裒辑而成的。

《资治通鉴》开雕印行之初，蔡卞等人曾提出过毁版的建议，有过争议。见《清波杂志》卷九所载：

> 了斋陈莹中，为太学博士。薛昂、林自之徒，为正录，皆蔡卞之党也。竞尊王荆公，而挤排元祐；禁戒士人，不得习元祐学术。卞方议毁《资治通鉴》板，陈闻之，因策士题，特引序文，以明神宗有训。于是林自骇异，而谓陈曰："此岂神宗亲制耶？"陈曰："谁言其非也？"自又曰："此亦神宗少年之文耳。"陈曰："圣人之学，得于天性，有始有卒，岂有少长之异乎？"自辞屈，愧叹，遽以告卞。卞乃密令学中敞高阁，不敢复议毁矣。毁《通鉴》，非细事也。诸公未有纪之者，止著于《了斋遗事》中。

显然，这也是对元祐党人的排挤手段之一。只是因为陈莹中据理力争，搬出了神宗皇帝有训这张真正的王牌，才算平息了这场毁《资治通鉴》雕版的风波。

《资治通鉴》有元人胡三省[1]加注的本子，最好，但不易得到。文氏所珍藏的传家宝物指的就是这部书。后来这部书就一直保存在元发次子文震亨的家里。震亨的兄长文震孟，天启二年（1622年）殿试第一，授修撰；天启六年（1626年），他想念祖父和父亲，想读一读《资治通鉴》，看一看祖父、父亲当年校读的文字。于是文震孟就拿思古斋所刻的一部明刻本去跟震亨交换，珍藏到震孟家的石经堂中。自觉得三代人

---

[1] 胡三省（1230—1302年），字身之，台州宁波人，宝祐四年进士。作《通鉴》注，历时三十载。

能够把书收藏好的人家不是很多，现在能够读到先祖的题识，心中陡然生出许多慰藉和自豪来。

其后，文震孟又将这部元刊本《资治通鉴》传给了他的外孙白云先生，即中宪公，严虞惇的父亲手里，再由严虞惇传给其子严鎏，又历经三代。严氏，是明时常熟有名的藏书之家，钱谦益所得宋版《左传》就出于严家。[1]

严氏藏书既讲究收藏，又不忘读书、校勘。严虞惇，字宝成，号思庵。康熙进士，任编修。累官太仆寺少卿。他在十三岁时就遵照父亲的教诲点读了《资治通鉴》。开头用的是徐氏坊刻本，后来才动笔圈点这部元刊本，校读不辍，反反复复读了六七遍，并且在眉间书尾都写上了题识。这是很不容易做到的。因为《资治通鉴》卷帙浩繁，一般学者很少遍览，更不要说通读六七遍了。

因为翻阅的次数多，书页多有毁损，他的儿子严鎏在雍正八年（1730年）命裱匠重加装订，补缀成帙。虞惇之孙有禧在乾隆十三年到十七年（1748—1752年）间也通读了《资治通鉴》，很有点继承严家风范的味道。

像这样认真精读《资治通鉴》的人是不多的，即便是在该书刚修纂完成之时，"惟王胜之（一本作"性之"）借一读，他人读未尽一纸，已欠伸思睡"（司马光语）。[2]《读书敏求记》的作者钱曾得到过一部经明末顾大章披阅过的《资治通鉴》，书上的批校文字，字细如发，晏居不苟，无一懈笔，称得上王胜之之后的又一人。其后，依次可轮到我们本文介

1　钱谦益跋宋版《左传》："建安余仁仲校刊《左传》，严文靖所藏，其少子中翰道普见赠。"

2　[元]胡三省：《新注资治通鉴·序》。王益柔，字胜之。

绍的严虞惇祖孙了。

1956 年中华书局出版的"标点资治通鉴小组"校点的《资治通鉴》（全二十册）是迄今为止最为通行的较好本子。它是根据清胡克家覆刻的元刊胡注本标点排印的。标点者作注云："因原刊本已不易购得，只好用胡刻本来代替。"至今，存世的原元刊本《资治通鉴》已相当稀见了。

《金瓶梅》的版刻流传

  《金瓶梅》在我国小说发展史上占有重要地位。它的现存最早刻本是刊行于明万历四十五年（1617 年）的《金瓶梅词话》本，有东吴弄珠客序。[1] 崇祯年间，经人修改，增以评语、插图，成为《新刻绣像批评金瓶梅》；所附绣像每回两幅，共二百幅。康熙三十四年（1695 年），张竹坡（名道深，字自得，徐州铜山人）以修改本为底本，稍作改易，加上总评、眉批、旁注等，刻印了《皋鹤堂批评第一奇书金瓶梅》，删去了东吴弄珠客序，加了谢颐序。张竹坡评点本是清代流传最广的版本，后来的《古本金瓶梅》，即同治初删削秽语最多的"洁本"，就是此书的删改本。

  《金瓶梅》一书的版刻演化过程大致如此。[2]

  作者兰陵笑笑生，真实姓名未详。作为我国明代万历年间的一部以反映普通市民生活为主要内容、由文人独立创作的长篇世情小说，《金瓶梅》组材的引线是借用了《水浒传》中西门庆勾搭潘金莲、武松杀嫂

---

1 朱星在《金瓶梅考证》（天津：百花文艺出版社 1980 年版）认为万历本还有更早的庚戌年（1610 年）吴中初刻本，已佚，而且认为"金瓶梅原无淫秽语"。

2 另有一版本系统，即明天启的《原本金瓶梅》系统。

等故事情节，以此作为背景，反映了明代末期的社会生活，故事曲折变化，人物刻划细致入微，又多有一些因果报应、天理循环观念的宣扬和男女关系的直露描写。鉴于小说"寄意于时俗"[1]，又有直接暴露社会黑暗，指斥朝廷弊政的内容，所以，清廷自顺治开始就将它列为"秽书"而将其禁毁。雍正三年颁布禁令，对编制淫书的作者、刻印者以及贩卖者、购读者都处以轻重不等的刑罚，并予地方上的文武官员以处分。清同治七年江苏巡抚丁日昌又上奏禁毁，再告示天下：

> 巡抚部院丁札开：淫词小说，向干例禁。乃近来书贾射利，往往镂板流传，扬波扇焰……此系为风俗人心起见，切勿视为迂阔之言。并由司通饬外府县，一律严禁……计开应禁书目：……《金瓶梅》《唱金瓶梅》《续金瓶梅》……

在明朝后期，《金瓶梅》并未受禁。有些学者提出了"不必焚，不必崇，听之而已"的主张，认为要人为地去禁毁它并不明智，亦非易事。[2] 其时，流传不广，又多抄本，也是并未受禁的原因。沈德符在《野获编》卷二十五中讲到了抄本流传的状况：

> 丙午（万历三十四年，1606），遇中郎京邸，问："曾有全帙否？"曰："第睹数卷，甚奇快。今惟麻城刘延白承禧家有全本，盖从其妻家徐文贞录得者。"又三年，小修上公车，已携有其书，因与借抄挈归。吴友冯犹龙见之惊喜，怂恿书坊以重价购刻。马仲良时榷吴关，亦劝予应梓人之求，可以疗饥，予曰："此等书必遂有

---

1 ［明］兰陵笑笑生：《金瓶梅词话》欣欣子《序》。
2 ［明］袁中道：《游居柿录》卷九。

人板行，但一刻则家传户到，坏人心术，他日阎罗究诘始祸，何辞置对？吾岂以刀锥博泥犁哉！"仲良大以为然，遂固箧之。未几，而吴中悬之国门矣。

中郎，即公安派首领袁宏道（1568—1610年）；徐文贞，即宰相徐阶（1503—1583年）；小修，袁宏道之弟中道（1570—1624年）；冯犹龙，即冯梦龙（1574—1646年）。上引材料说明抄本《金瓶梅》其时多在官僚贵族、文人学士中间流传。袁宏道读到的抄本不全，仅十分之三，其余部分又借董其昌藏本抄补，但倒换错乱不少，也非全帙。谢肇淛借中郎抄本得十分之三，又于丘诸城得到十分之五，也一直未能补全。他在《金瓶梅跋》中说："此书向无镂版，抄写流传，参差散失。唯弇州家藏者最为完好。"[1]弇州，即王世贞凤洲。然而，王世贞家藏全书不久也都失散了。屠本畯在他的《山林经济籍》卷八中说："相传嘉靖时，有人为陆都督炳诬奏，朝廷籍其家。其人沉冤，托之《金瓶梅》。王大司寇凤洲先生家藏全书。今已失散。往年予过金坛，王太史宇泰出此，云以重赀购抄本二帙。予读之，语句宛似罗贯中笔。复从王徵君百谷家，又见抄本二帙，恨不得睹其全。"正因为是辗转传抄，致使其后的刻本是否原本，就一直是个问题。屠本畯有关《金瓶梅》的这段文字，自半个世纪前阿英先生发现以来，其他人都未见原书，只能据其所引转录。同时，也不曾有人对这则《金瓶梅》早期资料做过深入的探究，其原因恐怕是：查无实据。

张竹坡加评论的《皋鹤堂批评第一奇书金瓶梅》刻印于康熙三十四年（1695年），其时清王朝建立已五十年，这部禁书却一直禁而不绝，

1　［明］谢肇淛：《小草斋文集》卷二十四。

各种抄本、翻刻本依然广泛流布，梁恭辰在《北东园笔录》四编卷四（收于《劝戒近录》第四编）中记载说：

> 钱塘汪棣香（福臣）曰：苏、扬两郡城书店中，皆有《金瓶梅》版，苏城版藏杨氏。杨故长者，以鬻书为业，家藏《金瓶梅》版，虽销售甚多，而为病魔所困，日夕不离汤药。
>
> ……
>
> 其扬州之版，为某书贾所藏。某家小康，开设书坊三处。尝以是版获利，人屡戒之，终不毁。
>
> ……
>
> 某既死，有儒士捐金买版，始就毁于吴中。

记载中流露了一些迷信、因果报应的思想，但是禁书不断翻刻，广泛传播，当时统治者却无能为力。这应验了小修的那句话："以今思之，不必焚，不必崇，听之而已。焚之亦自有存者，非人力所能消除。"同治三年（1864 年）删节本《古本金瓶梅》又应运而生。其他对书名作过改头换面的版本还有不少，如《钟情传》《多妻鉴》等。流传至今的究竟有多少种版本，恐怕已很难确计了。

《金瓶梅词话》是今知最早的刻本，刻于万历四十五年（丁巳，即1617 年），在此之前，似乎已有"吴中悬之国门"的刻本。至今却从未有人见到过。即使是《金瓶梅词话》的刻本也得之不易。1931 年，琉璃厂文友堂孔里千师傅曾以五百元在山西介休县收购到《金瓶梅词话》万历丁巳刻本，棉纸，无图，约二十册，一百回，原题为明兰陵笑笑生撰。北平图书馆馆长徐森玉得知后，捷足先登，商购此书，结果文友堂以一千八百元与之成交。到 1933 年马廉（隅卿）集资，以古佚小说刊行会名义将《金瓶梅词话》影印出版，印了一百部，每部定价一百元，从而对北平图书馆所出的高额书价作了补偿。书中所缺二页，用崇祯本补上。

崇祯本，指《新刻绣像批评金瓶梅》，这是较张竹坡的《皋鹤堂批评第一奇书金瓶梅》更高明一点的本子。郑振铎曾经作过这样的评论："张竹坡本第一奇书也有妄改处、删节处。那一个评本，并不是一部好的可据的版本。"[1] 绣像崇祯本在1989年由北京大学影印出版。

另外，有满文版《金瓶梅》。康熙四十七年（1708年）版的序中还有此书乃明朝闲儒生庐楠为斥严嵩、严世蕃父子所著之说，不知确否？此书劝戒之意，确属清楚，故翻译之。关于此书的作者是谁，众说纷纭，至今仍无定论；此书著作目的是否为斥严氏父子，有待专家继续探索。[2] 国内满文版有五六种之多。1939年在莱比锡出版的《金瓶梅》节译本是德人弗朗茨·库恩（Franz Kuhn）据满文本翻译过去的。现在，《金瓶梅》已被译成十多种文字在国外流传。

此外，在《金瓶梅》之后，山东诸城丁耀亢题署紫阳道人写了《续金瓶梅》一书，[3] 但因清政府的严厉禁止，所以此书未有流传。

1　郑振铎：《西谛书话·谈金瓶梅词话》，北京：生活·读书·新知三联书店1983年版。
2　因与此文关系不大，此问题的讨论从略。
3　［清］宫伟镠：《春雨草堂别集》卷九："后又有《续金瓶梅》乃山东丁大令野鹤撰，随奉严禁，故其书不传。"丁耀亢，字西生，号野鹤，山东诸城人。顺治中贡士，曾官惠安知县。有《丁野鹤诗钞》等。

《水浒》之评点与删削

由古书的散佚、存藏，想到对古书的评点与删削，比如李卓吾、金圣叹对《水浒》的评点与删削就很具代表性。评论者以点评著作的方法，直接表达出自己的思想倾向，引导、影响读者。至于对原书的删削，力度更大，或改变原作的情节结构，重新组合，或删除自以为糟粕而芜杂的内容，对读者灌输某些想法，不仅在一定程度上改变了原作的艺术表达，而且改变了作品的思想内容，直接影响古书的阅读和传布。这不同于一般的散佚和存藏。

《水浒传》的最早刻本是万历年间的郭武定百回本，和刻于万历末年的杨定见百二十回本。它们重要的不同之处在于前者无征讨田虎、王庆的故事，而后者则增加了这段故事情节。后者现存最早的刊本是《京本增补校正全像忠义水浒传评林》本。

百回本则以明《李卓吾先生批评忠义水浒传》容与堂本为现存最早的完整本子。关于为此本所作批评的"李卓吾先生"，在此书的新版"前言"中指出，研究者早已怀疑其评语并非出于李贽，而系后人叶昼假托。[1]

---

1 "前言"中说，其主要依据是明代钱希言《戏瑕》卷三《赝籍》中的一段记载。此外，周亮工《因树屋书影》也有类似记载。

值得一提的是，"李卓吾"评点的《水浒传》则是百二十回袁无涯刊本。在这里，我们介绍容与堂本的评点，名为李，实为叶。

　　叶昼，字阳开，一字文通。梁溪人。梁溪是江苏无锡的旧称。叶昼生活于明朝万历天启年间，其人穷乏落魄，特立独行，平时常常赊酒嗜饮。清醒时，他就代人作文，求文者给钱多少他并不计较，以文谋生，苦中作乐。[1]叶昼又是个很有才气的人，读了很多书，特别是对佛道之学颇有心得，他的诡异行为，不为世人所容，尤其不为当道者所容。他"自称锦翁，或自称叶五叶，或称叶不夜，最后名梁无知，谓梁溪无人知之也"，给自己起了许多奇奇怪怪的别号。他擅长做文学评论，有《四书》第一评、第二评，《水浒》《琵琶》《拜月》诸评及《樗斋漫录》。[2]叶昼著书不署名，不卖钱。至于所署"李贽"名者，大凡出自出版商与叶昼的合谋；出版商之所以假托李贽，正因为叶昼与李贽无论思想、才情、个性，还是文字功力，都有相通之处。

　　下面读几段叶昼以李卓吾之名所作的批评文字：

　　第十八回，宋江出场有一段人物形象的描写："眼如丹凤，眉似卧蚕。滴溜溜两耳垂珠，明皎皎双睛点漆。"一段宋江吃完茶，离开茶坊，向晁盖庄上去的情节。二处加眉批云：

　　　　〔眉〕太诙，强盗安得如此好相。
　　　　〔眉〕梁山泊祸苗，全在此处。宋江非罪之魁、盗之首而何！

1　〔明〕钱希言：《戏瑕》卷三谓其"落魄不羁人也。家极贫，素嗜酒，时从人贷饮。醒即著书，辄为人持金璺去，不责其值"。〔清〕周亮工：《因树屋书影》卷一称其"多读书，有才情，留心二氏学，故为诡异之行，迹其生平，多似何心隐"。

2　以上材料见钱希言《戏瑕》、周亮工《因树屋书影》。这些材料中还讲到，他曾倡建海金社。有笔记记载，昼"后误纳一丽质，为其夫殴死"，称之"误纳一丽质"，一个"误"字，应作"情"字读；所言"殴死"，亦可读作其"为情而死"。其故事不得流传，在情理之中；世人多或旁观者，或嗤之以鼻者，或投石下井者；同情者寡；主张为之申说者，绝无仅有。

"太谀"，谁太谀？当然是指小说的作者，提醒并告诫读者，不要吹捧宋江。在这里叶昼贬抑宋江，大加挞伐，根本原因是宋江接受朝廷的"招安"。第四十一回的眉批：

> ［眉］"天上的语言""大皇帝""小皇帝"，都是不经人道语。正使晋人捉麈尾十年也道不出。李大哥当是不食人间烟火人。

一言以蔽之，就是"一派胡言乱语"！麈尾，也称麈拂，如"王衍清谈，常持麈拂"，一种去尘的拂子。[1] 第一百回"宋公明神聚蓼儿洼　徽宗帝梦游梁山泊"末尾的总评是：

> 李卓吾曰：施、罗二公，真是妙手，临了以梦结局，极有深意。见得从前种种，都是说梦。不然，天下那有强盗生封侯而死庙食之理？只是借此以发泄不平耳。读者认真，便是痴人说梦。

也就是说，如此宋江——强盗生封侯而死庙食者，天下无有！

下面，我们再说金圣叹所删削、点评的七十一回本。金圣叹假设有一个七十回本的《水浒》，大刀阔斧，腰斩去了旧本《水浒传》的后五十回，冠名"贯华堂"刊，为崇祯十四年《贯华堂第五才子书水浒传》。删去"噩梦"等松散、枝蔓文字，使得水浒的情节结构统一、洗炼。正如宋云彬在《水浒》导言中说，金圣叹本来是有文学天才的人，他把《水浒》删剩七十回，梁山泊大聚义是梁山泊的全盛时代。以后宋江等受招安，全伙英雄一个个都遭杀害，不但作者的精神不像前七十回那么贯注，就是故事的本身也没有以前那么生动了。

1　也有认为是魏晋时人用的扇子，名士所持。

在《第五才子书施耐庵水浒传·序二》中，金圣叹认为：

> 施耐庵传宋江，而题其书曰"水浒"，恶之至，逆之至，不与同中国也。而后世不知何等好乱之徒，乃谬以"忠义"之目，呜呼，忠义而在水浒也哉！

金圣叹认为将"忠义"赋予梁山英雄的结果是："无恶不归朝廷，无美不归绿林，已为盗者读之而自豪，未为盗者读之而为盗。"这段话，我们也可以看成金圣叹针对"李贽"的评点所做的反驳，李贽认为《水浒》是作者"泄愤"之作，并复以"忠义"之名。

实际上，金圣叹评点《水浒》的见解是迂腐的。他既腰斩水浒，不忍看到梁山英雄惨遭杀害，反对招安，但是他又不能将"忠义"之名赋予水浒，也就是说他又在维护着朝廷，为朝廷镇压农民"犯上作乱"的行径辩护。这种思想上的矛盾，其实并不奇怪，简言之，是受明清之交的时事政局所束缚而决定的。胡适曾说他把《水浒》批得很好，称赞他是文学的天才，说："这是文学的革命，思想的革命，是文学史上大革命的宣言。"[1] 若是指删削本事、做艺术的再创造，无可厚非；但若是指金圣叹的评点，那就言过其实了。

有意思的是，小说《啼笑因缘》的作者张恨水在论及《水浒》及金圣叹时，说得极其情味："圣叹于《水浒》改易处，辄注曰'古本如是'，实则正惜古本不能如是也。"真正能读懂金对《水浒》改易者，百不一二。"而金辄归功于古本，使施耐庵受其荣誉，施在天之灵自当掀髯微笑，而以言圣叹，得不移痛哭古人之泪，以伤知音之少乎？"张恨

1　1952 年，晚年的胡适在台湾大学的演讲。

水认为七十回本施耐庵序为金圣叹笔，"此又令金先生鼓手大笑转悲为喜于九泉，而欣然曰：'诸君堕吾术中矣。'"[1]

哲学家牟宗三对评点水浒也感到兴趣，说："天下有许多颠连无告者、弱者、残废者、哀号宛转无可告诉者，此种人若无人替他做主，真是淹没无闻，含恨以去。"《水浒》人物则在此处必须打上去。""金圣叹即于此而言作《水浒》者有无量之隐痛……实则亦不必，他们自身并不是可痛可悲的。"[2]

这里说的是金圣叹，不是叶昼，但叶昼也是个"若无人替他做主，真是淹没无闻，含恨以去"的人，他同样"自身并不是可痛可悲的"。

最后，补充交代一点：金圣叹（1608—1661年），文学批评家，曾评点《水浒》《西厢》等。顺治十八年，帝驾崩，以金圣叹为首的一百多士人聚于孔庙，借此控诉吴县地方官欺压百姓，向巡抚示威，为此，清政府称诸生倡乱抗税，逮捕十多人。金圣叹被斩首。

附　记

《水浒》文法，见金圣叹评第五才子书。归纳有十五条，其纲目如下：

1　张恨水：《水浒人物论赞》，上海：万象周刊社1947年版，第101—102页。20世纪70年代批《水浒》时期，有人认为金圣叹把百回本的《水浒》砍掉了二十多回，不真实。这里所谓的"不真实"，应该是指版本，因为对小说本身而言无法说真实或不真实。所言不真实者，实乃"堕吾术中"之君也。
2　牟宗三：《水浒世界》，载《世界宗教文化》1995年第3期。

一为倒插法；二为夹叙法；三为草蛇灰线法；四为大落墨法；五为棉针泥刺法；六为背面铺粉法；七为弄引法；八为獭尾法；九为正犯法；十为略犯法；十一为极不省法；十二为极省法；十三为欲合故纵法；十四为横云断山法；十五为鸾胶续弦法。

以其中的第九法为例，他是这么解说的："如武松打虎后，又写李逵杀虎，又写二解争虎。潘金莲偷汉后，又写潘巧云偷汉。江州城劫法场后，又写大名府劫法场。何涛捕盗后，又写黄安捕盗。林冲起解后，又写卢俊义起解。朱仝、雷横放晁盖后，又写朱仝、雷横放宋江等，正是要故意把题目犯了，却有本事出落得无一点一画相借，以为快乐是也，真是浑身都是方法。"1

总之，旧时《水浒传》贩夫皂隶都看，此本虽不曾增减一字，却是与小人没分之书，必要真正有锦绣心肠者，方解说道好。

---

1 ［清］金圣叹：《第五才子书施耐庵水浒传·读第五才子书法》。

计六奇写当代史

计六奇，名不见经传。《中国人名大辞典》编纂之初，他的名字未曾收入，后来发觉，编委会将计六奇大名列于书尾作为"补遗"，做了五十字的简要介绍。由此可见，六奇其人长期不为世人所重。

其实，研究南明历史、明末农民起义的学者，乃至写作类似《李自成》《南明演义》等小说、传奇之类的作家，都无不利用了他著作所提供的资料。他所著作的《明季北略》二十四卷、《明季南略》十六卷，记述了南渡诸王及神宗、思宗诸朝事，还有《粤滇纪闻》《金坛狱案》《南京纪略》《辛丑纪闻》等，洋洋大观，百万字有余。他不是明史馆在编的史馆文臣，既没有财力，又没有丰富的藏书和充足的时间，凭一己之力，从事此项史事的资料收集、整理和编写工作，相当艰苦、十分不易。在《明季南略》的《跋》中，他感喟道：

> 甚矣，书之不易成也。昔之著书者必有三资四助。三资者，才、学、识。是落笔惊人，才也；博极群书，学也；论断千古，识也。四助维何？一曰势，倚借圣贤；二曰力，所须随致；三曰友，参订折衷；四曰时，神旺心闲。

计六奇（1622—1687？年），字用宾，号天节子。江苏无锡人。自号九峰居士。以教授生徒为生，并潜心著述，为明末清初时期的民间史学家。

入清后，六奇曾于顺治六年（1649年）、顺治十一年（1654年）两次乡试，不举。从此无意科举仕进，在无锡、苏州、江阴等地，以坐馆教书终其一生。

计六奇为把明清之际的社会巨变记录下来以寄托故国之思，大约从清康熙二年（1663年）起就着手准备两书的写作，记录明朝廷南渡诸王及神宗朝迄思宗朝事，他除了收集大量的文献资料外，又前往江阴、苏州、镇江、六合、通州、桐城等地实地调查，察看重大事件的遗迹，同时深入社会下层，与重大事件目击者交谈，尽力搜罗感性材料。康熙十年（1671年）两书写成，共四十二卷，按编年体记述明万历二十三年至清康熙四年（1595—1665年）这七十年间明清易代的史事。两书引用文献资料六七十种，又记录了大量的历史事件目击者的实观资料，对研究明朝末年的农民战争和明清之际的民族斗争有重要的参考价值。

计六奇写书是当世人写当代史。写好后，他喟然兴叹，"吾恐后人用覆酱瓿也"，担心后世的人视之如敝屣，用作类似覆盖酱缸的无用之物；"未审当世有知我者否"，也不清楚当世的人会不会理解著作的价值；甚至担忧不能传于后世，其原因是他自命清高，不愿也不会去逢迎当道有权势者，是"不附青云之士"，而他这样的人，作品"焉得声施后世"？[1] 那么，既然有此等顾虑，又为何孜孜以求，疾书不止？他的这种矛盾心理，他自己也说不明白，今朝读者同样不得其解。

---

1 ［清］计六奇：《明季南略·志感》。

其实，计先生是清楚的。他的著作即使用作覆瓿，若无所损，亦无所惜也；何况，他所谓担忧不能传于后世的想法，也只是明知故说，掩其真实动机而已。

在《明季北略·自序》中，他说：

> 今上登极，亦谕官民之家，有开载启祯事迹之书，俱着送来，虽有忌讳之语，亦不加罪。

所谓"启祯事迹"，指的是明末天启、崇祯二朝历史。清廷果真对"启祯事迹之书""不加罪"吗？其实，陈济生所作的《启祯集》（或称《启祯两朝遗诗》）便被清政府禁止刻印。《启祯集》的案子，除首犯被处决外，余波不断，顾炎武就因该书牵连，在山东济南遭到名捕。康熙五年（1666 年），还有嘉兴张某，偶于坊间得《两朝诗选》一书，见书中有触时忌者，遂以为奇货，将设诈局。[1] 对此，计六奇是十分清楚的，而《明季南略》中便有四处提及"陈济生"其人。

当世人写当代史，应该说是件好事。问题是如何真实地反映现实，这就是一个立场问题了。难也就难在这里。古贤董狐秉笔直书"赵盾弑其君"，非严谨的作家不能为。

还有就是写作的态度问题。计六奇的书能流传至今，其写作态度是应该给予肯定的。在《明季南略》的"夏允彝赴池死"一节中他写道："清兵下松江，允彝避匿，其兄强之谒官，允彝潜赴池中死。"其中直书"其兄强之谒官"一句，如实写来。若作者顾及"悌"的话，可避开。此段文字之末还附上一句"公殉节处须再核之"，态度是严谨的。其后

---

1 ［清］归庄：《归庄集》卷十。

"吴胜兆"一节下自注"苏人口述"四字。文中提到"赐东坡巾"事，下有夹注"批云：赐巾再核"。此种作文态度，可圈可点。

此二书共五十五万五千余字，缀草四载，誊次二年，于辛亥年，即康熙十年始得告竣。[1] 未付梓。毫无疑问，流传于世的是抄本，或抄本的复本、再复本，而且往往是不公开的。清人的文禁，路人皆知。在民间长期以抄本流传，未完全散佚乃至埋没无闻，乃是一种幸运，也是书题本身的重要性和资料真实性所决定。进而言之，那些明史馆的史臣未必不利用六奇的抄本，只是不明言罢了，这利于它的存藏。

《明季北略》《明季南略》二书到嘉庆、道光年间才有活字本刊行。光绪十三年（1887 年）刊行石印巾箱本。也就是说，书的正式刊印是在一百五十年之后。

此外，我们再补充说明两点计六奇的写作经验：资料的来源和书的义例。这些是该书《附录》作者张崟所做的归纳和总结。

其一，关于资料来源，除了上文所介绍的"前往江阴、苏州、镇江、六合、通州、桐城等地实地调查"，还将"邸钞、抄白、京抄、京报、讨逆单、北来单、公道单、易州道揭、顺天府君疏、民疏、野史、梅村吴伟业等"种种来源的书面资料都尽力搜集，不一而足。

其二，其著述的义例有七：（1）异说并存例；（2）众说纷陈，从其多数例；（3）传疑例，举如《启祯录》有同类三书，"不知是一是二"，均存之；（4）存疑俟考例，对待自相矛盾的史料存疑、待考；（5）互见例；（6）书爵书名例，根据不同名分，确定书中人物的官爵、姓名的先后书写顺序；（7）编年不编目例。

---

1 ［清］计六奇：《明季南略·志感》。

《明季北略》《明季南略》二书平装本 1984 年始由中华书局出版。在书末，有六奇写的《纪事》《志感》和《读书者》三段文字，是写作者的著述感悟。他在《读书者》中十分感慨地说：不了解我的人不可读我的书，即使了解我但是见识浅薄的人也不可读我的书。不会看书的人也不可读我的书，即使懂得读书的人但浅尝即止的也不可读我的书。跟书没有缘分不能读到我的书，即使有缘分但缘分浅薄，也不能读到我的书。没有福分不能读到我的书，即使有福分但福分浅薄也不能读到我的书。啊，茫茫宇宙，那些能够读到我的书、能够读懂我书的人，难道就找不到吗？即使这样，谁又是那些人呢？ [1]

这些愤激的语言，是作者愤世嫉俗的反映，不足为怪，是由那个时代所决定。

计六奇凭一己之力去完成这么一项浩大工程，其雄心壮志令人钦佩，但毕竟其个人所见有限，所闻有偏，难免挂漏，这也在情理之中。

1　不知我者不可读我书，即知我未深者亦不可读我书。不知书者不可读我书，即知书未深者亦不可读我书。无缘分者不能读我书，即缘分犹浅者亦不能读我书。无福分者不能读我书，即福分犹浅者亦不能读我书。嘻嘻，茫茫宇宙，求其可读我书、能读我书者岂无其人？虽然，又谁是其人也？

稀见明代律例典籍杂录

　　研读明代律例，所见抄本、刊本有著录而未见存藏者夥，时存难以亲见、考实不易。以下，杂录所见若干稀见资料，供相关研究者查考、参用。

一、明抄本《比部招议》

　　《比部招议》，此抄本录明英宗天顺元年至武宗正德七年（1457—1512年）间刑部问案、取招、议奏及奉旨处理之记录。内有于谦谋为不轨事、张伟剿贼不力纵放殃民事、拏获反贼赵鐩事、刘瑾任意欺罔专权纳贿事、赵解叛逆贼寇何锦事等五案。[1] 此抄本又见于《天一阁藏书经见录》著录："《比部招议》二卷"。[2]

1　张伟仁：《中国法制史书目》，台北："中央"研究院历史语言研究所1976年版，第812页。

2　周子美编：《嘉业堂钞校本目录·天一阁藏书经见录》，上海：华东师范大学出版社1986年版，第136页。

二、《成、弘事例》

《明史·刑法志》载，嘉靖元年（1522年），"两人相争并列，上命检成、弘事例以闻。"成、弘，指成化、弘治二朝。沿用《成、弘事例》之嘉靖，与其相隔正德一朝，由此可知：嘉靖朝的法治建制，直接受成、弘事例的影响，此其一；事例犹如成案，嘉靖新例参照成、弘事例，此其二；弘治十三年（1500年）已制订有《问刑条例》，嘉靖初仍延续引用《成、弘事例》，可见律例合编的法律文本尚未完善，此其三。

三、胡琼纂《大明律解附例》三十卷

书口题"律解附例"，每律正文后为解，次为例，事目皆白文。[1]1974年，日本东京高桥写真株式会社据日本尊经阁文库藏本印行。

四、李柟纂《律令笺注》

《中国人名大字典》"李柟"条载：李柟，字木庵，江苏兴化人。康熙进士，累官左都御史。居官持大体，务平恕。有《律令笺注》《大远堂集》。清人沿袭明律，明朝律例合编。此《律令笺注》称"律令"，所指不明。不知此《律令笺注》尚存世否？

1　周子美编：《嘉业堂钞校本目录·天一阁藏书经见录》，上海：华东师范大学出版社1986年版，第138页。

五、《钦依两浙均平录》

此书是嘉靖四十五年（1566 年）庞尚鹏在浙江全省推行均平法改革的原始资料。收藏于日本尊经阁文库，海外孤本，明官修，嘉靖刻本，高 27 厘米，宽 17.2 厘米，半页 10 行 22 字，白口，四周双边。不分卷，共 12 册。

迄今明代一系列赋役改革的完整档案文书，极为稀见。[1]

六、《判例全书》六卷

明游大勋辑。明天启元年刻本。

七、《计赃时估》

见《大明会典》卷一百七十九。弘治二年《赃物估钞则例》，见《皇明条法事类纂》卷之五《名例类·给没赃物》。

八、《大顺律》残本

残存第十五卷，共八页，律目为"工律"。雕版印刷，半页 9 行，小字单行为 20 字，未经线钉，无封面。字体端庄，刊刻精良。

此残本出现在嘉德拍卖会上，称它是迄今为止我国发现的唯一的一

1　据报载，明代珍稀文书《钦依两浙均平录》得以回归。参见《明代珍稀文书的回归：〈钦依两浙均平录〉》，载《中国社会科学报》2012 年 4 月 25 日。

册大顺朝的法律。[1] 当今拍卖会上出现赝品常有，此残本真伪如何，莫辨。据传，作为国家二级文物已入藏国家图书馆。

九、法律文献目录摘

以下括注卷号者，摘录自清嵇璜、刘墉等撰《钦定续文献通考》。徐一夔《明集礼》五十三卷（卷一百六十八）。席书《大礼集议》五卷（卷一百六十八）。汪宗元《南京太常寺志》十二卷（卷一百六十九）。宋刘筠《刑法叙略》一卷（卷一百六十九）。无名氏《法家衷集》无卷数（"臣等谨按，苏祐题辞称从史陈永以是集见，曰：'司台籍潘智手录，因年补缀，付之梓，则是编当为永所辑定。'"卷一百七十五）。戴金《三难轩质正》无卷数（戴金为《皇明条法事类纂》编者。有认为戴金为托名。卷一百七十四）。高铨《王恭毅驳稿》二卷（卷一百六十九）。王樵《尚书日记》（王樵有《读律私笺》二十四卷，另有《方麓居士集》十一卷，卷一百四十七）。在《四库总目提要·职官类存目》中还收郑汝璧《明功臣封爵考》八卷。

十、《条例全文》

一部分（八册）为天一阁藏书，另一部分在台湾。用《条例全文》与《皇明条法事类纂》逐条对校，可知嘉靖及其后历朝所颁条例的依据。[2]

1 《文汇读书周报》2000 年 6 月 3 日。
2 《〈条例全文〉遗存》《〈条例全文〉的价值》二文，见杨一帆主编：《中国法制史考证·甲编·第六卷》，北京：中国社会科学出版社，第 367—389 页。

十一、《大明律附例注解》

注者姚思仁。万历年间，姚思仁在他所编撰的《大明律附例注解》中，引入了《读律管见》一些相关材料。此书存藏于华东师范大学图书馆善本部。[1]朱彝尊《静志居诗话》卷十五上说："公尝注律，以律文简而易晦，乃用小字释其下。本朝颁行《大清律》，实依公所注本也。"此公，指姚思仁。思仁，万历进士，有《菉竹堂遗稿》。由此可见，《大清律》所据注文非《大明律集解附例》，而是姚氏注解。此可备一说。

十二、《律条疏议》

作者张楷（1398—1460 年），慈溪人。永乐甲辰进士，累官南院右金都御史。张楷曾于正统十四年（1449 年）坐罪免职。原因是进剿处州"贼徒"不力；又曾作《除夕诗》，如"静夜深山动鼓鼙，生民何苦际斯时"等句，被弹劾而获罪。其人《明史》无传，然而，《慈溪县志》上的记载则与此截然不同。著有《和唐集》。不知是否同名同姓者。

张楷是法律解释学方面的学者，而且又是一位诗人。日本学者李庆在《论张楷〈蒲东崔张珠玉诗〉》一文中，介绍了张楷并对其《珠玉诗》给予了极高的评价，认为是"一个被遗忘了的诗人，一部被遗忘了的诗集"。[2]《千顷堂书目》收录其著作二十一种，其中，有两部法律书：《大

---

1 张伯元：《律注文献丛考》，北京：社科文献出版社 2016 年版，第 155 页。

2 章培恒、梅新林主编：《中国文学古今演变研究论集》，上海：上海古籍出版社 2002 年版，第 427 页。

明律解》和《律条撮要》。其实，《大明律解》为《律条疏议》之误。[1]
至于《律条撮要》一书，文抄之属，亦不当归入张氏的著述书目中。

十三、《法缀》

唐枢的读书笔记，一份明代法律文献的目录，收录在他的《木钟台集》中。[2]唐枢（1496—1574年），字惟中，号子一，人称一庵先生。归安（今浙江湖州）人。嘉靖五年（1526年）进士。官刑部主事。留心经世略，九边及越蜀黔滇险阻阨塞，无不亲历，蹑蹻茹草，至老不衰。因上疏请正李福达罪而于嘉靖六年（1527年）四月削籍归乡，聚徒讲学山中四十年，隆庆初复官。[3]有哲学著作《礼元剩语》《真谈》《景行馆论》等。谈迁《枣林杂俎》有评价："归安唐枢一庵先生，论博施于民而能济众，重'能'字。盖人亦有施而不能者，政不善也。"[4]博施济众，治政不善，此评价值得后人回味。

十四、残本《至正条格》

它是元朝的法典，印行于至正六年（1346年），今在韩国意外发现《断例》和《条格》各一册。断例中有卫禁、职制、户婚、学规、食货、大恶、奸非、盗贼、诈伪、斗殴、捕亡、杀伤、杂犯、恤刑、平反等

---

1 参见《〈明史·艺文志〉"刑法类"书目考异》一文，载张伯元：《律注文献丛考》，北京：社科文献出版社2016年版，第216页。

2 《明史资料丛刊》第五辑，南京：江苏古籍出版社1986年版。

3 见〔明〕唐枢：《木钟台集·法缀》。

4 〔清〕谈迁：《枣林杂俎》，北京：中华书局2006年版，第214页。

目。所发现的条格破损严重，正在修补中。韩国学者认为《至正条格》是研究韩国高丽和朝鲜时代法制历史以及社会制度、风俗、语言等最好的第一手材料。据韩国《高丽史》1377 年记载，无论中央或地方，在处理狱事中全部以《至正条格》为依据。尤其在世宗时期，世宗大王曾下令印刷五十套《至正条格》下发各部，成为学士们研究刑法的重要参考书。[1]

---

1 此消息由韩国《中央日报》2003 年 5 月 20 日报道。我国《环球时报》于 6 月 6 日做了报道。

《芥子园画传》的行世及其利弊

    学绘画有没有捷径可走？千百年来始终是画坛的热门话题。捷径终于找到了，那就是出版"画谱"，把前人画山水、画人物、画鸟鱼草虫的种种模样，作为范本，用雕版印制出来，提供给学画的人。果真灵验，近几百年来，画谱一类的书印行不断；可以毫不夸大地说，几百年来无论哪一位国画大师，没有不是从临摹画谱起步的。

    明清间，对画坛影响最大的一是胡正言的《十竹斋书画谱》，另一是《芥子园画传》。胡正言，字曰从，山东海阳人，一说安徽休宁人。官武英殿中书舍人。以摹印、石刻名一时，著有《印存初集》等。这里说一说《芥子园画传》。

    相传《芥子园画传》为清戏曲家笠翁李渔（1611—1679 年）所作。其实不然，芥子园仅仅是李渔家中的庭园。这个庭园在北京琉璃厂附近，并不大，园中有一堆小小的山丘，叠山堆石，玲珑剔透，因此李渔以"芥子"命名，极言其小。虽然说李渔擅长戏曲创作，也能书画，但他并没有直接参与《芥子园画传》的编绘。在清兵南下之后，李渔家道中落，迁居南京。在从事著述的同时，他开设了芥子园书铺。看来李渔很有商业头脑，他看中了画谱这一类书的热销行情，于是他指点他的女

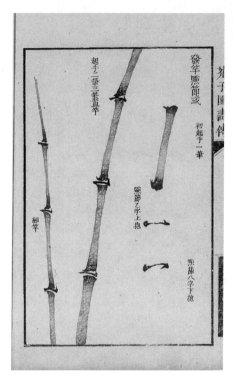

婿沈因伯（字心友）组织编绘。《芥子园画传》就在这种情势下编制了出来。

　　沈因伯去请南京的画家王概编绘。王概，字安节，秀水人，能诗，擅长山水。沈因伯得到了明代画家李流芳课徒的原稿画本，就跟王概商量，请他在李流芳画稿的基础上，增补画幅，筹备刻印出版。[1]

　　《芥子园画传》共三集，初集是山水画谱，五卷。它是由清初画家王概用李流芳的画本增补而成。李流芳，字茂宰，又字长蘅，号香海、

1　详见［清］王概等：《芥子园画传·例言》。

泡庵、慎娱居士。嘉定人，万历举人，工诗善书，尤精绘事。李流芳原画稿仅 43 页，王概增补到 133 页。《芥子园画传》以木版彩色套印，于康熙十八年（1679 年）在南京出版，李渔写了序。这种增辑出版画谱的事如果发生在今天，恐怕是会引起一场笔墨官司的，好在此事在明末清初，著作权并不算是个问题。

二集是梅、兰、竹、菊画谱。它是在明末安徽胡正言所辑《十竹斋书画谱》及其笺谱的基础上发展而来的。由当时的名画家诸升绘画兰竹，由王质绘制梅菊。诸升，字日如，号曦庵，浙江仁和人，擅长于兰花竹石。王质，字文蕴，海宁人，擅长于花卉草虫。王概、王蓍、王臬三兄弟讨论后又加修补编绘。这一集的编制出版，倒有点集体创作的味道了，在康熙四十年用木版彩色套印与三集同时出版。

三集包括花卉、草虫、翎毛和花木、禽兽两谱，以及如何用色的解说文字，共四卷。由王概、王蓍编绘编辑，有统称王氏兄弟者。王蓍、王泽弘为之作序。[1] 此版刻印于秣陵僧舍。刻印相当精致考究，在我国版画史上占有一席之地。特别是在清初康熙时期，私人刻书明令禁止的情况下，李渔及其女婿的惨淡经营，王概兄弟的不辞劳苦收辑绘制；而且采用了饾板、拱花的彩色套印技法印制出精美可人的艺术画谱，[2] 其功不可没。

《芥子园画传》是一部中国画技法的画谱，它用大量篇幅列举了名家画作，前有中国画基本技法的总体说明，分解列出山、水、树、石、

1　乾隆翻刻本二集用康熙四十年王概序。

2　饾板，是用各个小块板拼凑印刷；拱花是凸面板块。这两种印刷技法，能分出浓淡阴阳；为求得较好效果，印刷时不用刷子，而是印刷工人用手指上色。《芥子园画传》也采用了饾板印刷术。

船、桥、屋等"部件"的画式，并以旁注作简要说明。这种画谱对初学绘画的人来说，的确能起到事半功倍的速成效果。

这部画谱印制出版之后，风行一时，成了市面上的抢手货，收到了很大的社会效益。经济效益如何，不得而知，想必也是不差的。我们想，他们理应获得较好的经济回报才对，因为他们所作的精神产品是货真价实的精品。尽管从雕版和着色诸方面细加衡量，与明末胡正言所编《十竹斋画谱》相比，还略有逊色。

乾隆四十七年（1782 年），《芥子园画传》在苏州金阊书业堂再次镌刻出版。此版虽说是重刻，但纸墨俱佳，仍不失原作面貌。出乎意料，百年之后，此书再度掀起出版高潮，社会上对《芥子园画传》需求更大，它不胫而走，供不应求，为时下文人学士所不解。

社会的狂热需求，往往会促使出版事业的畸形发展，导致某种倾斜。嘉庆二十三年（1818 年），社会上突然出现了《芥子园画传》的第四集。这就奇了。王概兄弟早已去世，哪里会有他们的续作呢？原来，苏州的书坊出于营利的目的，聘人把丁皋的《写真秘诀》、上官周的《晚笑堂画传》等书中的人物图摹制下来，编了仙佛、贤俊、美人三卷，刻成了《芥子园画传》第四集人物画谱。后人称此集画谱为伪本。说是伪本，未尝不可；不过从弥补《芥子园画传》缺少人物画这一点的不足来说，我们不能不称赞编者的远见卓识。纵观中国画画家（主要指明清时代）在绘画技巧上的表现，较多的画家有所偏科，擅长山水草木的，对人物画一无所知；专注于人物画的，却难画山水草木，甚至出现了一幅山水画上的人物车马得另请画家代笔的事。如清代画家王翚，他画山水，画中人物牛马，大多由其高足杨晋代笔。可以说是合作，是合璧，其实是中国画画家偏食、偏科所留下的后遗症状。因此，苏州书坊所刻所谓伪本第四集，我们仍应肯定它在《芥子园画传》出版历史上的完璧之功。当然，我们对古代画家无意求全责备，而只是指出艺术素养方面的某些缺憾而已。

《芥子园画传》流散到日本之后，在日本嘉永三年（1850 年）五车楼曾有翻刻本。奇怪的是这部画谱全四集，足本，却没有嘉庆间补刻的人物卷。仔细一翻，就发现日人将初集中的部分内容拆开来，放到第三集中；又将第三集的草虫花卉谱变作第四集，朝三暮四，改头换面是不良书贾所惯用的伎俩。

《芥子园画传》是有清一代影响我国画坛的重要作品，无形中它成了一部绘画的教科书。一方面，从把握中国画技法的要领，无论从构图、用笔、设色各个方面看，还是从课徒绘画、提高生徒的艺术修养来说，《芥子园画传》都是有它不可抹煞的功劳。但事物总有它的两面性，从另一方面看，《芥子园画传》的各种定式，往往给中国画的模拟之风起了推助的作用。在中国画画坛上，长期以来，形式主义的框框束缚了画师们的创造力，使画师们对外来画种、西画技法，都采取了排斥态度，这不能不说是一种损失。我们今天之所以推崇清代扬州画派的艺术成就，其中一个原因就在于他们敢于冲破中国画画坛沉积起来的形式主义泥淖；即便这种突破也只是相对而言。由此可见，画谱的弊端就显而易见了，也无怪乎如今的现代画家多数对此不屑一顾。平心而论，把它说得一无是处，也未免有点矫枉而过正了。

《聊斋》抄本

这里再介绍一位私塾先生，他就是家喻户晓的蒲松龄（1640—1715 年），文言小说集《聊斋志异》的作者。

我们先从蒲松龄的《自题肖像》说起。给蒲松龄画肖像的是江南画师朱湘麟。画于癸巳九月，也就是康熙五十二年（1713 年），那时蒲松龄已经是 74 岁的老人了。为画像，他还特地做了一番打扮，也许是画师的要求——"作世俗装"。所谓世俗装，也就是流行的官毡帽、圆领对襟的齐膝长袍，官样装束，正襟危坐。这不同于一般的平民打扮。不过，蒲松龄自己却并不欣赏，非官非民，名不副实，自觉俗不可耐！他自我解嘲："作世俗装，实非本意，恐为百世后所怪也。"毕竟是个书生，服官服，非其本色，忸怩作态，不自然。在肖像画上写有一段题跋云：

> 尔貌则寝，尔躯则修。行年七十有四，此两万五千余日，所成何事，而忽已白头？奕世对尔孙子，亦孔之羞。康熙癸巳自题[1]

---

1 《自题肖像》见《聊斋佚文辑注》，济南：齐鲁书社 1986 年版，第 70 页。

寝，眠也，意在瞌睡，常眯不醒。修，长。此画像置《聊斋佚文辑注》卷首。聊斋另有《自志》一则文字，用文字给自己画了像，云：

> 才非干宝，雅爱搜神；情类黄州，喜人谈鬼。闻而命笔，遂以成编。久之，四方同人又以邮筒相寄，因而物以好聚，所积益夥。[1]

搜神，指古代笔记体志怪小说集《搜神记》，东晋时人干宝所作。所说"情类黄州"，指的是苏轼谪居黄州时的事情，每当有客人来访，苏轼就强之说鬼，客人辞以不能，他就说："姑妄言之。"蒲氏也照着这样做了，请人说鬼，官人说鬼，鬼话官说，集腋成裘，成孤愤之书。

蒲松龄边写作，边课徒，以课徒为生。作《学究自嘲》诗，云：

> 暑往寒来春复秋，
>
> 悠悠白了少年头。
>
> 半饥半饱清闲客，
>
> 无锁无枷自在囚。
>
> 课少东家嫌懒惰，
>
> 工多子弟结冤仇。
>
> 有时遂我平生愿，
>
> 早把五湖泛轻舟。

再录一首《语内》，四句：

> 少岁嫁衣无纨绔，
>
> 暮年挑菜供盘餐。

---

1 《聊斋自志》，见《聊斋志异（会注会校会评本）》，上海：上海古籍出版社 1962 年版。

未能高贵身先老，

惭愧不能报汝恩。

其清苦的课徒、写作生涯，从此诗也可见一斑。下面，我们说说《聊斋志异》的存世情况。

所能见到的最早刻本是青柯亭本，刻于乾隆三十一年（1766年），是影响较广的通行本子，藏山东图书馆。此时松龄过世已经五十一年了。早于青柯亭刻本十多年前的，只有抄本——《聊斋志异》铸雪斋本，它是在乾隆十六年（1751年）由山东历城人张希杰所抄。张希杰，字汉张、号练塘，原籍萧山。此铸雪斋抄本的原本则是济南朱氏殿春亭的本子。据传，殿春亭抄本所依据的是蒲松龄的手稿本。可惜，殿春亭抄本早已散佚。

蒲松龄的《聊斋》今有三会本，即中华书局1962年编辑出版的"会校会注会评本"，由张友鹤辑校。它是以青柯亭本为底本，共收四百九十一篇。

1974年上海人民出版社影印出版铸雪斋抄本。1978年上海古籍出版社又整理出版了铸雪斋抄本的平装本，小十六开，无注，方便随便翻看。影印抄本共有四百二十七篇，平装本补漏十五篇，共收四百四十二篇。所补的十五篇所缺篇目是：《放蝶》《男生子》《黄将军》《医术》《藏虱》《夜明》《夏雪》《周克昌》《某乙》《钱卜巫》《姚安》《采薇翁》[1]《齐天大圣》[2]。铸雪斋抄本所缺篇目，据青柯亭刻本补。

除上述聊斋抄本外，据说流传很多，最珍贵的当属1950年蒲氏后

1　以上载铸雪斋抄本卷八。

2　铸雪斋抄本第十一卷，此篇自"子千里行贾"下原缺，据稿本补齐。

人捐献入藏辽宁图书馆的半部聊斋抄本，八册，王渔洋评。它是蒲松龄生前手定的清稿本。松龄有遗言："余生平恶笔，一切遗稿不许阅诸他人。"然而，三百年后遗嘱被其后人破了，稿本散落人间。今人视恶笔，人人言殊。遗言也好，恶笔也罢，即使秘藏，终将面对世人，它的寿考由其文质而定。另半部呢？据传秘藏在俄罗斯。稿本在俄罗斯的流传经历，不得而知。

此外，有清代柯守奇评注本十六卷、吕湛恩本、何垠注本、但明伦评本，另有《详著聊斋志异图咏》徐润藏本。[1] 柯守奇，广东南海人。吕湛恩，字叔清，号坦垒居士，山东文登人。何垠，字地山，江宁人。但明伦，贵州广顺人。

据说，新中国成立之初北京中国书店购得《异史》一部，说其就是《聊斋志异》的别称，十八卷，收文四百八十四篇。曾影印出版，其后下落不明。

附　记

聊斋中有真人名，如，李柱明，蒲氏亲家，蒲松龄长子箬之的岳父。现身于《聊斋志异》的《寒偿债》和《捉鬼射狐》中。又如，《喷水》中宋琬老母、《胭脂》中的施闰章等。

1　2002年，北京图书馆出版社出版《影印珍本古籍文献举要》一书，书中有《蒲松龄手稿本〈聊斋志异〉》和《清抄本聊斋文集》两篇，可参阅。

附读聊斋故事《三朝元老》一篇，文云："某中堂，故明相也。曾降流寇，世论非之。老归林下，享堂落成，数人直宿其中。天明，见堂上一匾云：'三朝元老。'一联云：'一二三四五六七，孝弟忠信礼义廉。'不知何时所悬。怪之，不解其义。或测之云：'首句隐亡八，次句隐无耻也。'"此联出于此乎？明相有确指否？当有所指，所指今人难测，时人则心知肚明。文中"曾降流寇，世论非之"句，表明了作者的爱憎，如此而已。

《古今图书集成》的修纂及刊布

清康熙时期修纂的《古今图书集成》是我国现存规模最大的一部综合性类书。

《古今图书集成》的原主编陈梦雷（1651—1724？年），字则震，一字省斋，福建侯官人。康熙九年进士，授翰林院编修。他曾经是三皇子胤祉的老师，当时，奉诚亲王胤祉的意旨着手编纂一部类书，提供阅读的资料。为此，陈梦雷在王府中饱览经史，立志"牢笼三才，囊括万有"，充分利用王府协一堂的丰富藏书，编一部比以往任何一部类书都要完备的书。[1]陈梦雷精心收集了经、史、子、集中的各类资料三千六百多卷，约计字数一亿六千万，分类编排，组织成一部条理分明、内容详赡的"古今图书汇编"。

康熙四十年（1701年）十月，王府出资雇人抄写，要求抄写者不允许有丝毫的增删和改动，将相关材料整段、整篇，乃至整部地抄下来，而且都注明了出处。花了五年时间，在康熙四十五年誉抄成清稿，将清稿的首册目录、凡例由诚亲王代进，上呈康熙帝，康熙帝正式定名为《古今图书集成》。

1　［清］陈梦雷：《松鹤山房集·上诚亲王汇编后》。

康熙帝崩，情况发生了突变，雍正下谕，称陈梦雷原本是个叛附耿精忠的人。叛变谋反，罪莫大焉。结果，陈梦雷父子被发遣边外。其时，陈梦雷已是个七旬老人，只能再度饮恨荒漠，去走完他坎坷的人生道路。

那还是康熙十二年（1673 年）的事，陈梦雷一次告假回福建省亲。康熙十三年（1674 年）三月，"三藩"之一的靖南王耿精忠正占据了广西、福建，响应吴三桂发动叛乱。耿用武力胁迫陈梦雷加入，并封官许愿，把陈梦雷父子关在寺庙中。陈梦雷知道自己的处境和利害关系，始终没有答应接受伪职。一次，他托病回家，暗中跟他的同窗至交李光地商议，相约上本皇上，陈述破贼平藩之策。然而，李光地置疏蜡丸，以个人名义私下上奏，得到康熙皇帝的宠眷。平定三藩之乱之后，陈梦雷被捕下狱，康熙二十年（1681 年）廷审论斩。第二年，陈梦雷受到宽免，被贬谪到辽宁开原县东的尚阳堡。这个时候，李光地官运亨通，当了直隶巡抚。然而却不肯出面营救同窗陈梦雷，陈梦雷对朋友如此贪功忘义，愤怒到了极点。

直到康熙三十七年（1698 年）康熙东巡，陈梦雷面觐皇上，自陈冤情，才得以召回京城。康熙三十八年（1699 年）入懋勤殿侍皇三子诚亲王胤祉读书。编纂《古今图书集成》就在这个时期。

陈梦雷怎么会再次遭此厄运呢？原因其实很简单。雍正即皇四子胤禛，处心积虑，靠权谋夺取了皇位，毫无疑问，对皇太子胤礽、皇三子胤祉总不放心，将他们看作他稳固权力的最大障碍；陈梦雷是胤祉的讲官，自在打击之列，连《集成》也遭受株连。

雍正即位后，就声明《古今图书集成》工程尚未竣工，下令蒋廷锡重新主持编辑，组织学者编校，于雍正三年（1725 年）定稿。四年（1726 年）九月用铜活字排印，到六年（1728 年）竣工，共印制《钦

文澜阁藏《古今图书集成》

定古今图书集成》六十四部。每部一万零四十卷，五千零二十册。装成
五百二十五函。

除分藏内府和"七阁"之外，雍正及其后继者乾隆都把《古今图书
集成》作为恩赏品，赐给有功之臣。如雍正时，赐张廷玉两部。乾隆时
赐四库馆舒赫德、于敏中、刘墉等各一部。乾隆三十年（1765 年），浙
江鲍士恭、范懋柱、汪启淑和两淮马裕四家，因修《四库全书》进书多
至六七百种，皇帝赏赐《古今图书集成》各一部。

全书共分六编三十二典，凡六千一百十九部。列表如下：

历象汇编	乾象　岁功　历法　庶征	一百二十部
方舆汇编	坤舆　职方　山川　边裔	一千一百九十七部
明伦汇编	皇极　宫闱　官常　家范　交谊　氏族　人事　闺媛	二千九百八十七部
博物汇编	艺术　神异　禽虫　草木	一千一百三十部
理学汇编	经籍　学行　文学　字学	二百三十五部
经济汇编	选举　铨衡　食货　礼仪　乐律　戎政　祥刑　考工	四百五十部

陈梦雷曾说："凡六合之内，巨细必举，其在十三经、二十一史，只字不遗；其在稗史、子、集，十亦只删一二。"[1] 积累的原始资料极为广泛和丰富，可以说它汇编了世间各个领域的文献资料。有人称它为"康熙百科全书"，是当之无愧的。据统计，《古今图书集成》的规模要比当时第十一版的《大英百科全书》多出三四倍。

这部大型类书在清代后期曾翻印过两次，一次是石印本，一次是铅印本。光绪十四年（1888年）由上海《申报》馆发起设立"图书集成印书局"，用三号扁体铅字排印，共印一千五百部；光绪二十年（1894年）上海同文书局又按原版版式石印了一百部。鉴于扁体铅印本校勘不精，多有舛误，所以有专人作了详校，增印《考证》二十四册。

1934年，上海中华书局又根据原铜活字本，[2] 缩小影印出版，每部装成八百册，补《考证》八册，共八百零八册，六大箱，检索极方便。

上面我们谈到《古今图书集成》最先是用铜活字排印的。自宋毕昇创制泥活字排印之后，大致在明朝一度采用过铜活字。它以无锡富豪华氏（华燧、华煜）、安氏（安国）两家最为著名。雍正四年所用铜活字的规模最为浩大，为华氏、安氏所无可比拟。但不久铜活字字模为大内所占，尔后又不断有盗卖、毁铜字的事发生，也可说是出版印刷史上的一大丑闻。

乾隆《御制题武英殿聚珍版十韵有序》中有注文称："康熙年间，编纂《古今图书集成》，刻铜字为活版排印，藏工毕贮之武英殿。历年既久，铜字或被窃缺少，司事者惧干咎；适值乾隆初年京师钱贵，遂

---

1 ［清］陈梦雷：《松鹤山房集·上诚亲王汇编后》。
2 此底本据说为康有为旧藏。康氏曾作语，其墨迹在第六册目录末。

一九八

请毁铜字供铸。从之。所得有限，而所耗甚多⋯⋯深为惜之。"[1]《四库全书》的排印是在金简的建议下采用了木活字，后所谓"聚珍版"丛书，即此。[2]

1　［清］金简:《武英殿聚珍版程式》卷首。
2　然而，吴振棫《养吉斋余录》卷十却称乾隆刊《四库全书》用铜活字，恐为误记。

《红楼梦》版本种种

　　《红楼梦》是我国清朝的一部伟大的古典长篇小说。作者曹雪芹（？—1763 年），名霑。《红楼梦》，一名《石头记》。[1] 先前，有一部署名石兄的《风月宝鉴》旧稿，曹雪芹是在它的基础上加工修改，写成《红楼梦》的。[2] 张爱玲认为："此书原名'石头记'，改名'情僧录'。经过十年五次增删，改名'金陵十二钗'。""畸笏坚持用曲名作书名，并代写'凡例'，径用'红楼梦'为总名。""在一七五四年又照脂砚的建议，恢复原名'石头记'。""大概自从把旧著《风月宝鉴》的材料搬入《石头记》后，作者的弟弟棠村就主张'石头记'改名'风月宝鉴'，但是始终未被采用。"[3]

　　乾隆年间，京城里流传着《石头记》的手抄本，山野小民、市贾百工，只要能识上点字的，都想去借一部半本来消遣消遣，甚至连文人学者、官僚帮闲也莫不在闲来无事的时候去买一部翻翻。因此这种手抄本

1　周汝昌指出："《红楼梦》本来不叫'红楼梦'，只叫《石头记》，原只是小说第五回中的一套曲子的名称。"《红楼梦新证》，北京：人民文学出版社 1976 年版，第 822 页。
2　《风月宝鉴》一书，《石头记》的前身初稿，作者即雪芹。同上书，第 850 页。
3　张爱玲：《红楼梦魇》，北京：十月文艺出版社，第 131 页。

不胫而走。从秘密抄写到半公开，再到公开化。有些好事者，只要能抄写一部，就把它放到集市上去卖，价钱抬得很高，一部《石头记》的手抄本，在当时要卖几十两银子。[1] 手抄本的价钱越来越高昂，而抄写的质量却每况愈下。

早先流传的抄本上面还有人作了批语，作批语的人署印了"脂砚斋"三字，这个抄本名为《脂砚斋重评石头记》。除了"脂砚斋"，还时有"畸笏叟""松斋""梅溪"等名号出现。这种"脂评本"共八十回。它有多种不同的抄本。留传下来的已大多不完整了，主要有：

"甲戌本"。乾隆十九年（1754 年）抄本。残存卷首及十六回。此《脂砚斋重评石头记》为刘铨福所藏而得以传世。

"己卯本"。乾隆二十四年（1759 年）小怡亲王弘晓抄本。存四十三回，又两个半回。

"庚辰本"。乾隆二十五年（1760 年）抄本。存七十八回。

"戚序本"。单署《石头记》。有乾隆三十四年（1769 年）戚蓼生序。曾经经过整理加工，八十回。清末民初和 1920 年有正书局狄葆贤曾分别石印大、小字本。

此外，还有"国初钞本原本红楼梦""列藏本""舒元炜有序本""梦觉主人序本"[2]"蒙古王府藏乾隆抄本"[3] 等。另外，还有郑振铎收藏本，仅存第二十三、二十四两回，书名《红楼梦》。至于南京"靖本"，

---

1 《红楼梦》程伟元《序》。
2 "甲辰菊月，梦觉主人序本"在山西发现。此本已题作"红楼梦"。《红楼梦》梦觉主人《序》云："辞传闻秀而涉于幻者，故是书以'梦'名也。夫梦曰'红楼'，乃巨家大室儿女之情，事有真、不真耳。红楼富女，诗证香山；悟幻庄周，梦归蝴蝶：作者书者借以命名，为之'红楼梦'焉。"甲辰菊月，即乾隆四十九年九月。
3 1961 年北京图书馆收得。因为这个本子是某一清朝蒙古旗王府的后人所出，所以称"蒙府本"。

已迷失。[1]

1973 年香港中文大学潘重规曾去苏联亚洲人民研究所列宁格勒分所，校读《红楼梦》抄本，即"列藏本"，确认它就是"脂评本"，因为其中双行批语八十八条，几乎与"庚辰本"全部相同。并在第十四回首、第六十三回、第六十四回、第七十二回的回末题有"红楼梦"字样，潘重规认为这是曹雪芹生前已用"红楼梦"三字作书名的证据，见香港《明报月刊》八卷十一期《读列宁格勒红楼梦抄本记》一文。据考，1794 年俄国第十届教团团长卡缅斯基来到北京，曾经购回《石头记》两部。估计这部"列藏本"就是其中之一。

脂砚斋的批语如此被重视，其主要原因是读者可以从这些批语中更多地了解作者，了解写作的背景等。因为脂砚斋此人很可能是作者的同好，这从批语中可以体味得到。

那时候流传在社会上的抄本绝大多数是八十回本。目前通行的一百二十回本，其后四十回，一般认为是程伟元、高鹗所补。程伟元（？—约 1818 年），字小泉，工诗画，曾为盛京将军晋昌幕僚。高鹗（约 1738—1815 年），字兰墅，曾官翰林院侍读、刑科给事中。程伟元是个有心人。当时一些藏书家对此类小说者流的手抄本并不留心，甚至不屑一顾。程伟元竭力搜罗了好几年，只收到二十多卷。老天不负有心人。一天，程伟元偶然在货郎担上见到了十多卷手抄的《石头记》，他出高价将它买了下来，十分高兴。一回到家就仔细翻阅，按情节把它与原有的二十多卷拼凑起来，巧得很，前后相续，情节起伏都连续得十分自然妥帖。只是其中有些地方已经漫漶不清、墨迹模糊了，于是他就用

1　另有"靖本"。1959 年南京发现，收藏人靖应鵾，不慎此书迷失，至今不知所之。据称：计八十回，中缺第二十八、第二十九两回，第三十回残缺三叶，蠹损严重。

其朋友所藏，集中起来细细剔择厘正，截长补短，补苴罅漏，抄成了一部完整的书。连同高鹗续写的后四十回，一起镂版，采用活字排版印出一百二十回本《新镌全部绣像红楼梦》，程伟元为之作序。此即萃文书屋印本，[1] 是乾隆五十六年（1791 年）的事；第二年，程伟元和高鹗再修订排印本，作了较大的增删，再次排印发行。学术界把这种本子叫"程本"或"程高本"——前者称为"程甲本"；后者称为"程乙本"；1984 年上海又发现有"程高本"，但与前两种有明显差异，就称之为"程丙本"。

程、高的续作一百二十回本，其实并不是唯一的合理"续作"。在《续阅微草堂笔记》中有一段记载，谈到了"八十回"后的故事，颇有意思：

> 《红楼梦》一书脍炙人口，吾辈尤喜阅之。然自百回以后，脱枝失节，终非一人手笔。戴君诚夫曾见一旧时真本，八十回之后皆不与今同。荣宁藉没后，皆极萧条，宝钗亦早卒，宝玉无以作家，至沦（原作论）为击柝之流；史湘云则为乞丐，后乃与宝玉仍成为夫妇，故书中回目有"因麒麟伏白首双星"之言也。[2]

这是个"异本"。很可惜，这个本子未曾传世，如果确有这个续本的话。

除此之外，在红学家的谈助中，还不止一种续本，甚至有不止

---

1 "萃文书屋"，有说为皇家武英殿，即宫廷印刷馆的假名。

2 ［清］蒋瑞藻：《小说考证》卷七所引，转引自周汝昌：《红楼梦新证》，北京：人民文学出版社 1976 年版，第 865 页。又，赵之谦《章安杂说》（咸丰十一年稿本）："世所传《红楼梦》，小说家第一品也。余昔闻涤甫师言，本尚有四十回，至宝玉作看街兵，史湘云再醮与宝玉，方完卷。想为人删去。"亦转引自《红楼梦新证》，第 928 页。

一百二十回者和不足一百二十回者，如有所谓的一百十回"三六桥"本。

嘉庆年间，《红楼梦》已到了"家家喜阅，处处争购"的地步，连那些文人也都口不离红楼，以谈论《红楼梦》为时尚。探讨红楼谜底之风日甚一日，有些人争得互不相让，以致挥拳相加，不可开交。

光绪年间，江苏巡抚丁日昌（字禹生）两次上奏，称《红楼梦》为"淫词小说"，应"一体查禁"。奏准后，光绪帝即下令禁毁。其实，将《红楼梦》视为禁书，早在曹雪芹生前就已有过。当年，曹雪芹见势不妙，迫不得已，一再修订，使它写得隐晦而不失其真。[1] 然而，这样一部伟大的著作是禁毁不了的。民间依然流传着，只是把书的封皮作了改换，将改头换面的《红楼梦》取名为《金玉缘》《警幻仙记》《大观琐记》等。

上海古籍出版社出版过《红楼梦》"三家评本"。"三家"是清人护花主人王希廉、大某山民姚燮和太平闲人张新之。按该书"校点凡例"所示：本书原名《增评补像全图金玉缘》，易《红楼梦》《石头记》为《金玉缘》；盖避当时禁毁。现恢复《红楼梦》本名。"三家评本"所据为光绪年间上海同文书局等石印本。此书文字或是早期抄本，与今所传脂评本、程伟元本在字句上多有不同。[2]

《红楼梦》的各种铅印本、影印本多得无法计数，最普及的本子是

---

1 见［清］王梦阮：《红楼梦索隐提要》："《红楼》一书，内廷索阅，将为禁本，雪芹先生势不得已，乃为一再修订，俾愈隐而愈不失其真。"

2 如《红楼梦》第一回"甄士隐梦幻识通灵　贾雨村风尘怀闺秀"开宗明义，作者自云："曾历过一番梦幻之后，故将真事隐去。"取名甄士隐和贾雨村，利用谐音，表义为：真事隐去和假语村言。又如：第十六回叙述道："带领着来管家两个儿子，还有单聘仁、卜固修两个清客相公一同前往。"两个清客显然是走过场的龙套人物，一个叫单聘仁，另一个叫卜固修。读书时大多不会去注意他们。而读书细心的人却读出别一种意思来：一个叫善骗人，另一个叫不顾羞。

1957 年由人民文学出版社出版的《红楼梦》。它是以程乙本为底本，并参校了其他多种版本后出版的。《红楼梦》已译有英、俄、日等十四种文字，五十三种译文本。

2015 年，《新民晚报》刊载了《曹雪芹的牢骚》一文，作者感叹道："今年是雪芹先生诞生三百年，未知学界何以如此冷落?"并向"红学家们"呼号："难道连小小的红寿烛都置不起吗?人啊人，好没识见好没良心的人啊……"《北京日报》当年 8 月 8 日还做了转载。

佛教典籍的翻译、刊印和流传

　　东汉明帝永平十年（67年）的一天夜里，明帝做了一个奇怪的梦。梦见一位金光灿灿的神人，一手持弓，一手搭着两支箭，在皇宫里飞来转去。梦醒之后，明帝问大臣傅毅，傅毅解释说，西方的大圣人叫佛，陛下所见到的金人，一手持弓，一手搭两支箭，这就是个"佛"字。于是，汉明帝派遣蔡愔、秦景、王遵等十八人前去印度求取佛法。在去印度的路上经过大月氏国，蔡愔他们遇上了从印度来中国弘扬佛法的摩腾和竺法兰二位法师，他们骑着白马，带来了六十万字的梵文贝叶经，还有佛像、佛的舍利等等。汉明帝为此举行了隆重的欢迎仪式，亲自把印度来的二位法师接到洛阳鸿胪寺。过不久，在洛阳雍门外建造了规模宏大的寺院，命名为"白马寺"，作为二位尊者的安居之所。在他们的主持组织之下翻译佛教经典，译出了《四十二章经》[1]等。

　　佛教是外来的意识形态，并不是中国的土产。佛教由印度传入中国以后，这门新奇而陌生的学问，就受到原有的儒家文化的顽强抵制和排

斥。然而，由于佛教一直在王室贵族、缙绅地主等上层社会中传播，以及它又与"道术"有某种貌似，所以外来佛教的翻译和传播，从摩腾、竺法兰起，就一直绵延不断，代有传人。

佛教传入我国，早期的大译师是安世高。桓帝建和二年（148年）安息国太子安世高到洛阳，开始译经。直到灵帝建宁三年（170年），20多年间译出《安般守意经》《阴持入经》等佛教经典95部，115卷。

佛教有不同的支系。支娄迦谶一系在桓帝延熹十年（167年）到洛阳，在20多年时间内，译出了《般若道行品经》《首楞严经》等。据统计，东汉154年间共译出佛经292部，395卷。魏到东晋的261年间，共译出佛教典籍702部，1493卷。[1]

隋朝时，在前朝译经的基础上，又将龟兹国人鸠摩罗什法师请到长安，大开译场，聚集了五百沙门，对旧译本中的乖失加以订正，重新翻译大乘佛经74部，384卷。唐三藏玄奘法师在印度求法17年，于贞观十九年回到长安，带回梵文三藏经典657部；经过17年的不倦努力，共翻译《大般若经》等佛教经典75部，1330多卷。唐代译经除玄奘之外，还有义净、不空等人，在这一时期中总共译出三藏372部，2159卷。

翻译的大小乘经、律、论三藏统称为《大藏经》，或称《一切经》，它是汇编汉文佛教经典的一大丛书。藏经的编辑始于南北朝，当时写经都是抄写的卷子。我国刻书始于中唐，咸通九年（868年）刻的《金刚经》一般被视为我国雕版印刷之始。到宋之后才有木刻本的《大藏经》。据《开元释教录》记载，入藏的经典有1076部，5048卷。其中属于大乘三藏的有638部，2745卷，属于小乘的有330部，1762卷。佛教经

1　任继愈：《汉唐时期佛教哲学思想在中国的传播和发展》，载《汉—唐中国佛教思想论集》，北京：生活·读书·新知三联书店1963年版。

典的刊印自宋太祖朝雕印《大藏经》始，刻印先后约有 20 多次。

我国最早雕版刊印《大藏经》是在宋太祖开宝四年（971 年）。皇上诏令高品、张从信到四川成都雕《大藏经》版，板数多达 13 万余。每板 23 行，每行 14 字或 15 字。直到太平兴国八年（983 年），花费了 12 年的工夫方始刻成。经卷总数是 6620 多卷，653 部。装潢未能摆脱写本的卷子形式。印了多少，没有记载。在雕版伊始，印刷尚在萌芽状态，为数不多的大藏经印本无疑是被视作珍品的。朝廷时常将它作为外交上的国家级礼品赠送友好邻邦。真宗天禧三年（1019 年）诏赐女真国、仁宗嘉祐三年（1058 年）诏赐西夏，都有史籍记载着。[1] 只是绵延至今，已经没有全本存世的了，即使是零卷残本也是十分稀见。

宋神宗元丰初（1078 年），福州东禅等觉院住持慧空大师冲真发起筹募众缘，创建印藏经院，开雕大藏经，得到了寺僧们的支持。到徽宗崇宁二年（1103 年）冬天始告完成。佛教经典的编排，每十卷为一帙，每帙用《千字文》中的一字为号，按"天、地、玄、黄……"的顺序编次。福州东禅院本《大藏经》从"天"字函到"群"字函，共 479 函。后来又增补了开元以后入藏的诸经。如果从元丰初开雕算起，到南宋孝宗淳熙二年（1175 年）增补完成，前后时间长达 97 年，创造了我国佛经雕版史上私刻藏经的伟大业绩。共刻成佛经 580 函，1440 部，6108 卷。而且，它的版式由卷子式改成了经折本的形式，每页仅 6 行，每行 17 字或 19 字，而且附有音释。北京大学图书馆藏有多部福州东禅寺藏经残本，如《辩正论》（第二卷），刻于绍兴四年（1134 年），经目"明"字；《弘明集》（第四卷），刻于崇宁三年（1104 年），

---

1 ［宋］志磐：《佛祖统记》卷四十五、四十六。

经目"集"字；《大毗婆沙论》（第一百八卷），刻于元符三年（1100年），经目"沛"字；《杂阿毗昙心论》（第十一卷），刻于建中靖国元年（1101年），经目"华"字；《弥沙塞部五分律》（第八卷），刻于元符元年（1098年），经目"卑"字；《历代三宝记》（第十三卷），刻于元祐六年（1091年），经目"库"字。[1]

1934年（一说1936年），在山西赵城县广胜寺发现了藏经刻本4957卷。这部藏经刻本的刻印始末在明嘉兴藏的《刻藏缘起》中有所记载。原来，金代有一位山西潞州女子名叫崔法珍，她断臂募资，发愿翻刻《大藏经》。在崔法珍的召唤下，善男信女们大发善心，施钱资助。[2]从金熙宗皇统九年到世宗大定十三年（1149—1173年），历经20多年时间，刻印成功。世宗大定十八年（1178年），《大藏经》进呈朝廷，朝廷命圣安寺设坛替崔法珍受戒，出家为比丘尼。大定二十三年赐紫衣宏教大师。从那时起，经版移入京师弘法寺。后来有部分经版被毁，又作过补刻。[3]明昌四年（1193年）为此立了碑石。这部藏经现在保存在北京图书馆内。

在元代除杭州路余杭县大普宁寺刻《大藏经》外，还有元刻西夏文《大藏经》等。

明代非常重视《大藏经》的刻印。主要有以下五种刻本：洪武本、

1　另外，1979年9月丁一岚同志将邓石珍藏古籍捐赠北京图书馆，其中有十四册佛经，是福建东禅寺或开元寺所刊，也可能有几册是普宁藏。

2　见天宁寺刻《大般若经》卷五十九题记："解州夏县古乡赵村王德并妻李氏同发虔诚，谨舍净财《大藏经》板会下施钱二千余贯。"《地藏十轮经》天宁寺刻本卷一等处记："绛州太平县吴翼奉为亡父吴海特发虔心谨就天宁寺开雕《大藏经》板会下雕《地藏十轮经》一部十一卷"等。

3　[元]耶律楚材：《湛然文集》卷十四有诗云："十年天下满兵埃，可惜金文半劫灰，欲剖微尘出经卷，随缘须动世间财。"

南本、北本、武林方册本和嘉兴楞严寺方册本。[1] 后两种刻本为私版刻本，特别是嘉兴藏非一时一地所刻成，自发起刻藏大愿起历经 60 余年。

清代官版藏经，自世宗雍正起就成立了藏经馆，邀集了大批高僧，在雍正十三年（1735 年）敕刻，一直到高宗乾隆三年（1738 年）竣工，前后五年，完成了全藏 1670 部，7240 卷，自"天"字至"机"字编次，共 724 函。世称"龙藏"。其后，又刻有西藏《大藏经》、蒙文《大藏经》和满文《大藏经》。

近代，民国初年由上海外商哈同出资、于频伽精舍刻印了"频伽藏"1916 部，8416 卷。台湾省曾翻刻有《中华大藏经》。

《大藏经》的历代刊刻和收藏，都有比较系统的记录，可以参考《阅藏知津》等书。

此外，高丽曾有显宗十一年（1020 年）、宣宗七年（1090 年）、高宗二十三年（1236 年）三次雕印。日本刻印的《大藏经》有多种，有弘安本、天海本、黄山本、大正藏本等。日本大正藏本刻印于 1924 年至 1934 年，历经 10 年完成。总共 3493 部，13520 卷，100 函。为推动藏经的传播，近 30 年来，日本大藏经学术用语研究会编纂出版了《大藏经索引》，共 31 册。由日本六所佛教大学联合编辑而成。检索方便，很有实用价值。

1946 年，我国佛教协会为纪念玄奘法师圆寂一千三百周年，经赵朴初倡议，吕澂指导，由金陵刻经处将散布在全国各地的玄奘法师全部译著的清刻原版汇集南京，由金陵刻经处补缺汇刻成《玄奘法师译撰全集》。1990 年 7 月，又由刻经处重新补充精印向海内外发行。

1　南本（永乐中刻，版存金陵报恩寺）、北本（正统五年刻成于北京）。

卷四 印书与藏书

我国最古老的藏书楼

我国现存最古老的藏书楼要数宁波的天一阁了。它建造于明朝嘉靖四十年（1561 年），[1] 距今已有 460 多年的历史了。创建人是当时做过兵部右侍郎的范钦。

范钦（1506—1585 年），字尧卿，一字安卿，号东明，明鄞县（今浙江宁波）人。二十七岁中进士。曾作过随州、袁州知府等，官至工部员外郎、兵部右侍郎。在今天天一阁的厅堂里，还悬挂着他任官时的画像。嘉靖三十九年，朝官严嵩恃宠专权，范钦避祸离职回到故里，就在当时著名书法家丰坊的万卷楼抄书读书，研究版本目录之学，好学弥笃，诵读不辍。其后，范钦在原东明草堂上建造了宝书楼，庋藏珍本奇书，以遂书藏之志。宝书楼后来改名为"天一阁"。

"天一"之名，取自元人揭傒斯所书吴道士《龙虎山天一池记》石刻，记文引用了郑玄注《易经》"天一生水""地六成水"的话。阁前凿有"天一池"，储水以备灭火，防万一。天一阁，坐北朝南。阁楼上不

---

1 ［清］胡文学、李邺嗣《甬上耆旧诗·范大澈传》云："初，仲父钦（一作'司马公'）归里于宅中，起天一阁，藏书极浙东之盛。"范离职归里在嘉靖三十九年，据此可证天一阁藏书楼建于嘉靖四十年至四十五年之间。

分间，体现"天一生水"的说法。楼下分为六间，与"地六成水"之义相应。西偏一间设楼梯，东偏一间近墙，恐受潮湿，不贮书。只有中间列书橱十只：放在中间六只大橱，前后有门，两面放书，取其通气；后面排列中橱两只、小橱两只。两面各一间列中橱十二，橱下各置英石一块，以吸潮气。书橱的尺寸比例也合六一之数。四周用青砖平砌高墙，防窃盗。园中除玫橘丹桂、玉兰腊梅外，还植以香樟，防虫蛀。

再说丰坊的万卷楼。丰坊晚年患有心脏病，万卷楼所藏宋椠写本，多被门生辈窃去，后又遭受火厄，藏书日渐散失，后来，万卷楼剩余的图书全部由范钦出资购进天一阁。范钦又跟王世贞互抄珍本秘籍，不断购置海内奇书，使天一阁藏书日盛。以后，他的族侄大澈（一作"大徹"）的部分藏书也并入了天一阁，插架之富，雄视浙东。经过范氏几代人的搜罗、积累，藏书凡四千余种，五万三千余卷，大多数是天启之前的旧本，收藏有各府各州的地方志四百余种，约占藏书阁楼的十分之

天一阁之今貌

一。其中半数为抄本。除地方志外，还收藏有政书、实录、明人诗文集、历代试士录、碑帖等。

提到族侄大澈，还流传有这样一则故事：范大澈也是个嗜书如命的人。当年范钦回归故里，建造了天一阁。大澈几次想去借书看，但范钦都没有答应。他心里十分不快。于是，不恤重金，发愤遍搜海内异书秘本。只要买到了一本是天一阁未曾收藏的书，他就特地摆出酒茶，邀请叔父来家作客，将所得之书安放在几案上。范钦见后，默然而去。叔侄间为藏书而较劲，很有意思。[1] 但大澈的书终究未能保全下来，最终并入天一阁，是他始料所不及的。

天一阁图书的保藏相当完好，这跟天一阁在图书管理方面有严格的规章制度有关。范钦曾作八字遗训，即"代不分书，书不出阁"。范氏家族规定，阁门、书棚的钥匙分房保管，各房房长不到齐不能打开阁门，严禁烟酒火烛登楼。后来，还竖有族规牌：子孙无故开门入阁者、领亲友入阁及擅开书橱者，罚不与祭一年；擅将藏书借出外房及他姓者，罚不与祭三年；因而典押事故者，除追惩外，永行摈逐，不得与祭；典押鬻卖者都按规定严罚。

因此，"是阁之书，明时无人过问者"[2]。康熙初，浙东学派创始人黄宗羲（1610—1695 年）才破例登楼，"取其流通未广者抄为书目"[3]；其后昆山徐乾学、鄞人万季野、处士冯南耕等相继登阁；海宁陈詹事广陵编纂《赋汇》，也曾求之阁中。如是，一些著名学者、范氏同乡，进入天一阁看书并不容易，一般人就更难问津了。

---

1 《鄞县志·范大澈传》。
2 ［清］全祖望：《鲒埼亭文集》外编，卷十七。
3 ［明］黄宗羲：《南雷集》卷二。

据传，嘉庆年间，宁波知府丘铁卿的内侄女叫钱绣芸，大家闺秀，为求入阁到了如痴似醉的地步。百无聊赖，靡计可施，最后竟托丘太守为媒，嫁给范氏族人秀才范邦柱为妻。因为族规中有妇女不得登阁的规定，结果仍未如愿，郁郁寡欢而夭终。也有的说是因为范邦柱是范氏旁支的缘故。[1] 传闻逸事，姑妄听之。

天一阁藏书的保护相当完好，对水火、蛀霉都作了有效的防范，但历经多次人为劫难，致使藏书的毁损不可避免。

乾隆三十七年（1772 年），开修《四库全书》，广泛征集海内古今图书，范钦八世孙范懋柱献书六百三十八种，为全国提供珍本书籍之冠。为嘉奖范氏献书之功，御赐《古今图书集成》一部及《平定回部得胜图》等。乾隆皇帝还特派杭州织造寅著，亲至宁波察看阁中房屋造法及书架款式，仿天一阁规制，建造七阁，即北京文渊、圆明园文源、承德文津、沈阳文溯、扬州文汇、镇江文宗、杭州文澜阁。但是，在天一阁献书之后，朝廷未能如数归还，大多数为经办官吏侵吞，天一阁藏书散失不少。这是自建阁以来的首次损失。

嘉庆之后，时局动荡，天一阁劫难不断。光绪年间，钱恂为编天一阁书目，发现与嘉庆时阮元所编书目相比较，书籍已散失大半，不足十之一二。

鸦片战争后，1841 年 9 月，英国侵略者劫掠《大明一统志》等舆地之书数十种。1861 年，在太平军攻进甬城之际，外国传教士又怂恿游民偷盗，流失不少。1914 年，上海不法书商雇用偷儿薛继渭，挖开阁顶，潜入天一阁楼十多天，偷窃珍贵书籍一千余种。损失书藏精华几

1 ［清］谢堃：《春草堂集》卷三十二。

近一半。在这次藏书被窃事件之中，天一阁所藏的科举录损失惨重。为此，范氏后人还涉讼多年，均无法追回。范钦十一世孙范玉森曾有题识云：

> 去岁夏，阁书失窃，销售于沪上各书肆，好古家争购之。逮裔孙至杭、至沪，控追已不及，以致全书一无返璧，曷胜叹憾。[1]

其他，或借而不归，或为族人盗用，到新中国成立，天一阁剩书仅13000卷。如范钦所著《天一阁集》，全国仅存一部，为《四库全书》所未收，原为阁中偷出，转手到了南浔嘉业堂。

其间，为保护天一阁珍贵图书，当时的范氏族人及宁波文人学士都曾为之作过贡献。自1933年至1936年，甬城募捐大修藏书楼，并迁移来尊经阁一座。1939年2月，抗日战争的烽火燃到宁波，宁波的一批志士仁人，协同范氏后裔连夜搬出阁书9080册，运到浙江南部龙泉县福泽乡的石村，租屋存藏。直到抗战胜利，于1946年将书悉数运回杭州，又原箱转运归藏书阁。并且重新制订了外界《抄书规则》。

新中国成立之后，人民政府拨款修葺，搜求散失古籍。现存明代登科录、会试录、乡试录379种，明代地方志271种，其中嘉靖年间修纂的最多，有185种，占70%（今台湾收藏有天一阁散失的明代地方志计46种）。在天一阁的书藏中，明代地方志最为珍贵。地方志是以地域为编辑范围，分门别类记载自然、社会各个方面的历史和现状的书籍，一般分有沿革、形胜、物产、学校、兵防、人物、古迹等目。20

---

1 《嘉靖十一年进士登科录》衬页题识。转引自骆兆平：《谈天一阁藏明代科举录》，载北京图书馆《文献》丛刊编辑部编：《文献》二十辑，北京：书目文献出版社1984年版，第107页。

世纪 60 年代，上海书店影印有《天一阁藏明代方志选刊》，目今，又续选影印，公开出版。

天一阁虽几经劫难，但甬城名流都对藏书楼倾注了不少心血。宁波伏跗室主人冯孟颛，字贞群，家富书藏。抗战时，甬人四散，而他为保护图书，藏书地下室，独守书穴，与书共死生。新中国成立后，他将书全数献给国家，归藏天一阁。别有斋主人朱赞卿也献书天一阁，为保存、丰富祖国宝贵文化遗产出有大力。

范钦及其后嗣所制订的族规，从保存古书来说，无疑是有极大好处的，但对图书的利用价值，却限制较大，书籍不能流通，它的真正作用就不能得到发挥。今天，天一阁藏书楼除供海内外各界人士观瞻之外，在尊经阁辟有古籍阅览室，为阅读古籍者提供方便。旅美华人董鼎山在他的《还乡日记》中讲了这样一个事例：香港船业巨子包玉刚曾由人帮忙在天一阁存藏的谱籍中找到了他的家族渊源，原来他家是包公的后裔，包拯是河南人，有一时期，因饥荒，大群河南农民被迫移居南方，在宁波定居。[1]

天一阁所藏书，有嘉庆十三年（1808 年）秋所修《天一阁书目》，光绪十年（1884 年）薛福成编有《重编天一阁见存书目》，以及 1940 年编印的《鄞范氏天一阁书目》（内编）可供检索。只是与现存阁书出入较大。我们有待于天一阁新书目的出版。[2]

1　见《连载小说》1985 年第 4 期，"纪实文学专辑"。
2　黄裳著有《天一阁被劫书目》，著录约计 597 部（包括残本）。又，吴兴周子美编有《天一阁藏书经见录》著录 200 余种。

建阳刻书事业的兴衰

　　古代书籍的流布主要靠人工刻版印书。古代的刻书事业就跟今天的出版业、印刷业一样，是以制造精神产品，传播文化科学知识和商业赢利为目的的。这里，我们只想谈谈福建中部建阳地区的刻书事业。

　　清乾隆四十年（1775 年），弘历皇帝在鉴赏米芾书法时，发现字幅上有"勤有"二字的印记，他不明白它的来历。这时他又记起：前几天他读宋版《千家注杜诗》时，也好像在眼前曾闪过"勤有堂"字样的。这到底是谁的印记呢？再去翻开来看看，"勤有堂"三个字赫然目前；然而可疑的是上面还注明了时间："皇庆壬子"。皇庆，是元仁宗年号；壬子纪年，即公元 1312 年。如此看来，这本《千家注杜诗》是元本，显然不是宋椠了。弘历皇帝闹不明白了。好在他又在其他的宋版书上翻着了"建安余氏靖庵刊于勤有堂"等的字样，他想勤有堂大概自宋至元是一直存在着的，但这只是推测而已，并不确凿。于是，他就把在朝做官的福建籍人找来，问建安勤有堂究竟是什么名堂，这些盖有"勤有堂"印记的书又是刻在什么时候，余氏又是何朝人物？遗憾得很，在朝的福建籍官员却都只是摇头，不明其详。事后，皇上派人去建宁府访查余氏后嗣。弘历他生怕朝廷派人下去会惊动百姓，所以再三关照属吏不要大加声张，谨防坏人借端滋事。要求属吏只调查文墨旧闻，与政治没有丝毫关系。

调查结果如何？选派下去寻访的人回京后，呈上了建阳余氏的族谱，并报告称，北宋时，余氏在建阳以刊书为业；"勤有"是余氏家的堂名，世袭为号。[1]

我国雕版印刷术的发明起自唐，成于五代，盛于两宋。这是学术界比较一致的看法。宋代是我国雕版事业繁荣发展的时代。留传至今的宋版书不多了，十分珍贵。宋版书历来为其后的版本目录学家所推崇，认为宋椠无讹字，所以可贵。但也有例外，[2]一本书历经数百年、千余年，经若干次的抄写、翻刻，势必会多出误差，鱼鲁豕亥，舛讹错脱，甚至到了不堪入目的地步。

宋版刻书以杭州本最好，蜀本次之，福建的最次。[3]福建，指的主要就是建阳书坊所刻的书。因为它过分追求印书的速度和经济效益，影响了雕版印刷的质量。然而建阳所刻的书也并非都是粗劣的货色。建阳刻书事业绵延二百多年，生生不息，为世所罕见。[4]其刻书数量之多，是其他刻书作坊无法比拟的。如建阳麻沙在绍兴十年（1153 年）刻了《新雕皇宋事实类苑》七十八卷。建安私家刻书的，如陈彦甫家刻《圣

1　《大清高宗实录》，又见［清］王先谦：《东华录续编》。

2　［明］胡应麟：《少室山房笔丛》卷四云："今书贵宋本，以无讹字故……余所见宋本，讹者不少，以非所习不论。"

3　［宋］叶梦得：《石林燕语》卷八："今天下印书，以杭州为上，蜀本次之，福建最下。京师比岁印板，殆不减杭州，但纸不佳。蜀与福建多以柔木刻之，取其易成而速售，故不能工，福建本几遍天下，正以其易成故也。"

4　［清］叶昌炽：《藏书纪事诗》王颂蔚序中云："考今时所传闽本，以建安余氏为最著。有宋有余仁仲、余恭礼、余唐卿、余彦国，元有余志安勤有堂及双桂书堂。然元之勤有堂刻书虽多，不逮仁仲万卷堂远甚。"

宋名贤四六丛珠》、刘元起家刻《后汉书》一百二十卷、魏仲举家刻《新刊五百家注音辨昌黎先生文集》四十卷等。

建阳在福建中部，明时又称建安。建阳主要有麻沙、崇化两大市镇，市镇上的人几乎都从事雕版印刷业，书肆、书棚遍镇皆是。崇化规模较麻沙小，所以建阳地区刻的书"麻沙本"居多。在宋代，当时的麻沙本并不为人重视，而到了一千年后的今天，麻沙本的身价扶摇直上，与其他宋刻本可等量齐观。建阳这个地方刻书业之所以特别兴旺发达，其原因是这里具备刻书的充分条件：福建多榕树，其木性柔易刻，用作雕版最为适宜，又取之不尽；福建的造纸业在这里也早有发展，再加上闽浙二省文人荟萃，他们又多著述。宋时的学者杨时就是建阳的邻县浦城人，许多学者都慕名游学来此。文学昌盛，刻书业随之大兴。

宋代历朝政府对全国各地的雕版书业十分重视，对书籍的影响力有充分的估计，因此管理是严厉的。庆元四年（1198 年）发现建阳所刻印的书中有主张伪学、泄漏国家机密的内容，为此，国子监上言作了汇报，并迅速决定"追取印版""（印版）当官焚之""印卖人送狱根勘"，查禁得相当严厉。[1] 这当然是宋代阶级矛盾日益激化，为防范异端思想的传播，挽回衰败的政局，所采取的应变手段。

建阳所刻的书上有"勤有堂"印记的，是指元代建阳崇化余志安刻的书，余氏是我国历史上的著名刻书世家。前面提到乾隆弘历以为自己见到了宋版"勤有堂"刻本，这是不可能的。北宋余氏刻书书肆名为

---

1 《宋会要辑稿·刑法二》载庆元四年国子监上言："'福建麻沙书坊……多是撰造怪辟虚浮之语，又妄作祭酒以下批凿，似主张伪学，欺惑天下，深为不便。乞行下福建运司，追取印版，发赴国子监交纳，及已印未卖，并当官焚之，仍将雕行印卖人送狱根勘，因依供申，取旨施行。'从之。"

"余仁仲万卷堂""余唐卿明经堂"，因此，是不可能有宋版余氏勤有堂印本的。不仅如此，还要区别于并非余氏勤有堂的同名者；有的话，倒可以把它作为鉴别书贾作伪的可靠依据了。

元末明初，建阳崇化余氏勤有堂书肆逐渐衰落破产，由叶氏广勤堂取而代之，故而也不存在明版的余氏勤有堂本。

建阳书坊在弘治十二年（1499 年）遭受大火，麻沙雕版全部烧光。[1] 一度处于冷落萧条的局面，只有零星作坊复业。直到明朝后期，余氏宗族后裔重整旗鼓，书业渐又兴起。只是其规模大不如前了，嘉靖己丑年（1529 年），余文公向一阮姓人家在东门买了一块山地，建造了一座清修寺，用作子孙读书的地方；同时兼作雕版的储藏室，一举两便。余文公又购置了一百五十亩粮田，其中一百亩田的收入用作子孙读书之资，其余五十亩田的收益供寺僧管理寺庙用。由此，为余氏建阳书林的振兴奠定了基础。

余文公的孙子余象斗，字文台，号三台山人，是明代万历年间的出版家，他既编书又刻书。他刻的书，小说最多，刻过《水浒》《三国》《西晋志传》《四游记》等，图文并茂，精美可人。余氏所刻的大多数书为当时士大夫所不屑一顾，而一般百姓却喜闻乐见，消闲必备。[2]

建阳余氏刻书业到清初基本上已自行衰亡，刻版事业的发展已向金陵、苏杭地区转移。

---

[1] ［清］张廷玉：《明史·许天锡传》："（弘治十二年）建安书林火……古今书版荡为灰烬。"又见［清］郭柏苍：《竹间十日话》。

[2] 郑振铎《漫步书林》中介绍了余象斗的残本《列国志传》。

尤袤与《遂初堂书目》

尤袤（1127—1194 年）是我国南宋时期的著名藏书家，字延之，号遂初，常州无锡（今属江苏）人。绍兴十八年（1148 年）进士，历泰兴令，官至礼部尚书。

尤袤一生好读书、抄书，他的子弟也好读书、抄书，各种奇异的书、好的刻本他都尽其所能收购或抄录。书堆满了他家的整间屋子。陆游曾形容他家贮藏图书的情景时说：书堆满了他的家，你想在他的屋子里转个身，也很困难；身体转过来了，却马上又被书包围住了。[1] 这恰是名副其实的"书巢"。

尤袤十分爱惜书卷。为了藏书，他就将旧宅空出来储书，取名"遂初堂"。遂初堂中藏书号称万卷，所以人们通常都习惯称遂初堂为"万卷楼"。书楼在今无锡的惠山东面山脚下二泉之侧。惠山，又名九龙山。

遂初，本意是去官隐居，遂其初愿，典出汉朝刘歆。据《古文苑》五，刘歆因触犯了执政大臣，徙为五原太守，不得意，于是写作了《遂初赋》。另外还有一位，晋代的孙绰也曾去官退隐，居于会稽，游放于

---

1 陆游"遂初堂"诗云："异书名刻堆满屋，欠身欲起遭书围。"此外，陆游还写有《书巢记》一文。

山水之间，写过一首《遂初赋》，《世说新语·言语》："孙绰赋《遂初》，筑室畎川，自言见止足之分。"尤袤借"遂初"之名表达了自己归隐读书的意愿。然而，在《宋史·尤袤传》中，并未记载他归隐的事，甚至连离休，即所谓的致仕，皇上也没有同意。[1] 不过，据说宋光宗（一说宁宗）对他的为官清正、好学不倦极为赞赏，亲手书写"遂初"匾额赐之；如若尤袤并未致仕，皇上就书写"遂初"二字，这倒要闹出笑话来了。由此可见，有人所主张的未曾致仕之说可能是误记。

在遂初堂，尤袤将所藏书的书名都一一地记录排列起来，写成了《遂初堂书目》，遂初堂书目又名《益斋书目》，凡一卷。这是我国现存私家藏书书目最为古老的一种。他的朋友杨万里在给《遂初堂书目》所写的"益斋藏书目序"中说：

> 延之于书靡不观，观书靡不记……延之每退则闭户谢客，日计手抄若干古书。其子弟亦抄书，不惟延之手抄而已也；其诸女亦抄书，不惟子弟抄书而已也……汇而目之。[2]

在这篇序中还提到他抄书的勤奋、艰辛与快乐。尤袤对他的友人李焘说："饥读之以当肉，寒读之以当裘，孤寂而读之以当友朋，幽忧而读之以当金石琴瑟也。"[3]

《遂初堂书目》著录书籍近三千种，号称万卷。它按经、史、子、

---

1 ［元］脱脱：《宋史》本传："时上已属疾，国事多舛，袤积忧成疾，请告，不报。疾笃乞致仕，又不报，遂卒，年七十。"称袤年七十卒，误。又，一说尤袤"以奉政大夫致仕"，见［元］尤玘：《万柳溪边旧话》。
2 ［宋］杨万里：《诚斋集》卷七十八《益斋藏书目序》。又见《文献通考》卷二百零七《经籍考》三十四。
3 ［宋］李焘：《续资治通鉴长编》。

重修之遂初堂

集四部分类。以下再分子目。在每一书名之下，注明卷数和著作人姓名。[1]这部古老的书目留传至今，对今人考订古书的源流是不无裨补的，特别是在此书目中同时列出某一书的不同版本数种，如《史记》列有川本、严本，在《汉书》的经部和史部中，列有川本、吉州本、越州本、湖北本等复本，对其后目录版本学的发展，起了有益的启导作用。

可惜的是，尤袤死后不久，宝庆二年（1226年），一场大火，遂初堂万卷藏书全部化为灰烬。有人认为今天所存的《遂初堂书目》，理该葬身火海，世间所存书目是尤氏的后人所辑，辑录自陆游的《放翁集》，并认为他们把原有的卷数和撰者姓名作了删削。其实这是未见《说郛》本而作出的错误结论。《说郛》卷二十八存有《遂初堂书目》一卷，全

1　此据《说郛》本。四库本则仅存书名，无卷数，无作者姓名。

抄而未有删削。

　　明代中期，尤袤十四世孙尤质在旧址按宋时建筑格局重造遂初堂，以继宗祉，并请当时的古文大家归有光作《遂初堂记》。今存其堂，基本保存原貌；堂前有一泓清泉，就是今天闻名遐迩的"天下第二泉"。遗憾的是，书楼今已移做茶室，济济一堂，清谈沸沸，少有知今之所在即"遂初"也。

黄虞稷与《千顷堂书目》

　　明朝万历年间，在南京马路街有座名为"千顷斋"的藏书楼，名声遐迩，盛极一时。楼主是在南京担任国子监丞的黄居中。黄居中（1562—1644年），字明立，号海鹤，晋江人。为学不倦，手不释卷。家富藏书，又常常自行抄书。[1] 千顷斋藏书六万多卷。黄虞稷（1629—1691年），居中的次子，字俞邰，一字楮园。他博雅能文，精研经学，也以聚书为乐，岁增月益；又不废校勘，颇多善本。[2]

　　康熙初，黄虞稷在江南布政使龚佳育署中任教职，龚佳育的儿子翔麟（1658—? 年），字天石，号蘅圃，与黄虞稷交谊最深。龚氏藏书甲浙右，藏书楼名"玉玲珑阁"；他所刊刻的明朝朱睦㮮《授经图》四卷、唐人陆淳的《春秋集传纂例》十卷和《春秋微旨》三卷等书籍，大多数都经过黄虞稷的校订。[3]

1　［清］钱牧斋：《有学集》卷二十六《黄氏千顷斋藏书记》："（居中）自为举子以迄学宫，脩脯所入，衣食所余，未尝不以市书也。寝食坐卧，晏居行役，未尝一息废书也。"施闰章《千顷堂藏书为黄俞邰作》诗句云："金泥玉册尽飞灰，驼负辇驰归绝域。"
2　"著录凡八万册。坟土未干，皆归他人插架，深可惋惜也。"参见［清］朱彝尊：《静志居诗话》卷十五"黄居中"条。
3　［清］李富孙、李遇孙：《鹤征录》卷三："先生（虞稷）博雅能文，尤深经学。馆江宁龚方伯署中，与令子侍御蘅圃交最契。龚藏书甲浙右，所刊《授经图》《春秋纂例》诸书，经其校正者为多。"

黄虞稷曾经与周亮工的长子周在浚（字雪客），共同发起了一次"征刻唐宋秘本"的民间刻书活动。这次征刻秘本活动从主观动机上说，是一件好事。但是，要把几十种、几百种秘籍善本翻刻出来，传布开去，靠一两个书生的力量是不可能办到的。不只是个人的物力、财力问题，即使有充足的物力、财力，要能获得上好的版刻底本也不是一件容易办到的事。但他们有决心去办，便开列了一个征刻的书单。首先从自己家藏的稀见古籍中筛选，挑选出一百种，然后倡议社会各界人士支持。各藏书之家可以根据各自的实际能力，刊刻一两种或三五种，使珍本秘籍得以广泛的传布，充分发挥这些稀见古籍的效用。这个倡议一经提出，立即得到不少社会知名人士的赞同、响应，一时间热闹了起来。最先由纪映钟、钱陆灿、朱彝尊、魏禧、汪楫联名发出《征刻唐宋秘本书启》，做了大张旗鼓的号召。

要让更多的社会各界人士了解发起征刻秘本活动的动机，打消顾虑，就需要及时制订规约，于是张芳写了《征刻唐宋秘本书论略》，曹溶写了《流通古书约》，倪灿和周铭写了《征刻唐宋秘本藏书例》。[1]

最先刻刊印的是龚氏《玉玲珑馆丛刻》五种。接着又刻印了《通志堂经解》一千八百余卷，这是由纳兰容若（字性德）出资开雕的。然而好景不长，不久，这次民间征刻活动遇到了多种复杂矛盾，很难继续下去。当时社会动荡不安，民族矛盾还相当激烈，民间发起的征刻秘本活动得不到上层的支持，也只能偃旗息鼓，最终无多声息，无疾而终。

不过，这项有意义的征刻活动对后世的影响是深刻的。过了二百年，在光绪三十四年（1908年），叶德辉又组织发起了这类活动，大有

1　[清]黄虞稷、周在浚：《征刻唐宋秘本书目》。

"东山再起"之势。他的《重刻征刻唐宋秘本书目序》就是明证，而且卓有成效。此是后话。

再说黄虞稷在康熙二十年（1681年）春天，应召进了明史馆。在封建时代，每当改朝换代之初，皇帝都要宣扬他的文治武功，在开国不久往往下诏纂修前朝的历史。清顺治二年（1645年），朝廷就匆匆下令纂修《明史》，但因入关伊始，天下未定，政局不稳；再加上史料匮乏，天启朝的实录缺损太多，崇祯朝又无实录，修史的条件并不具备，结果不了了之。直到康熙十八年（1679年）开博学鸿词科，延揽天下名士，重新组织编写人员，才开始了《明史》的编纂。

事有不巧。黄虞稷因母亲去世，丁艰有服，未能参加博学鸿词科在体仁阁的殿试，因此直到第二年由内阁学士、担任《明史》监修总裁官的徐元文推荐入翰林院，食七品俸，由其主修《明史》部分列传和《艺文志》。[1] 黄虞稷之所以能被举荐进入翰林院修史，原因是他已经在其父亲所编《千顷斋藏书目录》的基础上，编好了《千顷堂书目》三十二卷。[2] 要物色能编《艺文志》的人才并不容易。黄虞稷进入明史馆之后，增广私家书藏，编成了《明史艺文志稿》。在《明史艺文志稿》中，除集中了有明一代三百年的著述外，还为补《元史》《宋史》的缺失，将辽、金、元时所仅存的著述，萃其目录为一编，作为附录。

我们今天所见到的通行二十四史本《明史》是雍正之后，清廷重新

---

1 "《艺文志》重要，其体例与前史不同在于专记明一代之书目。该志出名家黄虞稷手，黄曾撰有《千顷堂书目》。他也有错误，如卷九十七《艺文二》著录邓名世《古今姓氏书辨证》四十卷，这是宋人的著作，插入后即自乱其例。"见柴德赓：《史籍举要》，北京：北京出版社2002年版，第219页。

2 ［清］吴骞：《千顷堂书目跋》："先是，其父明立监丞有《千顷斋书目》六卷，俞邰稍增广之。及入史馆，乃益加裒集，详为注释，故又有《明史·艺文志》之目。"

开局纂修的，乾隆四年（1739 年）刻印行世。总裁是张廷玉。它是以王绪鸿的《明史稿》为基础增删修改而成的。[1]《明史》中的《艺文志》部分又是基于对黄虞稷《明史艺文志稿》的删削而编定的。如今通行二十四史本《明史·艺文志》无附编部分，即宋、辽、金、元四朝著述目录均被删去了。这很可惜。此时离黄氏去世已半个世纪。《明史·艺文志》比黄虞稷的《明史艺文志稿》是整齐美观了，但参考实用价值减少了。[2]

《千顷堂书目》今存，共三十二卷，按四部分类，具体编次如下表：

经部（十二门）	易　书　诗　三礼　礼乐　春秋　孝经　论语　孟子　经解　四书　小学
史部（十八门）	国史　正史　通史　编年　别史　霸史　史学　史钞　地理　职官　典故　时令　食货　仪注　政刑　传记　谱系　簿录
子部（十三门）	儒家　杂家　农家　小说家　兵家　天文　历数　五行　医家　艺术　类书　释家　道家
集部（八门）	别集　制诰　表奏　骚赋　总集　文史　制举　词曲

在《千顷堂书目》每一门类之下附录《宋史·艺文志》所缺的辽、金、元时的著述目录。对比之后，大致可以了解《明史艺文志稿》中被删削掉的附编内容。《千顷堂书目》稿本后辗转为拜经楼主人吴骞所得。吴骞为这本书目还作了精细的校补。1913 年张钧衡将此稿刊入《适园丛书》二集，并写了跋文。跋文中这样说：

1　王绪鸿《明史稿》大半出自万斯同之手。
2　参见王重民：《〈明史·艺文志〉与补史艺文志的兴起》，载《图书馆学通讯》1981 年第 3 期。

《金陵朱氏家集》云：……《古今书目》为黄俞邰、龚蘅圃所得，以备史料。《千顷堂书目》盖即参取南仲公（朱廷佐）书目而成；然钱受之采明诗，从俞邰借书，得尽阅所未见，又为作《千顷斋藏书记》。是俞邰实有是书，并非悉据旧目。或桑海之际，朱氏之书与目，均为俞邰所得与？

这里又拉扯出《千顷堂书目》有否因袭于《古今书目》的问题来了。其实，《古今书目》是俞邰的好友丁雄飞所编，并非南仲公编辑的，之所以有南仲公所编一说，不过是其后嗣自作多情而已。俞邰所编为有明一代书目，与"古今"书目大相径庭，何况在《千顷堂书目》中就明白著录有《古今书目》一书，如此落落大方的藏书名家会去因袭他人著作？何等冤枉。朱氏后嗣自作多情，却落得个自讨没趣。

胡应麟与"二酉山房"

胡应麟（1551—1602 年），字元瑞，一作符瑞，改字明瑞，号少室山人。浙江兰溪人。明代文学家。

胡应麟是个厌薄名利、淡泊诸好，而嗜书成癖的人。他年轻时跟随父亲到京城去，见到好书就要买。他父亲在京的官位并不高，月俸也不多，他的收入不足应付他儿子买书的钱。胡应麟只得把家中妇人用的簪子、耳环拿去典当了买书；有时典当了簪子、耳环还是不够，他会脱下身上的衣服来权且充作书款。这样的事还不止发生过一次。

一天，胡应麟在临安（今浙江杭州）的偏僻小巷里，见到一部《柯山集》的抄本，共一百卷，宋张文潜撰。书页上盖有奇古的印记，装帧也十分雅致。他又惊又喜，但身无分文。回头凑钱，看到他随后的仆人行李中有两匹绿色的绫，就硬是取了过来，然后再脱下自己穿着的丝织外衣，全部抵给了那部书的主人，作为买书的定金。那人正在为书卖不出去而发愁的时候，遇到胡应麟这么个顾客还真巴不得，自然是一口应允。约定明天早上一手交钱一手交书。胡应麟回到寓所，整整一夜没有合眼，他想，能得到这样一部宋版抄本真是天赐的良机，他太激动了，怎么也不能入睡。天亮了，他不洗脸不梳头，赶忙寻到那条小巷子里去。可是，谁也没料到，他才跑到巷口就被眼前的情景惊呆了。眼前是断垣残瓦，一片狼藉，焦黑的梁柱东倒西歪着。原来，昨天夜里邻里失火，延烧过来，那部《柯山集》抄本在祝火中也倏然化为灰烬。胡应麟回到家里，如失了魂魄，惆怅、惋惜，整月里食不甘味、寝不能寐，全家都不得安稳。

《柯山集》，又名《张文潜文集》。它是北宋诗人张耒的诗文集子。在胡应麟之前有刻本、抄本多种，但未见有百卷本的。据汲古阁存目《张右史文集》六十卷，云："世行《文潜集》仅十之五。"胡应麟在杭州见到的是百卷足本，确实很珍贵。清《四库全书》著录为明小草斋抄本，仅七十六卷；最后，四部丛刊影印旧抄本有《张右史文集》，则为六十卷。

十多年之后，胡氏祖传的家产全被胡应麟变换成了书。他在山中又造了几间屋子用以藏书，题名为"二酉藏书山房"。王世贞为此写了一篇《二酉山房记》，在这篇记里详细记述了书房的构制和藏书的情况：

> 屋凡三楹，上固而下隆其址使避湿，而四敞之可就日。为庋二十又四，高皆丽栋，尺度若一。所藏之书为部四，其四部之一曰经，为类十三，为家三百七十，为卷三千六百六十。二曰史，为类十，为家八百二十，为卷万一千二百四十四。三曰子，为类二十二，为家一千四百五十，为卷一万二千四百。四曰集，为类十四，为家一千三百四十六，为卷一万五千八十。合之四万二千三百八十四卷。[1]

---

1 ［明］胡应麟：《少室山房笔丛》卷二。

为什么取名为"二酉"呢？它原指湖南沅陵县的大酉、小酉两座山的山名，传说在小酉山山洞里藏着千卷书，秦人就在这里求学读书。后人就称藏书的地方叫"二酉"。胡应麟藏书分门别类，条贯清晰，又有如此具体的卷数统计，很可能有藏书书目编出，然而至今未见。[1]

《明史》本传上称："（应麟）久不第，筑室山中，构书四万余卷，手自编次，多所撰著。"四万多卷书中手抄集录凡十之三，其他的藏书主要得之于金华虞氏。

虞氏藏书与众不同。在他家中有个不小的河池，他就把藏书楼建造在河池中央。在池边，白天架根独木，供人来往；到了晚上，主人就把独木取走，标上"楼不延客，书不借人"的牌子，禁人入内。虞氏可说是个嗜书如命的人了，但是虞家数万卷藏书，后世子孙没有能守住。据传还有这样一段故事：当时胡应麟听到虞家散书的消息，就表示愿将虞家的所有藏书买下来，而且愿出高价。其实胡应麟的财力是不足的。虞家子孙却信以为真，就用几只大船装书运到胡家的"二酉山房"来。到了胡家，应麟却为难了，他只得故作歉意，说："我家里一时间拿不出这么多钱，麻烦你们还是运回去吧！"虞氏子孙很失望，心里明白上了胡应麟的当；他们却又等着钱用，只得托人从中斡旋，削价卖出，最后只得到原定价的十分之一。从此胡应麟"二酉山房"藏书称雄于海内。这则故事取自谢在杭（肇淛）笔记《五杂组》，小说者流所言是否真实，我们暂且不去管它，胡应麟的嗜书成癖却从中可见一斑。胡应麟自己曾

1　［明］谢肇淛：《五杂组》卷十三："王元美先生为作《二酉山房记》，然书目竟未出，而元瑞下世矣。"然而，王世贞在《石羊生传》中称："元瑞所著有《二酉山房书目》六卷。"

这样说过：

> 于他无所嗜，所嗜独书。饥以当食，渴以当饮，诵之可以当《韶》《濩》（古乐名），览之可以当夷施（西施的别名），忧借以解，忿借以平，病借以起色。
>
> ……
>
> 性既畏客，客亦见畏，门屏之间，剥啄都尽。亭午深夜，坐榻隐几，焚香展卷，就笔于砚，取丹铅而雠之。倦则鼓琴，以抒其思，如是而已。[1]

在印刷技术并不发达的明代末期，私家收藏十分不易。胡应麟孜孜不倦，持之以恒，能有四万余卷的古籍收藏，难能可贵。

《少室山房笔丛》是一部以考据为主的笔记。全书四十八卷，按天干分部，分为十部分。

记得有这样一件事：宋代洪迈写有一部志怪小说集《夷坚志》，胡应麟极想得到它，以足书藏。他遍寻四方，都未有收获。后来，他想起有个叫王思延的朋友曾经藏有《夷坚志》的抄本；于是他急着赶去借抄。借抄可以，王思延却提出要以他写的《少室山房笔丛》作交换的条件。胡应麟一口应允。胡应麟得到这部书后，不分昼夜，披读不倦。[2]据目录记载，《夷坚志》原有四百二十卷，而胡氏所得仅一百五十卷。余下三百二十卷已不可得。可见在明朝时《夷坚志》已散失相当严重了。到清朝编纂《四库全书》时散逸更多，仅收得支甲至支戊的五十卷。经后人的辑补，以涵芬楼编印的《新校辑补夷坚志》凡二百零六

1　［明］王世贞：《二酉山房记》。
2　［明］胡应麟：《少室山房类稿》卷一百零四《读〈夷坚志〉》。

卷，为篇目收录最多的本子。中华书局 1981 年出版四册标点本《夷坚志》即是以涵芬楼本为基础略作增辑而成的。

自古以来藏书的存亡聚散情况，胡应麟在《少室山房笔丛》的甲部《经籍会通》部分中做了较为集中的记述。当然时间的下限在明朝的后期。

祁氏澹生堂藏书约

绍兴山阴人祁承㸁是明末一位精于校勘、珍爱书籍的藏书家。祁承㸁，字尔光，别号旷翁，人称夷度先生，万历三十二年（1604 年）进士。初任河南宿州知州，后升任兵部职方司员外，继而转任磁州兵道。

祁氏藏书楼建在他家的密园之内，书室名为澹生堂。另外又筑"旷亭"，作为游息之所。据说澹生堂书楼的蓝图是由祁承㸁亲自设计的：

> 我意若起楼五间，便觉太费，而三间又不能容蓄。今欲分作两层，下一层离基地二尺许，用阁栅地板，湿蒸或不能上，只三间便有六间之用矣。前面只用透地风窗，以便受日色之晒。惟后用翻轩一带，可为别室检书之处。然亦永不许在此歇宿，恐有灯烛之入也。楼上用七架，又后一退居。……而此楼之制，既欲其坚固，又欲其透风，须我与匠人自以巧心成之。[1]

辛辛苦苦积储起来的数万卷书，来之不易，自然是呵护有加，谨慎恪守。在《澹生堂文集》卷第十二、卷第十三的几种日记中记述了他访

1　黄裳：《祁承㸁家书跋·附：祁承㸁家书》，载朱东润、李俊民、罗竹凤主编《中华文史论丛》1984 年第四辑，上海：上海古籍出版社 1984 年版，第 265 页。

书、收书、爱书的情景。如，万历四十六年（1618 年）六月记载："初九日，晒书毕。数日来余躬率平头奴三四人，刷蠹理朽，挥汗插架。由朝及暮，瞬息不停，真所谓我自乐此不为疲也。"

为此，祁氏制订了《澹生堂藏书约》，对借阅、收藏图书作了严格的规定，请书法家傅节子手书，明示祁氏子孙。

祁承㸁藏书是很不容易的。他自认为一生功名富贵都不能如人，但藏书抄书，即使是两浙的大藏书家，也没有能超过他的。他自豪地称祁氏为"文献之家"。

祁承㸁所得官俸大多用在买书上。省吃俭用，买书从不吝惜。有许多书在坊间是无法买到的，他就不惜工夫，动手抄书。他所抄的书大多是世人没有见到过的秘本奇籍，可见他很有鉴别的眼力和功底。抄书所用的纸墨，他也很讲究，再加上精细的校勘，所以澹生堂的确是藏有一些好书的。为此，他对自己苦心孤诣积储起来的书，特别珍惜。他从不随便让人取阅和出借，按藏书约的规定，即使是他的儿子、孙子辈要求借阅，也只能在指定的阅览室里翻检阅读，阅读之后就将书收藏入室，按次上架；也不能私自进入藏书室。亲戚朋友借书，有副本的就借，没有副本的就婉言拒绝，不留情面。澹生堂所藏的正本是绝不能取出藏书楼的。

下面，我们摘录几段《澹生堂藏书约》的原文：

> 今与尔辈约：及吾之身，则月益之；及尔辈之身，则岁益之。子孙能读者，则以一人尽居之；不能读者，则以众人递守之。入架者不复出；蠹啮者必速补；子孙取读者，就堂检阅，阅竟即入架，不得入私室；亲友借观者，有副本则以应，无副本则以辞，正本不得出密园外。书目视所益多寡，大较近以五年，远以十年一编次。

勿分析，勿覆瓿，勿归商贾手，如此而已。

祁氏澹生堂藏书大多盖有"子孙永珍"字样的藏书印。另外，祁承爜还特制了一枚藏书铭印，上面刻了一首藏书诗：

> 澹生堂中储经籍，主人手校无朝夕。
>
> 读之欣然忘饮食，典衣市书恒不给。
>
> 后人但念阿翁癖，子孙益之守弗失。

他总结经验说，要让书籍永久保存，传之万代，不外乎两个条件：第一，好儿孙；第二，好屋宇。事实上，藏书还不能忽视社会的因素，祁氏没有考虑到这一点。

明朝末年，社会动荡不安。澹生堂藏书移藏云门山寺，手录书目八册，其中元明传奇多至八百多部。然而，不久祁氏藏书为黄宗羲、吕留良所得，选拣过程中还生出不少争端。[1] 转瞬之间，号称"文献之家"的澹生堂藏书全部流转散落入他人之手。康熙五年吕留良委托黄宗羲代购祁氏藏书三千余册。吕留良得书后曾赋诗二首，诗序云："得山阴祁氏澹生堂藏书三千余本示大火。"大火，其长子公忠的乳名。诗云：

> 阿翁铭识墨犹新，
>
> 大担论斤换直银。
>
> 说与痴儿休笑倒，
>
> 难寻几世好书人。

---

1 ［清］钱泰吉：《曝书杂记》引全谢山语："祁氏旷园之书，精华归于南雷，奇零归于石门。"石门，指吕留良。又见全祖望：《小山堂祁氏遗书记》。其间纷争情事，可见［清］叶昌炽：《藏书纪事诗（附补正）》卷三：上海：上海古籍出版社1989年版，第277页。

宣绫包角藏经笺，

不抵当时装订钱。

岂是父书渠不惜，

只缘参透达摩禅。

澹生堂藏书印"子孙永珍"之语，诲之凿凿如今也全是徒然；连"旷亭"的匾额也在乾隆年间被一赵姓人家用四石米的代价买了去。萧然如此，后人长吁短叹，不免感慨系之。

另，缪筱珊曾刻《澹生堂藏书约》一书。[1] 此书共分四大部分，即读书训、聚书训、购书训和鉴书训。近代藏书家郑振铎曾经获得过一部《澹生堂藏书约》，而且很可能是明刻原本。

一天，叶铭三携带一百多种明刊残本来找郑振铎，郑振铎从中选了几十种，价钱很贵。《澹生堂藏书训约》也是其中的一册，唯其无甚缺损，令郑振铎欣喜非常。当即记下了得书时的喜悦心情，说：我得这本书之后，以最快速度读了几遍，就像跟老朋友对话，句句中听；只有有了这种阅历的祁承爜才能讲得出，十分亲切。祁承爜不仅富于藏书，而且善于择书、读书。只是其中甘苦，只有他才真正领略过，才有切身体悟，所以他所说的没有一句空话。[2] 郑氏所得到的这一册书，不分卷，是明万历四十四年刻本。书中有读书训、藏书约和庚申整书小记等，与"先正遗书本"《澹生堂书目》所附相合。这册书，诸多藏书家均无著录，是不折不扣的秘籍，也不难理解振铎先生何以要如此喜不自禁了。

1　即缪荃孙（1844—1919 年），字炎之，一字筱珊，晚号艺风。曾任国史馆纂修，是清末著名的目录学家、藏书家。《澹生堂藏书约》刻入《知不足斋丛书》中。

2　郑振铎：《劫中得书记》，载《西谛书话》，北京：生活·读书·新知三联书店 1983年版。

毛晋与汲古阁

明人刻书之多，莫过于常熟毛晋汲古阁。

毛晋（1599—1659年），原名凤苞，字子九。晚年名晋，字子晋，别号潜在。世居虞山（今江苏常熟）东湖横泾。东湖原名隐湖，即昆承湖，因此又称为"隐湖先生"。其父毛清，孝悌力田，为乡三老。[1]毛晋博文好古，嗜书如命，他潜心搜集遗籍，藏书八万四千余册，又多宋元刻本。为了区别版刻的精粗优劣，他就在宋元刻本上钤上椭圆形的"宋本""元本"等藏书章，在最优的本子的卷首还加盖"甲"字印，以便甄别和取用。

毛晋庋藏书籍的藏书楼取名为"汲古阁"，取义于成语"汲古修绠"，自署"汲古主人"。他曾经用过一枚朱文方印，印文长达五十六字，表达了他遗书子孙、世代相传的热望：

> 赵文敏公书卷末云：吾家世儒，辛勤置书，以遗子孙，其志如何？后人不读，将至于鬻，颣其家声，不如禽犊。若归他室，当念斯言，取非其有，无宁舍旃。

---

1 ［清］钱谦益：《牧斋有学集》卷三十一《隐湖毛君墓志铭》。

这个大方印的内容，取自元代书画家赵孟頫的家训。文敏是赵孟頫的谥号。汲古阁主人毛晋的良苦用心，读者是可以感受到的。"取非其有，无宁舍旃"，你需要用的时候自己却没有，与其如此，还不如把书收藏收藏好。

毛晋富甲乡里，他有充足的财力购求奇秘珍本。据说，当时常熟毛府大门上贴有告示，征求秘稿。这张告示实际上是一份明码标价的购书广告，其"以叶论价"的标价已显示了宋元刻本达到了十分珍稀的地步：

> 有以宋椠本至者，门内主人计叶酬钱，每叶出二百。有以旧钞本至者，每叶出四十。有以时下善本至者，别家出一千，主人出一千二百。[1]

于是乎七星桥畔，书舶云集，各地的书贾纷纷将书转手相呈，从中得到颇丰的利润。因此时人传云："三百六十行生意，不如鬻书于毛氏。"

毛晋不仅注意宋椠秘籍的收藏，而且从事雕版刻书事业的经营，为我国善本古籍的保存和流传做出了巨大贡献。毛晋既是一位藏书家，又是一位注重实务的出版家。

毛晋年轻时就喜欢刻书。最早开版的有屈原、陶渊明的集子。有人对他父亲说："你半辈子贫困，现在家境有所好转，你儿子却不事生产，每天召集刻工弄刀笔，这样下去家殖是要衰败的。"毛晋的母亲戈孺人听了，解释说："假如是因为刻书而败落了家业，这也总比去做赌博这种事好。"出乎意料的是，她从私房钱中拿出钱来资助子晋刻书。结果，

---

1 ［清］叶德辉：《书林清话》卷七。

毛家不仅没有因为刻书废家，反而大获厚利，积聚了一笔巨大财富。

毛晋在建筑汲古阁的同时建造了目耕楼。目耕楼两层，楼下是镂版、印刷的工场，楼上是储放雕版的库房。雇用刻工、印匠二十人，刊刻、印刷了大量的经书史籍，如《十三经注疏》《十七史》《道藏》，以及唐宋元人的诗文集等。[1] 有趣的是，毛晋还为了销售的畅通，贴出了宣传性质的广告，例如在汲古阁所刻的陶宗仪《辍耕录》的封皮上就有这样一则"广告"：

> 元末陶南村诸书，向来脍炙人口，惜隐论不传，海内博雅君子秘而密娱，不啻和璧隋珠矣！近有云间刻版，诠次颠倒；吴郡抄本，字虫鲁鱼，几失本来面目。不佞广搜博访，购得国初原刻，特恳汲古阁先生严加订正，以付剞劂，真九成之完璧，艺苑之胜事也。《说郛》《会要》随有续刻。
>
> 监官黄之义君宜谨识。

营利是一个方面，另一方面搜集、鉴别和刻印珍本秘册，保存古代文化遗产，更是汲古阁的功绩之一。有一次，毛晋的第四个儿子毛扆（字斧季）到印书的工场去督察，正好毛晋也在工场里。毛晋把儿子拉了过去，说："我节衣缩食，勤勤恳恳地把刻书作为我的事业，到现在刻版已经超过十万，也不算少了。但是我的最大愿望，还并不在刻书的多少，而是想刻印点善本秘籍，不让它们散失泯灭。很可惜，汲古阁所刻的善本秘籍不多，还不到十分之一。"[2] 意思是很明白的，他希望毛扆能继承自己未竟的事业，要儿子注重刻印经籍的质量，把工作的重点放

1　详［清］郑德懋、顾湘：《汲古阁刻板存亡考》。
2　［清］毛扆：《钞本五经文字跋》，转引自［清］叶德辉：《书林清话》卷七。

到秘册珍本的精制和传布上。

毛扆没有辜负父亲的期望。例如他刻《五经》，不遗余力。为了找到《礼记》旧本，就去震泽叶树廉家里翻检旧书，找到了元版残本《礼记集说》八卷，便下决心要补全它。当他把这个消息告诉何敱之后，何敱就去问陆贻谟借，因为他曾在陆家见到过旧本《礼记》，只是也已残缺。毛扆去信求索，获得的残本却正是元版《礼记集说》的残缺部分，而且标识也自出一手，他欣喜若狂，马上付梓印行。从此五经俱足，了却了他心头的一桩心事，以此告慰先君先圣。[1] 从《汲古阁珍藏秘本书目》上所著录的藏书来看，确实是收藏宏富，版刻精美。

除版刻印制之外，毛氏还采用影写的方法保存旧本，比如汲古阁精写本《极玄集》就是采用影写的方法流传下来的宋钞本。影宋钞本，就是把白纸蒙在宋刻本上加以精细地描摹，就像童稚描红那样，一笔一画，谨小慎微，力求与原刻本没有丝毫差别。有人把这种精妙绝伦的影宋抄本称为古今绝作，不是没有道理的；更重要的是，宋版影抄本，在宋椠失传的今天，使宋本原貌影存下来，其功德是无可限量的。这种追摹宋刻，一丝不苟的精神也令人钦佩。[2] 毛氏自己对这种影钞本也十分珍爱，他曾组织影写了宋刊本宋叶梦得所撰的《石林奏议》五卷，精妙绝伦，令人爱不释手。他自称"希世之宝"。[3] 加盖藏书印竟多达 20 余

---

1 详见 [明] 魏禧：《汲古阁元人标点五经记》。

2 [清] 于敏中等：《天禄琳琅书目前编》卷二："毛晋藏书宋本最多，其有世所罕见而藏诸他氏不能得者，则选善手，以佳纸影抄之，与刊本无异，名曰'影宋抄'。一时好事者皆争仿效；而宋椠之无传者，赖以传之不朽。"

3 参见傅增湘：《藏园群书经眼录》卷四。傅增湘按语中称："然取陆氏（心源）翻宋本校之，则影本有而刊本无者三百三十字，刊本有而影本无者凡一千六十四字。同出于此宋本，且余皆得见之，而差异如此，殊不可解。"宋刊本《石林奏议》现藏日本静嘉堂文库。

方。如朱文印"笔砚精良人生一乐",喜不自禁的音容笑貌跃然纸上。又如"鬻及借人为不孝"一朱文印,告诫子孙,用心良苦!今北京图书馆善本部收藏有汲古阁影宋抄本《鲍参军集》《汉书》等,可领略毛氏影宋抄本的大致风貌。

除藏书、刻书外,毛氏汲古阁还十分注意校书。毛氏在汲古阁的四周建筑了绿君亭、二如亭等,延邀天下名士在这里校书。他聘请了当时的著名校勘家陆贻典、周荣起协助他勘误、审校。他提倡汉唐旧学,主张读整部原史,对有清一代的学术研究向纵深发展,起了不小的作用。当然,毛氏汲古阁所刊刻的经籍史书,也有校勘不精、匆草臆改的毛病。这一点,毛氏所受到的批评不少。[1]但是我们又不能苛求于古人。在特定的历史条件下,比如明末人刻书有臆改的风气,毛氏已经超越那个时代所能达到的高度,那已经是很了不起的事了。

到毛扆晚年,家道败落了。乾隆年间毛氏举家迁到唐市乡。兴盛一时的横泾七星桥汲古阁的刻书事业也从此偃旗息鼓。过不多久,毛氏所遗版刻、碑碣亦荡然而无存。据阮葵生《茶余客话》中说,有闻毛晋藏本、雕板于康熙十二年(1673年)多为吴三桂之婿王氏所得。王氏者,人称王驸马。此说是否确实,已不可考。但从时间上说,毛扆其时正值壮年,书散未必会如此之早。不过,其书藏最终星散、毁版,其境况必是十分凄凉,也不免叫人嘘唏不已。

据传,毛晋有个孙子,特别嗜好茗茶。一次,他买到洞庭山的碧螺春茶叶之后,用虞山的玉蟹泉泉水冲泡,这种冲泡是最好不过的,然而

---

1 诸如［清］孙从添:《藏书纪要》云:"毛氏汲古阁《十三经》《十七史》,校对草率,错误甚多。"［清］陈鳣:《元大德本后汉书跋》云:"莪圃曾曰:汲古阁刻书富矣。每见所藏底本极精,曾不校,反多臆改,殊为恨事。"

就是没有上好的柴薪。于是，他环顾四周，寻找干柴，见有《四唐人集》的雕版，欣喜地说："拿这个作柴火煮茶，茶的味道必定特别好。"从此，他逐日劈雕版煮茶。无怪乎有人浩叹："汲古阁之隆盛，而子弟用书板以炊茶矣。"惜哉，毛氏!

最后，附带值得一提的是，今天我们所用的毛边纸，其名称即出于常熟汲古阁。在毛氏汲古阁鼎盛时期，目耕楼印书所用纸张都是专门在江西特制的，厚者为毛边，薄者为毛太。此名一直沿用至今，也可谓一种纪念。[1]

1　详见［清］叶德辉：《书林清话》卷七。

钱牧斋与绛云楼

绛云楼是清初常熟钱牧斋藏书楼的楼名。

钱牧斋（1582—1664 年），名谦益，字受之，晚号蒙叟，常熟人。万历进士，崇祯初官礼部侍郎。坐事削籍回到老家，福王时又召为礼部尚书。清兵南下，他率先迎降，以清廷礼部侍郎管秘书院事。晚年家居乡里，以藏书为乐事。

他是一个有点争议的人物。他丧失民族气节的降清行为，历来为士人所不齿。当然也有为他申辩的。因为他的失节，所以人们很少再提到他，即使在当时他也是诗重一时的名家。

钱牧斋是大江以南的大藏书家之一，时有"大江以南，藏书之家，无富于钱"的说法。他早年广泛交游，嗜好藏书，曾悉数将刘凤（子威）、钱允治（功甫）、杨仪（五川）、赵琦（汝师）四家藏书收归己有；又不惜重资，广置古本。据说当时书商云集常熟，捆载无虚日。因此，钱氏所积充牣，尤多宋、元刻本。他收藏的《汉书》与《后汉书》为宋绍兴末年重刊景德本，十分珍贵。钱氏收藏几乎可以跟内府藏书相匹比。

中年时，钱牧斋构筑拂水山房，凿壁作书橱，庋书其中。晚年，他称疾告归，住在红豆山庄，起绛云楼。修缮整饬，将所有藏书区分类聚，积有七十三大椟。

提到"绛云楼"，就要先说说柳如是。柳如是（1618—1664年），名是，号蘼芜君。本姓杨，名爱，浙江嘉兴人，色艺冠绝，曾沦落风尘。年二十有余，与诗坛盟主钱牧斋结为夫妇。

钱牧斋把柳如是视作绛云仙姥下降。既然是神仙下凡，那么必好楼居。于是，构筑楼阁五楹，穷丹碧之丽，匾额题曰"绛云"。[1]这就是绛云之名的来历了。

钱牧斋面对汗牛充栋的书藏，踌躇满志，他说："我晚而贫，书则可云富矣。"[2]绛云楼藏书，大部分记载在《绛云楼书目》中。不过，《绛云楼书目》并未将全部藏书载入，终为缺憾。有关佛教方面的典籍以及宋元绝佳之品，书目都不载，更不用说近人所刻以及抄本了。曹溶在《题词》中指出了《绛云楼书目》的弊端有二："一、所收必宋元板，不取近人所刻及抄本。虽苏子美、叶石林、三沈集等，以非旧刻，不目录中；一、好自矜，啬傲他氏以所不及，片纸不肯借出。仅有单行之本，烬后不复见于人间。余深以为鉴戒。"

在绛云楼上，书架都标有题签，注明文章作法，如直叙、议论、单序一事、提纲等，让翻阅者一目了然。清初进步思想家黄宗羲曾登绛云楼读书，他对钱氏藏书之丰，颇有赞叹："绛云楼藏书，余所欲见者无不有。"[3]

---

1 ［清］钮琇：《觚剩》卷三。又，［清］王沄：《辋川诗钞·虞山柳枝词十四首》注云"钱纳姬，构绛云楼居之。《真诰》：安妃降杨君家，紫微夫人赠诗有云：'乘飚侍衾寝，齐牢携绛云。'取以名楼。"

2 ［清］钱谦益：《绛云楼书目》曹溶《题词》。

3 ［明］黄宗羲：《思旧录》，载《黄宗羲全集》（第一册），杭州：浙江古籍出版社1985年版。

藏书最忌火烛。绛云楼就是因大意而失火，毁于一炬。

顺治八年（1651 年），建楼后十年，二月四日晚上，钱家小女与奶妈在绛云楼上玩，奶妈用剪刀剪烛火给小女看，一颗火星不慎落进了纸堆，顿时火起，势不可当。这时，牧斋在楼下，惊起，火焰已映红了半边天，来不及救了。全家仓皇出逃，不多时间，绛云楼与数屋藏书倏然化为灰烬。牧斋的好友曹溶听到绛云失火的消息，大惊失色，赶去探问。见到牧斋，牧斋悲不能言，只吐了五个字："古书不存矣。"

有说在绛云楼的所有藏书中，只有几百本明臣的纪传因为他准备撰写《明史》而放在楼外，幸免于毁。《绛云楼书目》曹溶《题词》中这样写道：

> （谦益）谓予曰："古书不存矣。尚有割成明臣志传数百本，俱厚四寸余，在楼外，我昔年志在国史，聚此。今已灰冷，子便可取去。"

其后曹溶也并未取到这批史书。所幸钱氏所撰《列朝诗集小传》中二千多明人的传记，如今尚存，可一目了然。还有传闻：钱氏故第在东城，东城有一批藏书幸免火种祝融，北宋版《汉书》及《后汉书》幸存焉。提到曹溶，还有件有趣的事值得一记。曹溶（1613—1685 年），号秋岳，秀水（今浙江嘉兴）人，明崇祯十年（1637 年）进士，任御史。入清后留原职，后出任广东布政使，不久降山西阳和道。曹溶与牧斋时相过从，交往甚密，借书抄录也是平常事。一天，曹溶请假南归，想向牧斋借两部书回家迻录。一部是宋时路振的《九国志》，另一部是刘恕的《十国纪年》。牧斋一口答允。

曹溶居住苏州。一天，正巧与牧斋相遇。谈到借书的事，牧斋却矢口否认，他说："我哪里有这两部书呢？以前可能是随便说的。"一副坦然的样子。曹溶也就不再问下去。待绛云楼遭火，闲谈中，牧斋忽大发嗟叹，说："我以前有惜书癖，怕人有借了去辗转丢了。你上次想借《九国志》和《十国纪年》，我倒是有的。不过，今天已成了广陵散了。"[1] 广陵散，本来是古琴曲的曲名，说的是晋嵇康临刑前曾索琴弹之。用这个典故，表示事成绝响的意思。牧斋用此深表痛惜。也的确很可惜：如今，《九国志》《十国纪年》人们也就无从见到了。《九国志》是部杂史类著作。后有守山阁刻本，是从《永乐大典》中辑出的，今北京图书馆有抄本收藏。

钱牧斋爱书又惜书，这是他自己说的。也确实如此。关于宋版《后汉书》的故事，我们再说一说，牧斋购得的宋版《后汉书》，只花了三百余金。因为这部书不全，缺了两册。所以卖书的人也就减了价钱。其书纸质、墨色均炯然夺目，他视此为珍宝，并告嘱书贩代他留意，奢望补缺。

天下竟然也有这样的巧事。一天，有一书贾泊船在浙江乌镇。天晚了，书贾上岸去买面条。巧得很，他见面铺的主人从破箱子中拿出两本书来，撕作包裹纸用。书贾再仔细一看，竟是宋版《后汉书》！书贾心中暗自高兴，他只出了几钱就把它买了下来。面铺的主人哪里知道，这两册书竟是可与宝玉大弓相比的稀世珍品！

再翻看一下，发现首页已缺。书贾问主人："这上面的一页到哪里去了呢？"面铺主人指着对面的街坊说"刚才对面的乡邻裹面去了。你去问他要就是了。"

1　事见曹溶为《绛云楼书目》所作《后序》。

书贾终于将宋版《后汉书》补全了。星夜起锚，急速赶到常熟。钱牧斋见到这两册书，欣喜若狂。设宴款待，敬若上宾，并付给他二十金作为酬报。至此，宋版《后汉书》终成完璧。

然而，好景不长，不久，这部失而复得的宋版《后汉书》又被清廷有权势者巧取去了。也无可奈何。[1] 此事发生在绛云楼失火之前。

绛云楼被毁之后，残余的古书全归于族人钱曾。牧斋是他的从曾祖父。[2] 钱曾藏书于述古堂，多宋椠本。顺治十八年，牧斋去述古堂，观览、鉴赏了钱曾所收藏的所有宋刻本之后说："述古堂的宋版书，差不多只能抵得上绛云楼的十分之三。"有关钱曾的藏书轶事，我们写在《〈读书敏求记〉与朱彝尊》一篇中。

东城藏书家顾应昌，字殿舍，曾经获得旧书一捆，说是绛云楼之余烬，但是他拿不准。就去请黄丕烈鉴别。黄丕烈一翻开书，没看几页，就断定它是宋版本《白氏文集》，是绛云楼旧物。的确，卷中烧过的痕迹还在，而且整捆书都曾经被水浸湿过。黄丕烈抚摩着这捆书，痛惜地说："天下奇书，何厄于水火之甚耶！"[3]

至于《绛云楼书目》，钱牧斋藏有写本。当时写本一出，喜好藏书的人就都想法子抄录留存，争相传抄，趋之若鹜。到了今天，《绛云楼书目》已经十分稀见了。今日本京都人文科学研究所藏有此书目，是为

1　《古学丛刊》第一集。又见［清］缪荃孙：《艺风堂杂钞》。武新立：《明清稀见史籍叙录》（南京、江苏、古籍出版社 2000 年版）转引；转引中"晚"误作"脱"。

2　钱曾之父为钱嗣美。［清］钱谦益《有学集》卷三十一《族孙嗣美合葬墓志铭》云："从孙嗣美……好聚书，书贾多挟策潜往。余心喜其同癖，又颇嫌其分吾好也。"《藏书纪事诗》收钱曾《寒食夜梦牧翁诗》自注："绛云一烬之后，所存书籍，大半皆赵玄度脉望馆校藏旧本，公悉举以相赠。"赵玄度，即清常道人赵琦美（1563—1624年）。

3　徐珂：《清稗类钞·鉴赏类》。

曹溶抄本，两册。

末了，再提一下：学者陈寅恪于 1964 年完成了巨著《柳如是别传》一书。前后花了十年时间。在这部书里，他对绛云楼的营造和焚毁更有精细的描叙和考证。本文所述绛云楼，仅一鳞半爪而已。

拜经楼主人吴骞

吴骞（1721—1813年），字槎客，号兔床，浙江海宁人，家住海宁新仓里，祖籍安徽休宁，是一位著名的藏书家。

海宁藏书之家不少，有花山马氏道古楼、查氏得树楼等。在清朝中期，马氏、查氏家道中落，散书人间，吴骞就在此时收聚古本典籍，得其残帙；他又勤于抄书，[1] 日积月累，所得五万卷，筑拜经楼贮藏。吴骞从早到晚危坐楼中，展诵摩挲，爱不自胜。不是志同道合的挚友，他是不让登楼的。他性嗜古本，称收得元刊本千部，用十只书橱贮藏，所以有"千元十驾"之称。为什么他要自称有"千元十驾"呢？这是当时藏书家的时尚，他们都标榜自己所藏的书是货真价实的宋元善本，都以收书之多为荣耀。江南藏书在乾嘉时期首屈一指的要数"百宋一廛"室的黄丕烈。吴骞立志与之相抗衡，自号"千元十驾"，意思是有千部元椠佳本，取《荀子》"驽马十驾"之意，占对句相戏谑。

吴骞曾得到宋版咸淳《临安志》（潜说友撰）九十一卷，或称九十五卷、乾道《临安志》（周淙撰）三卷、淳祐《临安志》（施谔撰）

---

1 如借抄宋本王存《九域志》，其作题跋称："癸卯（1783年）夏从枚庵（吴翌凤）借得，因亟钞而藏诸拜经楼。"见［清］吴骞：《拜经楼藏书题跋记》卷三。

六卷。这些地方志书都是世间罕见的秘籍，因此他又自署《临安志》百卷人家"，自豪之情溢于言表。

自宋高宗南渡迁都杭州后，杭州升格为临安府。宋版咸淳《临安志》这部书，据吴焯跋语所记，他曾经在康熙五十年（1711 年）花二十千钱向花山马氏道古楼借抄，一共抄了三年，也只抄了半部。后来吴焯又另外物色擅长楷书的书生把它抄完，同时亲手校勘抄好的前半部。这样，一直到雍正元年才算完成全书的抄写。历时十二三年，抄书时日之长，旷古无有。[1] 吴焯（1676—1733 年），字尺凫，号绣谷，钱塘人。其瓶花斋藏书，称名天下。其后，此咸淳《临安志》抄本归之吴骞拜经楼。今北京大学图书馆存乾道《临安志》（周淙撰）三卷，《宋史·艺文志》存目乾道《临安志》则为十五卷。[2]

关于拜经楼主人吴骞的藏书轶事，可以看《拜经楼藏书题跋记》一书。但奇怪的是，有文章把吴骞牵涉到清初顺治南北闱科场舞弊案中去，原文照录如下：

> 拜经楼藏书主人吴骞是清初有名的诗人，当时称为江南才子。他卷入顺治十四年的科场舞弊案。虽然他没有行贿，但……[3]

因为这篇文章是作者读了吴晗同志的遗著《江浙藏书家史略》之后所发表的感慨，这就很容易给读者造成这样的错觉，好像是吴晗就这么说过。其实，作者在这里犯了张冠李戴的错误。

1　《拜经楼藏书题跋记》卷三。又据《乾道志》樊厉鹗跋语中提及《咸淳志》百卷，吴尺凫抄藏尚缺七卷。又据《淳祐志》陈鳣跋记称：吴焯购抄其半，也未抄全。

2　《木樨轩藏书题记及书录》中将"淙"写作"宗"。

3　王延龄：《藏书家的厄运》，《读书》1982 年第 5 期。

顺治十四年（1657 年）发生了一起南北闱科场舞弊案。但此时的吴骞尚未出生。受此牵连的不是吴骞，而是吴兆骞。一字之有无，谬以千里。

　　吴兆骞，字汉槎，吴江人，顺治举人，诗人，著有《秋笳集》。顺治科场案发生之后，皇上震怒，下令复试。吴兆骞就是在复试中交了白卷，而这一行为被视作对朝廷的反叛，后被流放到宁古塔，在塞外二十多年。亏好友顾贞观（梁汾），以及纳兰容若（性德）、徐乾学的营救，才算得以生还。[1] 大致情况简括叙述如是，因与本题无关，就此打住。

1　[清] 吴兆骞：《秋笳集》卷八《戊午二月十日寄顾舍人书》。

开架图书馆——琉璃厂

　　鲁迅在北师大教书的时候，曾经对他的学生说，琉璃厂是百来家开架图书馆，要他们去充分地利用它。

　　琉璃厂，在北京正阳门之西。尽管它历史悠久，赫赫有名，但对北京以外的人来说，并不是都熟悉的。它是一条街的街名，就是有点怪，为什么叫琉璃厂？早在元代，这里的地名叫海王村，是制造琉璃瓦瓦窑的集中地，清阮葵生《茶余客话》中说元代的琉璃砖瓦窑一次烧制的白色琉璃砖瓦达三万件，彩色琉璃砖瓦的烧制则在明朝永乐之后。孙殿起《琉璃厂小志》引载张涵锐《琉璃厂沿革考》云："元代建都北京，名大都城。设窑四座，琉璃厂窑为其中之一。"形成厂甸的历史更早。[1]特别在明朝永乐年间，迁都北京，大兴土木，营建北京城宫殿楼宇所需的琉璃瓦，就出产在这里。清初，这里还曾制造过五色琉璃瓦，清政府专门设立了满汉监督来管理瓦窑的生产业务。康熙时，瓦窑逐渐被废弃，改为居民住宅区。到乾隆修纂《四库全书》时，文人学士都聚集到这里来了，这里一时成了书肆的聚集地，新设的书籍、古玩、碑帖、文具等店

1　孙殿起：《琉璃厂小志》，北京：北京古籍出版社 1982 年版，第 2 页。

铺鳞次栉比，别具风雅。而且，按照北京风习，每年阴历的大年初一到十七，人们都像去赶庙会似的，商贾麇集，游人如织；古玩杂货，旧书文物无奇不有，海王村市场兴旺一时。直到今天，北京春节期间的厂甸集市繁华鼎盛，古风依旧。

清李文藻曾作《琉璃厂书肆记》，记得相当的细致：

> 琉璃厂东西长大约有二里多，东门路北的一个书铺叫"声遥堂"，进东门，坐落在路南面的有"嵩口堂""名盛堂""带草堂""同升阁"；西边，路的北面有"宗圣堂""圣经堂""聚秀堂"；西边的路南有"二酉堂""文锦堂""文绘堂""宝田堂""京兆堂""荣锦堂""经腴堂""宏文堂""英华堂""文茂堂""聚星堂""瑞云堂"等。据说，路南李氏的"二酉堂"在明朝中期就已经在这里经营了，因此，人们都叫它作"老二酉"，资格最老。由西而南，转过沙土园，又有"文粹堂"，它的书铺主人姓谢，苏州人，精于目录版本之学。再向北转入正街，有"文华堂"，这里是厂桥，桥东书铺已没有了；桥西有七家："先月楼""宝名堂""瑞锦堂""鉴古堂""焕文堂""五柳居"和"延庆堂"。最西为"博古堂"，西门外就没有再开书铺卖书的。[1]

可以想见，乾嘉时期的琉璃厂，文人画士聚首其间，古玩商贾茗茶洽谈，既充满了风人雅士的书卷气息，又有嗡嗡嘤嘤，明争暗夺的利益竞争。

---

1 参见〔清〕李文藻：《玻璃厂书肆记》，收于孙殿起：《琉璃厂小志》，北京：北京古籍出版社1982年版，第100—102页。文中还提到其在"宝名堂周氏……购得果亲王府书二千余套，列架而陈之"之事，称"其书装潢精丽，俱钤图记"。

到清朝末期，上面所罗列的几十家店号几乎全不存在了；其后店主易人，字号更替，变化不断。鸦片战争之后，琉璃厂的书画、文物古玩业日渐萧条，呈现出一派衰颓的境况。但在这种每况愈下的局势下，一些有眼光的书商、古玩商借书画、古玩价值的跌落，到败落了的藏书家那里去收购低廉的旧书；也有些行商，云游天下，去称斤论箱地成批购进旧书刊，他们不时会从中发现珍本书。很显然，这些书商多是从盈利的角度考虑的，但客观上也为保存、拯救我国古籍珍本及古代书画起了积极作用。另外，北京作为全国政治、经济、文化的中心，新型的大学不断创建，给琉璃厂注进了"强心剂"。随之，刻印古籍的业务也有了新的发展，例如维新派首领康有为、梁启超就曾在琉璃厂办过书局。北大教授卞之琳的诗集《音尘集》当初就是由琉璃厂文楷斋印制的，木刻线装，只印了十几本，物以稀为贵，到今天它已成了很难觅得的珍品了。[1] 琉璃厂京华印书局、商务印书馆等的兴办，推动了北方的文化教育事业，他们采用铅印、石印的新型印刷技术，印刷出版了新式教科书等，收到了较好的社会效果和经济效益。

鲁迅先生对琉璃厂有特殊的感情。1912年他到北京，在教育部任职期间，常去琉璃厂淘书。尽管教育部日薪不高，他却难改嗜书之癖。1912年12月31日，鲁迅在《壬子北行以后书帐》的末尾做了这样的记载：

> 京师视古籍为骨董，唯大力者能致之耳。今人处世不必读书，而我辈复无购书之力，尚复月掷二十余金，收拾破书数册以自怡

1　姜德明：《书梦录》，合肥：安徽人民出版社1983年版，第127页。

悦，亦可笑叹人也。[1]

与鲁迅有关，很值得一记的，还有一件他措办"笺谱"的事。我国在明末就印制有《十竹斋笺谱》，这种谱所采用的镂刻、彩印、套色等工艺，都已经具有较高的水平。为继承并发扬我国彩色木刻套印的工艺技术，鲁迅与郑振铎在1933年、1934年间利用原旧版编印了《北平笺谱》二百部；又曾委托琉璃厂的荣宝斋摹刻了《十竹斋笺谱》，[2]他们对套板刻印的成绩很满意。

不过，琉璃厂的某些书商利欲熏心，唯利是图，往往变换各种手法作伪骗人，坑害读者。这方面的例子，在这里我们就不去说它了。

---

1 《鲁迅全集》第十五卷，北京：人民文学出版社 2005 年版，第 41 页。
2 "清秘阁一向专走官场，官派十足的，既不愿，去之可也，于《笺谱》并无碍。"见
　《鲁迅书信集》上卷，北京：人民文学出版社 1976 年版，第 420 页。

瞿镛与铁琴铜剑楼

我国私家藏书，以常熟的瞿氏、聊城的杨氏、归安（今浙江湖州）陆氏和杭州丁氏为最著名，号称清代后期"四大藏书家"。

四大藏书家的藏书楼阁的名称及其主人分别是：常熟铁琴铜剑楼的瞿镛，聊城海源阁的杨绍和，归安皕宋楼的陆心源和杭州八千卷楼的丁丙。他们著有藏书书目，分别为《铁琴铜剑楼藏书目录》《楹书隅录》《皕宋楼藏书志》和《善本书室藏书志》等。

先说说铁琴铜剑楼及其主人瞿镛，其他三家在后面分篇记述。

有说，早在清初，铜剑楼就著名于海内。乾隆皇帝南巡，曾因铁琴铜剑楼藏书之富，一度临幸。有说编《四库全书》时，瞿氏铁琴铜剑楼进呈藏书为最多者之一。此说恐不足信。瞿氏后人称铁琴铜剑楼的藏书起自镛之父绍基。[1] 瞿绍基（1772—1836 年），字荫棠。昭文（今江苏常熟）人，廪贡生，曾任阳湖训导。嘉庆、道光年间，绍基退隐，居常熟南塘菰里村，广购善本，筑恬裕斋以储书。有书印作"恬裕斋"者，

---

1 ［清］瞿良士：《铁琴铜剑楼藏书题跋集录·自序》中说："余家藏书，肇自先曾大父荫棠公，时当逊清中叶，海内承平，郡中黄氏士礼居……先后陵替，遂承其敝。"未及献呈之事。又，任松如所撰《四库全书答问》中也缄口不言瞿氏的书藏和进呈。

即其后称之"铁琴铜剑楼"的。常熟本来就是藏书家的荟萃之地,有收聚善本秘笈的风气。绍基归隐后,广购四部,旁搜金石,经过十年时间,积书十余万卷。瞿氏收藏书籍的质量要求很高,其原因是这些藏书购自吴人汪阆源(士钟)的艺芸精舍,汪氏之所藏又来自黄丕烈士礼居的旧藏。咸丰十年(1860年),艺芸精舍的书已全部散出,估计铁琴铜剑楼得其半数。常熟城中张氏爱日精庐、陈氏稽瑞楼等藏书散出时,绍基又得宋元珍本不少。到这时,铁琴铜剑楼之收藏可说是吴下首屈一指。

那么,书楼为什么要叫"铁琴铜剑"呢?原来瞿氏又喜收金石古玩,曾得一床铁琴和一把铜剑,甚为珍爱,故以此名楼。书楼共有六楹。

瞿绍基之子镛继承父志,能恪守家业。瞿镛(1794—1846年),

铁琴铜剑楼今貌

字子雍，岁贡生。他搜罗奇逸之书，勤勤恳恳，从不懈怠，先后得书十余万卷。他也爱好金石文字，辨析多有精到见解。著有《铁琴铜剑藏书目录》稿二十四卷，收书一千三百余种。除此之外，铁琴铜剑楼的书目有绍基的曾孙良士所辑《铁琴铜剑楼宋元本书影》《铁琴铜剑楼藏书题跋集录》等。

瞿氏对藏书十分爱护，他们往往把书看得比自己的生命还重要。太平天国时期，瞿氏惧战乱毁书，于是，瞿镛的两个儿子秉渊、秉潚（一说秉清，字浚之）冒着生命危险，携书避难至江北，虽然书藏稍有损失，但珍秘之本都依然得到极好的保护。[1]吴冠英还特地绘制了《虹月归来图》以志幸运。当然这仅仅是《地方志》上的记载，多少有点含混。后来据瞿绍基之曾孙良士（字启甲）称，先嗣、先君抱书避难，散失宋元本的卷数以千计，如宋刊《汉书》《后汉书》《晋书》《通典》《丽泽论说集录》《邓析子》《窦氏联珠集》等，而明刊本、钞本、校本的散失就要成倍地计算，至于明清时人的著述，则更不可胜数了。还有这样一则传闻：光绪年间，皇上派人到铁琴铜剑楼搜觅秘籍，只要是内库没有的，便要借去让皇上观览。其中有一本书光绪帝很欣赏，想要得到这本书，于是决心先重赏瞿氏后裔，给了个三品京官，并发帑币三十万两。然而瞿氏后人决不奉诏，原因是先朝曾经颁过诏书，书不出阁。终因格于祖训，没有让光绪"借"成。[2]

1　常熟、昭文二县县志《常昭合志稿》卷三十二："秉渊字敬之，秉潚字性之，并诸生，当粤寇之难，邑中藏书，大半烬失。秉渊兄弟独不避艰险，载赴江北。寇退载归，虽略有散亡，而珍秘之本，保护未失。"

2　[清]瞿凤起：《先父瞿良士先生事略》中有所记述："未几，端午桥督两江，假枢府意，胁以家藏献阙下，以京卿为饵。先父不为之动，郡县父老闻之鉴说，劝影写罕见本百种以进。无何，清社已屋，其事始寝。"该文附于《铁琴铜剑楼藏书题跋集录》上海古籍出版社 1985 年版书后。

瞿氏酷爱藏书，又十分爱惜书籍。书楼平时都有专人保管，每年必定要在伏天曝书一次，曝书还有一整套规矩，在孙庆增《藏书纪要》中的第八则讲得相当具体。[1] 正因为曝书得法，护爱备至，书籍历久不蛀。有人想要参观或者阅读，瞿氏也允许入楼参阅，或在专室阅览。但绝对不能借出。

1930 年，政局不稳，瞿氏为保护珍秘藏本，及时将书运赴上海，庋藏保管。为此，常熟城里传出消息：有人要控告瞿氏后裔瞿启甲有将书卖给外人的意向。后经查实，并不符合事实，谣言方始平息。

瞿氏铁琴铜剑楼藏书屡经散佚，剩余部分现收藏于北京图书馆。

附　记

在瞿良士的《铁琴铜剑楼藏书题跋集录》中，"《资治通鉴》条"之后，题跋记录有二则严虞惇读《资治通鉴》的信手笔记。读来鼻酸。

数月以来，饔飧不继，借贷无所，日闻索逋之声，艰窘万状。因令儿子送内人附粮船回南，各自存济，别时相对清然。回思三十年来，何有何无，百计御穷，未尝伸眉一日。今飘零至此，未知是生离，未知是死别，不能不大丈夫气短矣。庚辰七月十六日记。思

1　［清］孙庆增：《藏书纪要》："曝书须在伏天。照柜数目挨次晒，一柜一日。晒书用板四块，二尺阔，一丈五六尺长，高凳搁起放日中。将书脑放上面，两面翻晒，不用收起，连板抬风口凉透方可上楼。"

庵居士。

康熙庚辰十二月廿五日京师寓阅记。自丁丑以来，每岁底借百金，以了公私应酬，今年谪官，无处可借矣。索逋如蝟，突烟不举，人生苦况，至斯而极，未来茫茫，作何归宿，可为太息也。于如此窘迫中尚能执笔批阅此书，谚曰"黄柏树下弹琴"，亦可想之胸次矣。虞惇又记。

读书至此，无言可言。康熙庚辰为三十九年（1700年），按三十年前计，即自1670年始，虞惇便生活在极度贫困中。严虞惇（1650—1713年），字宝成，号思庵。江苏常熟人。康熙三十六年（1697年）进士，授翰林院编修。因科场案牵连，罢归。后又起用，累官至太仆寺少卿。有《严太仆集》。

今人难以想象的是，身为翰林院编修，其生活竟如此窘迫潦倒。由此及彼，下层百姓的贫穷可想而知。这难道是康乾盛世的真实景象？

聊城海源阁的兴衰

　　清朝的私家藏书，最初一直以江浙为中心，即使书籍的流散辗转不止，但终不出江苏浙江之境。道光末年，吴人汪阆源艺芸精舍书散的时候，山东聊城的杨以增正任江南河道总督，罗致了不少宋元珍本，藏之于海源阁。[1] 因为汪阆源艺芸精舍所收，原为黄丕烈士礼居旧藏，黄有百宋一廛之称，多有宋椠元刻。[2] 今辗转归之于聊城杨氏，江浙藏书独霸天下的格局，终于被杨氏打破。梅伯言曾撰《海源阁记》，以壮其盛。

　　杨以增（1787—1856 年），字益之，一字致堂，山东聊城人，道光二年（1822 年）进士。官至江南河道总督。他一生嗜书，筑海源阁十二间，楼上藏宋元精本，楼下藏元、明、清初版本等，书藏数十万卷。杨氏与安徽泾县包世臣曾结为文字之交，包为其幕僚，为杨收罗古书和金石古玩出了大力。在海源阁，杨氏还特辟"四经四史斋"珍藏《毛诗》《三礼》郑氏笺注本和四史。

1　汪士钟父汪文琛开设益美布号，赀产富饶。《同治苏州府志》卷一百四十九："孝廉（黄丕烈）殁，其书为汪观察士钟捆载而去，虽易主，未尝散也。"

2　傅增湘：《海源阁藏书纪略》，收于《藏园群书题记》附录二。如果再追溯书源，则"黄氏所得，多为清初毛、钱、徐、季诸家所藏"。

其后，海源阁由杨以增之子绍和（勰卿）继承，其孙保彝（凤阿）又为其后继者。咸丰同治年间，杨绍和父子在京城供职，正值怡府书散。消息传出，各路藏书家争相购致。有朱子清、潘伯寅、翁叔平以及杨绍和父子等。当时的情况是这样的：

> 怡府藏书，始自怡贤亲王之子弘晓，其藏书之所曰"乐善堂"。大楼九楹，积书皆满。绛云楼未火以前，凡宋元精本，大半为毛子晋、钱遵王所得，毛钱两家散出，半归徐健庵、季沧苇。徐、季之书，由何义门介绍，归于怡府。
>
> ……
>
> 怡府之书，藏之百余年，至端华以狂悖诛，而其书始散落人间。[1]

杨氏购得精秘之本不少，特地建造了"宋存室"专门庋藏宋元精椠。据杨氏《楹书隅录》记载，海源阁当时的精校秘籍凡宋本八十五种、金元本三十九种、明本十三种；其间，校本一百零七种，抄本二十四种，蔚然为北方图书之府。杨氏藏书盛极一时，与南方瞿镛铁琴铜剑楼相峙立，所以书界多有南瞿北杨之称。

然而，杨氏藏书深自珍秘，从来不轻易示人。如《老残游记》作者刘鹗于光绪十七年（1891 年）冬，在东昌访杨氏海源阁藏书，未得见。问题是扃闭深严，也抵不住战乱兵燹之灾的降临。咸丰十一年（1861年）海源阁藏书遭"皖寇之乱"，毁失十之三四。当时的情景，杨绍和在《楹书隅录·宋本毛诗跋》中作了如下记述：

> 辛酉，皖寇扰及，齐鲁之交，烽火亘千里，所过之区，悉成焦

1　见徐珂：《清稗类钞·鉴赏类》，其中还提到："乾隆时，四库馆开，藏书家皆有进呈，惟怡府之书未进，其中为世所罕见者甚多，如施注苏诗全本有二，此外可知矣。"

土。二月初，犯肥城西境，据余华跗庄陶南山馆一昼夜，自分珍藏图籍必已尽付劫灰。及寇退，收拾烬余，幸尚十存五六。而宋元旧椠所焚独多，且经部尤甚。

所谓的"皖寇之乱"是指捻军的起义。捻军义兵住在杨氏的陶南山馆，战火蔓延，藏书固不能免。据说，当时捻军进驻陶南山馆的消息，被各路总指挥任柱知道后，他立即严令禁止毁书，部分宋元旧椠方得幸存。

此后，绍和子保彝晚年乏嗣，海源阁即由族人敬夫主持，并于宣统元年（1909年）开列书目归入宗祠，同时请陶城县府出示保护。民国之初又风传海源阁藏书将收为国有，阁主人敬夫担忧秘籍珍本被充公，就挑拣出精要的本子用汽车运赴天津，存入寓所和亲属之处。众说纷纭，莫衷一是。

后经调查，结论是"现存书籍，似无损失情形"，含糊过去。一直到1929年7月10日王金发占领聊城，在杨家宅内设立了司令部，随带的书记官参谋又颇知版刻，于是就毫不留情地将海源阁所藏宋元秘笈，及金石字画，择优掠了去。当时任山东图书馆馆长的王献唐先生曾前往调查，调查的部分实况如下：

余抵海源阁时，见其书籍零落，积尘逾寸。宋本《史记》残余一册；宋本咸淳《临安志》残余两册，均散置地上，与乱纸相杂。

杨致堂画像一轴，撕裂如麻，投置几下。黄荛圃手校宋本《蔡中郎集》为海源阁原本，第四册后页，亦以拭抹鸦片烟签，余污满纸。以镇库之珍籍损坏如此，可谓疛也。[1]

1　王献唐：《聊城杨氏海源阁藏书之过去现在》，山东省立图书馆民国十九年铅印单行出版。疛，痛也。

王金发抢掠出去的书，后来流散到保定，又卖给了日本人，一共十二种，价值 8 万元。中间有宋本《庄子》、世綵堂廖氏刻柳集、《孟东野集》[1]等。抢掠野蛮，损失惨重，海源阁千疮百孔。但是，另有部分宋元善本尚存世间，那就是敬夫运出至津门的那一部分，还有，海源阁后宅三间幸未波及，一些明清刻本才侥幸残存了下来。

当代藏书家周叔弢先后在天津买到海源阁的藏书，有宋湖北刻本《南华真经注》、宋版《新序》、元雪窗书院本《尔雅》、宋本《陶渊明集》、宋本施注《苏东坡集》等五十五种。其中，宋本《王摩诘文集》是汲古阁旧藏，辗转流散到海源阁，秘藏百年，终因时世变故，不能久保永安。[2]

海源阁也真是多灾多难。1930 年又受到土匪王冠军的抢掠，明清版刻和字画碑帖搜抄殆尽。当时的《申报》曾有报道，报道说：王冠军部下一兵丁携带了几麻袋的书行军，嫌其累赘，于是在半途用三千枚铜元卖掉。实际上其中也不乏珍本。如元本朱文公校《韩昌黎文集》、清版《复古编》、抄本《绛云楼书目》、抄本《情话堂诗稿》等，凡二十种，后归之于图书馆。

在兵燹不断的旧中国，保存私家藏书是一件十分艰难的事，从山东聊城海源阁的兴衰，我们可以领略到这一点。

1　甲寅（1914 年）之冬，傅增湘曾在厂肆，得宋蜀刻本《孟东野集》一册，芜圃题识，即为海源阁中物。见傅氏《海源阁藏书纪要》。

2　《王摩诘文集》周叔弢题识云："宋蜀小字本《王摩诘文集》十卷，汲古阁旧藏，有宋本甲印可证。'二泉主人''听松风处'亦毛氏印。独无毛氏姓名印为可疑。此书自艺芸书舍归海源阁后秘藏逾百年。曩因世变，杨敬夫携书至天津，余颇有所得，独此书商之经年乃蒙割爱，得书之日，欢喜无量，一九五二年余举藏书归之北京图书馆，幸余书之得所。"

皕宋楼藏书的外流

皕宋楼，是浙江归安（今浙江湖州）陆心源藏书楼名。此楼建于光绪年间，因为它珍藏有宋版古籍二百种，所以取名"皕宋"。皕，二百的意思。乾嘉间，苏州佞宋主人黄丕烈得宋刻本百余种，藏书楼取名为"百宋一廛"。陆心源取"皕宋"名，倍于百宋，私意欲胜之。

陆心源（1834—1894 年），字刚甫，一字潜园，号存斋。清咸丰举人，光绪间授荣禄大夫，分巡广东高廉道。官至福建盐运使。陆氏广学问，性嗜书，只要见到有异书秘籍，他必定倾囊购置，或近抄远访，孜孜以求。至光绪八年（1882 年），陆心源已积贮图书十五万卷之多。主要得之于郁松年的宜稼堂藏书。为此他构筑了皕宋楼、守先阁、十万卷楼以藏书。陆氏自称珍藏宋本二百种，元本四百余种。[1] 他收藏的秘本典籍可谓是首屈一指。当然这说法恐怕只是取其整数而已，其中难免有假宋、仿宋修本。[2] 陆心源自撰有《皕宋楼藏书志》一百二十卷，《皕宋

1　[清] 俞樾：《春在堂杂文》六编卷四《广东高廉道陆君墓志铭》。
2　据考，海源阁所藏宋刊实际不超过一百十部，元本不超过一百六十部。杨立诚、金步瀛编：《中国藏书家考略》（上海古籍出版社 1987 年版，第 237 页）"陆心源"条下俞运之校补："皕宋楼宋刊中有明仿宋本，有明初刻似宋本，有误元刻为辽金本，有宋版明南监印本，存真去伪，合计不过十之二三。"

楼藏书续志》四卷。其志大凡出于李宗莲之手，李宗莲在《皕宋楼藏书志·序》中极言皕宋楼藏书的价值之高：

> 天下藏书家，为人人推服，无异辞者，莫如四明天一阁。然视先生所藏，其不如也有五：天一书目卷只五万，皕宋则两倍之，一也；天一宋刊不过十数种，元刊仅百余种，皕宋后三四百年，宋刊至二百余种，元刊四百余种，二也；天一所藏，丹经道箓，阴阳卜筮，不经之书著录甚多，皕宋则非圣之书不敢滥储，三也；范氏封扃甚严，非子孙齐至，不开锁，皕宋则守先别储，读者不禁，私诸子孙，何如公诸士林，四也；范氏所藏，本之丰学士万卷楼，承平时举而有之，犹易，若皕宋则掇拾于兵火幸存，搜罗于蟫断爰朽，精粗既别，难易顿殊，五也。

李宗莲所言未免过甚其辞，失之不公。数量的统计既有不确凿的地方，质量上看，收书的范围又各有侧重，很难说孰优孰劣。

光绪十四年（1888 年），国子监广征天下书籍，陆心源从皕宋楼中挑选书籍二百五十种，计二千四百多卷，以及他所刊刻的《十万卷楼丛书》三百多卷，捐献给国子监。为此，得到了光绪的嘉奖，赏赐给他的两个儿子树藩、树屏国子监学正衔。陆氏的这种态度，与铁琴铜剑楼主人就大相径庭了。

陆心源于光绪二十年（1894 年）去世。殁后仅仅十年，外界就传出皕宋楼藏书有出售之意。果真，光绪三十二年（1906 年）日人岛田翰，字彦桢，破例登上皕宋楼，当即就有购下全部藏书的意向。陆心源之子树藩开价五十万两，讨价还价，退到二十五万两。

岛田翰回日本谋划，由岩崎氏出资买下。岩崎氏请了重野成斋于光绪三十三年（1907年）四月，在上海与陆树藩议订卖价为日金十一万八千元。六月，陆氏皕宋楼藏书二十万卷全部装船运往日本，归之于岩崎氏静嘉堂文库。[1] 岛田翰写了《皕宋楼藏书源流考》，记述了藏书东流的详细经过，说这是一种报复。为什么说是报复呢？相传是针对杨守敬在日本低价收购大量古籍逸书的缘故。

最后，我们再提一提作为史学家的陆心源。陆心源所修撰的《宋史翼》大有补《宋史》之不足的功劳。《宋史翼》凡四十卷，补人物传记七百八十一则，还不包括所附的六十四人在内。又撰写了《元祐党人传》和《宋诗纪事补遗》，主要是依靠了皕宋楼的丰富藏书，充分利用了这一二百种宋版善本，写出了高质量的史学著作，这对宋代史料的收集和流传，起了很好的作用。

---

1 ［日］岛田翰：《皕宋楼藏书源流考》。严绍璗：《日本古代和刻汉籍版本胜论》中说："一九○七年六月，日本三菱财团以十万两银，将陆氏藏书席卷东去。"载《古籍整理与研究》第三辑，上海：上海古籍出版社1988年版。

丁氏八千卷楼

丁氏，指浙江钱塘人丁丙和丁申兄弟俩，他们都是浙江的著名藏书家。丁丙（1832—1899年），字嘉鱼，号松生、松存。其兄丁申（？—1880年），字竹舟。世称"双丁"。

咸丰十年（1860年），太平军占领杭州城，杭城百姓纷然逃散。在逃难中，丁丙出城时与丁申走失。到陶堰地界，丁丙见有题壁字，才知道其兄滞留在一个叫"留下"的地方。于是赶忙前去相会合。他俩在留下看人家卖物取货，大都用字纸包裹，拿过来一看，竟然是《四库全书》的散页。他们不免惊呼起来："文澜阁被破坏了！四库的书都将失散。我们怎么能让它散落呢？"他们俩随地捡拾，得到了几十大册。从此，丁氏兄弟立下了搜葺文澜阁四库书的志愿。

原来杭州圣因寺的文澜阁已经毁于战火。丁氏兄弟冒着生命危险，在灰烬中掇拾四库书，并告请浙江当局处置，重建文澜阁，并移藏杭州府学尊经阁所收集到的四库书于其中。左宗棠（1812—1885年）还曾在《书库抱残图》上题款，推崇丁氏兄弟的义举。湖南图书馆藏文澜阁《四库全书》的散本八册，其中六册为左宗棠家藏旧书。

咸丰十一年（1861年）冬天，太平军再次攻陷杭州城，丁丙、丁申家屋遭毁，仅以身免。他们担忧残存的《四库全书》也保不住，于是他俩不畏艰险，每天往返数十里，将四库残编运送到西溪。[1] 又生怕西溪不安全，索性由西溪用船载运到上海。船经歈浦，在河道要塞遇上了太平军，太平军的兵士见这些书上有朱红御书藏印，一再盘问。见兵士举着明晃晃的大刀，船上的人都吓得面如土色。只有丁氏兄弟神定自若，一再解释，晓之以理，最后化险为夷，为保护祖国文化典籍，免战火毁损，终于将四库残编安全转移到上海。沿途太平军并没有给他们以更多的麻烦。战事平静之后，丁氏兄弟又买船载书，运回杭州。到杭州后，他们又四处搜集，尽最大可能把散佚在外面的收拢来。几年中收回残编五百四十九册，加上残存的合计九千零六十册。但这九千多册还仅仅是四库全书的三分之一。

同治三年（1864 年），丁丙避难到上海，处处留意搜集四库残编。在战乱纷飞的年代里，许多藏书人家性命不保，哪里还顾得上这些故纸堆，因此市面上秘籍残编流出不少。丁丙趁此良机，尽力搜罗。在上海，他收到的断简残编每叠足二尺，打成一捆，一共捆了八百捆。从此，他以藏书为乐事，粗衣恶食，朝访夕求，只要有秘籍善本，他或寻访，或邮讯，千方百计尽力之所至，靡不征求。有的不能买到，他就借来抄录以存副本。如果遍借不得，他就在四库简明目录之下用小楷注明某郡某家藏有某刊本，以备日后商借。

在他家藏的图书中，丁丙特别将四库著录的书、存目的书分别庋藏于嘉惠堂和八千卷楼，多为四库修补之用的底本。其后他又辟一室，专

---

1 《武林掌故丛编》第二十六集，［清］孙峻《文澜阁志》卷下。又据《四库全书答问》记载："既出险，目击文澜阁书遭摧裂，因丁夜深趋阁，手拾肩负，旬日间得万余册，藏之僻地。"

藏宋元刊本及明精刻本，题名为小八千卷楼，所储藏的书都是四库未曾收采的。其中不乏宋元刊本、名家校本、稿本以及日本、高丽刊本。编有《善本书室藏书志》四十卷。

再说说辑补文澜阁四库全书的事。在茶陵谭钟麟督抚浙杭时，倡议建阁补抄，希望能恢复当日旧观。委派丁申经办营阁事宜，花一年时间在原址上建成。接着，将借藏于尊经阁的残编移置文澜阁中。再由丁氏负责四库书的辑补工作。自光绪八年至十四年（1882—1888年）的七年时间，补抄二千一百七十四种，合计四千七百六十九册，但事情未能全部完成，中止于半途。

文澜阁四库书的辑补最后完成于1924年。除补抄外，并重校丁氏抄本，纠正讹误，始复文澜阁本的旧貌。文澜阁在孤山南麓原浙江省博物馆之侧。辑补的详细经过见《补抄文澜阁阙简记录》。

再回过来说丁氏的八千卷藏书楼。光绪三十三年（1907年）丁家

文澜阁今貌

经商失败，亏空巨万，债主上门追逼得紧，丁家只得把全部家产变卖，才算还清债务。丁氏家财已元气大伤。然而，就在这一年，传来消息说湖州陆氏皕宋楼藏书已全部卖出，舶载赴日。江浙有识人士担忧丁氏八千卷楼也会受到波及。就在此时，两江督抚端方（午桥）在金陵（即今南京）有创建江南图书馆之议，于是以七万五千元的代价将丁氏的全部藏书收归江南图书馆所有。尽管出价较低，但书无丝毫损失。[1]对丁氏子孙而言，功德卓著；对中华民族而言，也是一不幸中的大幸。

1　［清］缪荃孙：《艺风堂文漫存·辛壬稿》卷二《丁修甫中书传》："自遭家难，君摒挡所藏悉还公债，而不留丝毫以备一己之需，固杭人所共谅。至于书籍，全归江南图书馆，价虽稍贬而书无逸散，易一地耳。书固可按目而稽，在江南，犹在丁氏。君筹之熟，计之决，识者尤知其苦心矣。"丁修甫，丁申之子。

南浔嘉业藏书楼

嘉业藏书楼在浙江吴兴县南浔镇鹧鸪溪畔。书楼主人刘承幹（1879—1962 年），字贞一，号翰怡，浙江吴兴人。刘承幹承继洪绪，豪富吴中。他的祖父，业丝致富；父安澜，清秀才，其本生父锦藻，史学家。依靠富厚的家财，刘承幹搜集精善版本、稿本和抄本，建楼藏书。嘉业藏书楼于 1924 年落成。

藏书楼占地二十亩，与第宅小莲庄刘氏宗祠相毗连。嘉业藏书楼四周有水，环之若带。中有庭院、小池，小池四周有假山、有亭台、有曲径、有花木。由池而上为书楼，书楼有庑，构成回廊式的两层建筑群落。其中共有库室五十二间，有宋本四史斋、诗萃室、希古楼等斋室名称，分门别类贮藏各种珍本要集。藏书楼布局合理，光线充足，空气通畅，利于书籍的保管。

刘承幹收聚图书起自宣统二年（1910 年），后又在上海陆续购置。十多年共用去三十多万元。1924 年间，社会动荡，江浙一带许多藏书楼纷纷抛书，刘承幹趁此良机，依凭着自己的雄厚财力，广收博采，许多藏书家故物，如甬东卢氏抱经楼、独山莫氏影山草堂、仁和朱氏结一庐、丰顺丁氏持静斋、太仓缪氏东仓书库等所蓄秘籍，都被他收罗殆尽。[1] 如宋椠珍本《四史》号称"镇库"本、南宋开庆一百十卷本《鹤山先生大全集》、南宋淳熙戊戌本《窦氏联珠集》等。书楼所藏《明实录》《永乐大典》残本，则为海内孤帙。书楼中元明遗老的著述及其谱状收集尤多，如屈氏《安龙逸史》《翁山文外》、叶天寥自撰《年谱》等。图书总数约有五十七万多卷，十八万册有余。胡道静在《嘉业堂钞校本目录》序中说：嘉业堂藏书"元刻百许，明版车载斗量，其余书刻，山积海容"。书楼之所以以"嘉业"命名，其原因是，早在光绪年间，刘氏曾捐巨资于光绪祖坟上植树，清德宗赐予"钦若嘉业"的匾额，以资奖励。后来便用此命楼，以示荣耀。因为这也是皇上对刘氏藏书、刻书事业的优厚嘉奖！

刘承幹生平未曾出仕，专注于清代掌故的研究，辑有《再续碑传集》。在藏书方面，主要精力放在善本的收藏上。除藏书外，还从事刻书事业。一般情况下，由南京、扬州等地的刻书处刊刻，他自营雕版印书近三千卷，书版约三万余片。[2] 如刻印有《明史考证攟逸》《郑堂读书记》《王荆公文集注》等名世之作。此外，他还有选择地刻印了清廷禁书，这是要有点胆魄才行的。鲁迅先生曾经在他的《且介亭杂文·病后杂谈》中说：

> 《安龙逸史》大约也是一种禁书。我所得的是吴兴刘氏嘉业堂的新刻本。他刻的前清禁书还不止这一种：屈大均的又有《翁山文

---

1 徐中的《嘉业堂藏书楼游记》中曾详载此事。
2 刻有《嘉业堂丛书》五十六种七百五十卷，《吴兴丛书》六十四种八百五十卷，《求恕斋丛书》三十种二百四十一卷，《留余草堂丛书》十种六十卷，《希古楼金石丛书》五种五十卷。《景刊宋本四史》四百五十卷，又单行本八种共六百十四卷，总共一百七十七种三千零十五卷，还有铅、石印几种不在其内。以上统计据周子美：《嘉业堂藏书聚散考》，《文献》1982 年第 2 期。

外》，还有蔡显的《闲渔闲闲录》，是作者因此"斩立决"，还累及门生的……对于这种刻书家，我是很感激的，因为他传授给我许多知识。

《安龙逸史》二卷，[1] 为屈大均撰。屈大均（1630—1696 年），字翁山，广东番禺人。在清兵入粤时曾参加抗清队伍；明朝灭亡，他削发为僧，还俗后，他写的书被清廷列为禁书。《闲渔闲闲录》中的"闲渔"是撰者蔡显的号。因为在他的"采缀闲情"之中，多有触犯时忌的文字，故而被列为禁书。蔡显结果被处斩，子女、门生都受到株连。

嘉业堂藏书楼中除收藏有一百至一百五十种宋元善本之外，还收藏有两千种抄校本。刘承幹曾出资数万元到北京去抄来了清朝实录、名臣列传两千多篇，这是十分珍贵的清史资料。

自 20 世纪 30 年代中期起，刘氏家境败落，常常是入不敷出，只得忍痛割爱，卖出一部分珍本书籍，如将宋本《四史》《窦氏联珠集》《魏鹤山集》转卖给了潘氏宝礼堂，抄本《明实录》转让给了中央研究院，《永乐大典》转让给了辽宁满铁图书馆。之后，又遇上抗战，战火蔓延到南浔镇，书楼藏书也略有损失；刘氏秘密运出数万本书到上海陆续出售。例如刘承幹刻印宋本《四史》时，其中《三国志注》六十五卷，采用的底本是元大德九路本。这样珍稀的本子不久就归之于刘惠之，此后，此本又从刘惠之家散出。[2] 在这种藏书面临四散的情况下，经过郑振铎、徐森玉的介绍，由重庆中央图书馆收购大部，主要是

---

1 《安龙逸史》，1986 年浙江古籍出版社有排印本。屈大均《翁山文外》十六卷，有嘉业堂丛书本。
2 傅增湘：《藏园群书经眼录》卷三"《三国志注》六十五卷"条。

一千二百种明刊本和三十多种抄本，为妥善安置起见，这批书计划先邮寄至香港大学，由许地山设法转运美国寄存，但并未落实，因而沦陷在香港。[1] 另有四百多种明刊本辗转售于浙江大学。解放后，上海复旦大学曾购得嘉业堂藏书一千多种。最后，在1951年刘承幹将书楼存书十万余册和一切设备全部捐献给了国家，由浙江图书馆保管。

至于嘉业堂藏书书目的编辑，刘氏一开始就十分重视，早年他就曾聘请缪荃孙、董康编纂藏书书目和题解，又聘请周子美、施韵秋等人，花了五六年工夫，编出全目十多册，每种各抄三份，但未曾雕版印行，早已散失，无法收拾。今天，我们仅见《嘉业堂善本书影》五册、《嘉业堂明刊本书目》一册和周子美所编的抄校本目录而已。

1　此据郑振铎记事。周子美称这批书后运往台湾。

影印百衲本《二十四史》二三事

    《二十四史》是清朝乾隆时诏定的历代"正史",包括《史记》《汉书》《后汉书》《三国志》《晋书》《宋书》《南齐书》《梁书》《陈书》《魏书》《北齐书》《周书》《隋书》《南史》《北史》《旧唐书》《新唐书》《旧五代史》《新五代史》《宋史》《辽史》《金史》《元史》和《明史》。

    张元济（1867—1957 年），字筱斋，号菊生，浙江海盐人，我国著名出版家。百衲本《二十四史》就是张元济在主持商务印书馆工作期间，影印的历代"正史"集成本。所谓"百衲"，是用僧服百衲衣做比方，比喻影印古史时所采用的版本是拼合补缀而成的。[1]

    百衲本《二十四史》始辑于 1930 年，至 1936 年印成，全书分装 820 册。在影印百衲本《二十四史》之前，流传世间的"正史"汇刻本有明汲古阁《十七史》本、北监《二十四史》本、清武英殿《二十四史》本等，但都存在着严重的脱漏讹误，乃至清人窜改等问题。如何搜集到好的版本、纠谬订误、整理出版一部反映我国古史真相的标准本

---

1 对"百衲"也可作另一种解释，见［清］钱曾：《读书敏求记》卷二"史记"条："今此本乃集诸宋版共成一书，小大长短各种咸备。李沂公取丝桐之精者，杂缀为一琴，谓之'百衲'，余亦戏名此为《百衲本史记》。"

子，应该说是史学界的当务之急。张元济先生挑起了这副重担，不遗余力，作出了巨大贡献。我国近代藏书家傅增湘在为《校史随笔》所作的《序言》中充分肯定并高度赞扬了他自任其劳、甘居其难的高尚情操。[1]

百衲本《二十四史》所要觅取的有些宋代版刻在国内已经绝迹，怎么办？张元济不惜重金，求之于海外。例如陈寿《三国志》，百衲本所用的工作底本——宋绍兴、绍熙两种宋刻本就来之不易。《三国志》中的《魏书》《蜀书》《吴书》三书，本来都是各自为册的，在明朝万历年间所刊刻的《三国志》六十五卷本的冯梦祯序中就说到，嘉靖十年以后"随行有宋本《魏志》，原缺《吴》《蜀》，乃参监本，手自校雠，随付剞"。在当时宋刊本就已经难以觅得了。据说清藏书家黄丕烈曾在萃古斋获得宋版本《吴志》二十卷，珍藏于读未见书斋，然而，后来也不知其所终，[2]张氏为觅宋版《三国志》全帙，只得远求海外，而终使《三国志》成为完璧。

早年，他听傅增湘说过市上有影抄宋刊本《三国志》流传。他多方寻询征求，因为如果能得到影宋本作校勘之用，那是最好不过的事了。

1 "当创议之初，或疑古本传世日稀，诸史颇难求备，且卷帙繁重，沿袭滋纷。造端既闳，杀青匪易。君独奋厉图维，引为己责。招延同志，驰书四出。又复舟车远迈，周历江海、大都，北上燕京，东抵日本。所至官私库藏、列肆冷摊，靡不恣意览阅。耳目闻见，籍记于册。海内故家，闻风景（影）附，咸出箧藏，助成盛举。于是广罗众本，拔取殊尤。远者写仿以归，近者投瓶见假，而编排待定，端绪至纷。""此成书之难，非尽人能喻者也。"参见张元济：《校史随笔》，上海：上海古籍出版社1998年版，《序言》第2页。
2 徐珂：《清稗类钞·鉴赏类》："黄荛圃买书，得萃古斋所让《吴志》宋椠本，始犹惜是未全之书，及阅其目录、牒文，自一卷至十卷，分为上帙；十一卷至二十卷，分为下帙；并载中书门下牒一通，乃知此书非不全者，汲古、述古两家目录，皆载有《吴志》二十卷，特世人不知耳。"

然则，我们今天提起这件事，又不免勾起老一辈收藏家心头的伤痛，那事是这样的：张元济的书友傅增湘于己未（1919年）五月二十九日，在江苏高邮城里的宝森堂书坊偶然获得了清影写宋刊大字本残卷。这部书原本并不残缺，为什么到此时却成了残本呢？据卖书的商人说，这是因为兄弟三个分家，也就将祖传的《三国志》影宋本一分为三，兄弟三个各自分到十多册书。因为这个原因，这部《三国志》终遭残损，零落四方。张氏也只能仰天长嗟而已。

另外说一下《周书》。《周书》最好的本子是"宋蜀本"。在绍兴十四年，《周书》和《宋书》《魏书》等其他六部南北朝史书在眉山重刻，因此"宋蜀本"又称"眉山七史本"，此本为海内孤本。百衲本《二十四史》中的《周书》称"宋蜀刻元明递修本"，实际上已非蜀本了。

当时，张元济在商务印书馆主持百衲本的影印工作，给《周书》摄影制版，岂料在"一·二八"日寇的炮火下，涵芬楼被毁，《周书》也化为灰蝶，劫火之中，到处是"飞灰满天，残纸堕地"。在废墟中，商务人收捡烬余，好不容易捡到《周书》的残页一百多张，后来，商务又悬格访补，但最终是无法补全了。痛惜之下，只能用另一个本子——吴县潘氏所藏三朝本作底本，进行补衲，整理之后作为百衲本的《周书》，列入《二十四史》。

此外，我们要说到宋版《旧五代史》的事。

《二十四史》中有新、旧《五代史》各一部。早先，宋开宝六年（973年），宋太祖赵匡胤下诏修纂《五代史》，记载五代十国时期的历史。由宰相薛居正为监修，卢多逊、扈蒙等人编写，写成《五代史》，刊行于世，即史家所称《旧五代史》。

薛居正《五代史》修纂刊印之后约八十年，欧阳修私人修五代史，写成《五代史记》七十四卷，此书在编写的体例上与薛居正的《五代史》有所不同，把几个朝代的纪传内容进行了综合编排。从此之后，前者称为《旧五代史》，后者称为《新五代史》，因为欧阳修新刊布的《新五代史》，文字简练，文采华美，欧阳修又号称"一代文宗"，他写的史书自然风靡一时，结果《旧五代史》的读者日渐减少，到了金章宗泰和七年（1207年），官府正式明令宣布《新五代史》为学校学史范本。[1]这样，薛居正主修的《旧五代史》也就杳然难见踪影了。

张元济在辑印百衲本《二十四史》时，当然也就无法见到《旧五代史》原书了，然而，阅读清代文人记载，发现在明清之际《旧五代史》还曾经有人见到过。这便给张元济以兴奋，使他始终怀着一线希望，觉得若能见到薛居正的原刻本，总要比用乾隆时的辑本好得多。因为乾隆年间所刊的殿版《二十四史》是由邵晋涵等人辑录自《永乐大典》，并补以《册府元龟》等书中的有关遗书而编缀成的。尽管薛史的文字烦冗平弱，无法与欧史相比，但是，薛居正、卢多逊、扈蒙等大都是五代时的官员，他们所用的史实相对说来更切近当时的现实，有较高的史料价值；且《旧五代史》中所引录的传闻轶事，很多是《新五代史》所欠缺的。

据传，在明朝万历年间福建连江陈一斋世善堂、清初浙江余姚黄宗羲二老阁都收藏有宋本《旧五代史》。[2]这只是传说而已，究竟是否真有收藏，并无确证。清仁和人吴任臣撰写《十国春秋》一书时，曾去向黄

---

1 ［元］脱脱：《金史·章宗纪》："（金章宗泰和七年）十一月癸酉，诏新定学令内削去薛居正《五代史》，止用欧阳修所撰。"

2 ［清］全祖望：《鲒埼亭集外编》卷十七《二老阁藏书记》。

宗羲借阅过《旧五代史》，[1]但去函之后，未见复信，后人凭此认为黄宗羲肯定收藏有此书，如果黄宗羲没有《旧五代史》，吴任臣就不可能去求借。但是，未见复信又总不免令人疑惑，很难确证黄氏有藏；读吴任臣的《十国春秋》也很难看出他真的读过这部书，所以王鸣盛这样断言："恐实未见，虚列此目。"另外，还有一种说法，认为黄宗羲的家乡曾经遭受过一次水灾，黄宗羲去世后他的宅院又遭到过一次大火，所以此本可能毁于水火了。[2]

但不管怎样，全心致力于出版事业的张元济对《旧五代史》的再现还怀着一种侥幸的心理，他到处搜访寻觅《旧五代史》的流落踪迹。1930 年，张元济登报"重价征募薛居正《旧五代史》原书"，结果渺无踪影；1934 年，他第二次登报重价悬求，又无一丝反响，连它的零卷散页也未有得见。频年侦访，一无所获。

出人意外的事又发生了。张元济一次到宁波访书，在宁波藏书家冯孟颛的家里读了汪允宗的《货书记》，《货书记》中云："余旧庋金南京路转运使刊薛氏《旧五代史》一百五十卷……民国四年乙卯三月……货于一粤估，得银币一千三百元……而余历岁收罗精本，斥其半矣。"[3]他在不经意中得到了《旧五代史》下落的存世消息，喜出望外，真有点漫卷诗书的味道了，在百衲本《二十四史》的薛史跋文里他作了这

1 ［明］黄宗羲：《南雷文定三集》附吴任臣致梨洲尺牍。原信摘要如下："拙著《十国春秋》，专俟薛居正《旧五代史》略为校雠，遂尔卒业；前已承允借，今因仇沧兄之便，希慨寄敝斋，一月为期，仍从沧兄处璧上，断不敢浮沉片纸只字。切祷！切祷！"另见张元济《校史随笔·旧五代史》。
2 徐珂：《清稗类钞·鉴赏类》："黄梨洲喜藏书，其搜罗大江以南诸家殆遍。垂老遭大水，卷轴尽坏；身后一火，又失其泰半。""而如薛居正《五代史》，乃天壤间罕遇者，则已失矣。"
3 张元济：《校史随笔》，上海：上海古籍出版社 1998 年版，第 110 页。

样的追忆：

> 余微闻有人曾见金承安四年南京路转运司刊本，故辑印之
> 始，虽选用嘉业堂刘氏所刻《大典》有注本，仍刊报蒐访，冀有
> 所获。未几果有来告者，谓昔为歙人汪允宗所藏，民国四年三月
> 售于某书估，且出示其《货书记》相视。允宗，余故人也，方其
> 在日，绝未道及……乃辗转追寻，历有年所，迷离、惝恍，莫可
> 究诘。[1]

至此，《旧五代史》存世的希望依然渺茫，在张氏心灰意冷之时，
却又得到一丝消息，说此书可能仍在上海。傅增湘《藏园遗稿·旧五代
史辑本发覆序》中曾经提到过歙人汪允宗所藏刊本的下落：

> 惟余微闻其书为丁运使乃扬旧藏，辛亥国变失之，为当道某巨
> 公所获，存沪渎侨寓中，第秘借不以示人，可知孤本秘籍，至今犹
> 在人间。

原来，清末广州孔氏岳雪楼曾收藏有薛史。出于筹款，抗议清政府
将香港、九龙划为租界，把所藏薛史卖给了广州双门的登云阁古董店，
登云阁又将此书转售于两广盐务丁乃扬。

丁乃扬得到汪氏原藏之后不久就去世了，不知是什么缘故，书又转
卖给了一个姓彭的人，大概就是傅增湘所说的那个当道巨公了。丁丑之
变，彭姓巨公带了书回到上海，据传海上画家吴湖帆、公孙翼还曾为之
作画，画题为《千里负书图》。此事世人颇以为奇。见近人王佩铮《藏

---

1 张元济：《涉园序跋集录·旧五代史》，台北：台湾商务印书馆 1979 年版，第 92 页。

书纪事诗三编》所记载。

至今薛居正《旧五代史》是否存世，仍难下断语。

张元济先生除影印百衲本《二十四史》而外，还影印有《四部丛刊》，辑有《续古逸丛书》等，在我国近代出版史上写下了光辉的一页。

沅叔藏书轶闻

手头有两部巨著:《藏园群书题记》和《藏园群书经眼录》。

藏园,是本文主人公傅增湘晚年的别号,自称藏园居士、双鉴楼老人。傅增湘(1872—1949 年),字沅叔,四川江安人。清光绪戊戌进士,选庶吉士。曾创办过天津女子公学、北洋女子师范学堂。1909 年署直隶提学使,1917 年退隐居家,校勘古书近八百种,一千六百余卷,其校雠古籍、研究版本目录学的成果,主要收集在上面所说的那两部书中。

1913 年,江苏吴门有积宝斋,斋主是收藏家孙伯渊。积宝斋收购到一部《莲华经》,孙从题记、版式、墨色等角度判定它是宋刻。其后,转让给了其他藏家。

据说这部《莲华经》原来珍藏在吴江垂虹桥畔的某寺塔中,古塔突然倒坍,发觉有《莲华经》二卷,一卷完好,一卷有破损。完好的被湖洲蒋孟颒所得。沅叔得知,展卷细看已破损的一卷,只见蝇头细字,雕镂工雅,所用的楷字工整精妙,很像是东坡体。于是沅叔用比较适中的价钱把它买了下来,在此卷卷末还有这样两行字:

> 此经再将诸本校勘重开,并无讹谬。钱塘丁忠开字。

沅叔据此断定此卷为浙江杭州本无疑。回顾书史，宋治平元年，宋英宗赵曙曾下诏令刊刻七史，就是在杭州开版刊印的。宋代刻本以杭州刻书为最好。王国维曾云："宋国子监刊书若《七经正义》、若《史》《汉》三史、若南北朝七史、若《唐书》、若《资治通鉴》、若诸医书，皆下杭州镂板，北宋监本刊于杭州者，殆居泰半。"那里有许多刻工老手，刻版的细楷字小如米粟，而刀法精妙，锋颖如新，"在宋本中，实居首位"。[1] 沅叔展玩不止，爱不释手。后来，沅叔得知湖州蒋孟𬞟的那一卷，有了影本，他又从蒋氏那里要来一本。取影本对原来那部破损的《莲华经》重新加以修补，精心装池，修整一新，天衣无缝，沅叔十分满意，随手打上"沅叔审定宋本"的印记，并取来一纸，当即写了二百多字的题跋，附在卷末。[2] 然而，目录学家王重民对此抱有怀疑，认为此卷绝非宋刻。他与沅叔过从甚密，大概是为了不去扫他的兴致，暂时没有去跟他争论，就此把问题搁置起来，想等今后有机会再行研讨。想不到沅叔于 1949 年作古，此桩笔墨公案只能留给后人去考究了。

沅叔家的藏书室叫"双鉴楼"。为什么要叫双鉴楼呢？只是因为沅叔得到过端方旧藏的宋刻百衲本《资治通鉴》，加上自己家里所收藏的元朝胡注本，可以算作"双鉴"并存。"此百衲本《通鉴》季沧苇旧藏，余丙辰岁获之端陶斋（方）家，与家藏元胡氏音注本俪为双鉴。"[3] 沅叔嗜藏书，家藏宋、辽、金、元刊本有三千八百多卷，明刻本、明抄本也多达三万多卷。

1　王国维：《两浙古刊本考·序》。
2　傅增湘：《藏园群书题记》卷十《题北宋刻妙法莲华经》。
3　傅增湘：《藏园群书经眼录》卷三《资治通鉴》二百九十四卷"条。

弢翁藏书

周叔弢（1891—1984 年），曾名暹，人称"弢翁"。安徽建德人，后移居天津。他是我国当代著名的古籍收藏家。弢翁收藏，以海源阁原藏为其精品的主要部分。

抗战之前，叔弢经营工厂，赚了钱之后就收藏古书，但往往是入不敷出。因为宋元版书价格昂贵，动辄百千，耗资巨万。

1942 年 3 月，叔弢因家用不足，忍痛割爱，竟至将一百多种明版书卖出，换得了一万多元应付日常家用。正巧，那天有北京书贾到天津。拿出一部宋人余仁仲万卷堂刻本《礼记》给他鉴赏，说是从上海买来的。叔弢细加鉴定，觉得这部书刻印得的确精美，卷帙周全，楮墨精湛，宋版不假。叔弢乐不可支，忘情于书，竟然不假思索地用刚刚换得的一万元钱将其买了下来。此时，他早就把买米置衣的事抛到了九霄云外。正如他自己在事后这样说："献书买书，其情可悯。幸《礼记》为我所得，差堪自慰。衣食不足，非所计及矣。"[1]

1　叔弢为宋版《礼记》作跋云："昔人割庄易《汉书》之举或尚不足以方余痴；而支硎山人'钱物可得，书不可得，虽费当不较'之言，实可谓先获我心。"转引自叔弢之子钰良文（周钰良：《我父亲和书》，《文献》1984 年第 3 期）。

叔弢那一百多种明版本书是卖给实业家陈一甫的。陈一甫，号恕斋。当时陈氏把书从周家运出的时候，叔弢衷心依依，有一种挥泪宫娥的失落情感。第二年（1943 年），叔弢在研读古书的时候，想要从《齐乘》中检索一个典故，但是明本《齐乘》已经卖给了陈一甫了，此时再懊丧又有什么用呢？他不得不硬着头皮去陈家求借了。如若能赎回就更好了，陈一口应允，赎回的代价是三百元。这个价钱比去年叔弢卖出时的价格高出了一倍半。其实，这部明代嘉靖四十三年杜思刻本《齐乘》也并非罕秘的古本，而且经黄丕烈鉴别，认为这刻本已经后人修过版。尽管叔弢家中财力不足，但他"惜书之癖，甚于惜钱"，积习难改，竟然又去把书赎了回来，取书到家之后他还情不自禁地说："赎书一乐，故友重逢，其情弥亲也。"[1]

叔弢藏书，他总竭尽自己的可能，要将分散收藏在不同地方的同一种书，设法合成完璧，作延津之合。叔弢藏有一部元相台岳刻《春秋经传集解》。最初他在天津仅收到这部书的卷十二、卷十三和卷十七至卷二十共六卷，隔了一年，他又觅得《春秋经传集解》原装岳刻本二十三卷，这样就只差一卷了，这一卷是首卷第一册。经多处打听，说第一册首卷早年是被嘉定徐氏买去的，目前已流传到北京，他就赶到北京，北京书商告诉他说，前几天已经被上海一个姓龚的人花了六百元买去了。一年之后又传来消息说，上海"淞沪之战"，这一册已毁于闸北之难。听到这个消息，叔弢先生的心情异乎寻常的沉重，久久振作不起精神来，觉得这下子可算完了，延津之合的希望终成泡影。在这种情况下，叔弢就设法从傅增湘沅叔先生那里买了另一种刻本的《春秋经传集解》

1　周叔弢：《弢翁藏书题识·齐乘》。

首册，是宋抚州刻本，用它来补全元相台岳氏刻本，以成完帙，借此了却自己心中的缺憾。

然而，意想不到，人间的奇迹出现了。在 1945 年初，与补配首册的事相隔已有十年时间了，传来消息说，有一徐某拿了元相台岳氏刻本首册向谢国桢求售。这对叔弢先生来说，简直是天赐良机，书运鼎盛。一本传说毁于战火的岳氏元刻本竟然会突然出现，他惊喜之余，修书一封，向谢国桢先生打探虚实。不料，信刚发出，那个姓徐的售书人已上天津家门口来了，他是经谢国桢的介绍找来的，不过他还想搭卖一部脂砚斋评庚辰本《红楼梦》，而且要价很高。托人商议再三，谈判没有成功。此事一直拖到 1947 年初，叔弢才用一两黄金的代价买下了这册历经周折的《春秋经传集解》首卷本，为此他郑重地在书上写了题识。题识中有言："珠还剑合，缺而复完，实此书之厚幸，岂仅余十余年好古之愿一旦得偿为可喜哉！"[1]

还有这样一件配书的事值得一记：1946 年，叔弢从琉璃厂藻玉堂买到了宋国子监刻本《经典释文》的首册，珍视如拱璧。《经典释文》一共三十卷，北平图书馆直到 1948 年才收到二十九卷，唯缺弢翁所藏的那一卷，解放后，弢翁毅然把它献给国家，使之成为完璧。后由上海影印出版。这部书是清宫旧藏，是溥仪出宫时携出而流散的。

此外，叔弢为收集流失在海外的我国善本古籍也是不遗余力的。抗日战争之后，日本东京文求堂田中庆太郎从我国买去了一大批珍本古籍。叔弢节衣缩食，千方百计，不惜出重价尽力将那些善本书买回来。其中有宋版《东观余论》《山谷诗注》等。有意思的是，在购回的一批

1　周叔弢：《弢翁藏书题跋·春秋经传集解》(在李国庆编、周景良校定之北京紫禁城出版社 2007 年版第 92 页)。

书中有一部《佛国禅师文殊指南图赞》。买回之后，发现它不像是宋版原刻，而是日人的翻刻本。后来他驰书东瀛，告知田中此书为翻刻，只是请田中告知它翻刻于何时何地，当然并没有想退书的意思。结果正如预料的那样，田中一口咬定《佛国禅师文殊指南图赞》是真宋版，叔弢长叹一声，也只能就此作罢。

郑振铎《劫中得书记》

　　郑振铎（1898—1958 年），笔名西谛，祖籍福建长乐，生于浙江永嘉。他是我国现代著名的藏书家、文学家。他写的《劫中得书记》和《劫中得书续记》较详细地记录了他收藏剧曲、小说、宝卷、弹词等古籍的经过。不过，郑氏并不自认为是藏书家。他在《劫中得书记》的"新序"中这样说："我不是一个藏书家。我从来没想到为藏书而藏书，我之所以收藏一些古书，完全是为了自己的研究方便和手头应用所需的。"

　　郑氏在他的"新序"中又说，打开《劫中得书记》，就像"翻开了一本古老的照相簿子，惹起了不少的酸辛的和欢愉的回忆"。

　　1921 年，沈雁冰介绍郑振铎进商务印书馆编译所工作。20 世纪 20 年代，学术界深受尊孔读经的影响，尽管经过五四运动，但传统的学术流向仍左右着出版业的行情，绝大部分学者对小说、戏剧并不以为然，更不用说弹词、宝卷之类，然而郑振铎则采取了"人弃我取"的态度，重视古代小说、戏剧的研究，除上述几类书以外，甚至连大多数藏书家不屑一顾的大鼓词，明清版刻的插图也在他的搜集之列。某年，郑振铎在上海的中国书店觅到了两部书，一部是明刻本《清明集》，另一部是清代梁廷楠的《小四梦》。两部书的书价相同。《清明集》是宋代的一部法律方面的书，全名《名公书判清明集》，是以诉讼判决词为主的南宋官方卷宗汇编，外间流传少。在这种情况下，郑氏仍取"鱼"而舍"熊掌"，对《清明集》只能割爱了。这是由他戏剧史的研究方向所决定的。从这个角度说，把握住收藏的目的和研究的目标十分重要，这对我们是有所启迪的。

"劫中"，指的是1932年"一·二八"日本侵略军进攻上海时，他在东宝兴路的寓所沦陷于日军之手的事。他所藏百来只书箱被日本兵用刀斧斫开的不少，损失藏书几十箱。1937年"八一三"事变时，虹口沦为战区，寄存在上海东区开明书店图书馆的书，也未免劫难，被焚毁八十余箱，近二千种，一万几千册，损失了一半所藏，其中，有元版书数部、明版书二三百部，还有清人的手稿数部。他积二十年之力搜集的有关研究《诗经》《文选》方面的书十多箱全部毁于此。在"序"中，郑氏描绘了当时目不忍睹的情景：

> 于时，日听隆隆炮声，地震山崩，心肺为裂……烬余焦纸，遍天空飞舞若墨蝶。数十百片随风堕庭前，拾之，犹微温，隐隐有字迹。此皆先民之文献也。余所藏竟亦同此蝶化矣。

受了这两次浩劫，郑氏心灰意冷，本不想再提起积书的雅兴来，但人往往是积习难改的。当时在通衢之间，残书版图布地，不择价而估，郑氏难免手痒，又不知不觉地开始拣拾旧书残本，以圆旧日藏书的美梦。市肆书友又好意为他觅书，以致在奇穷极窘之中，其收获也相当可观。如此孜孜以求，钟情书本，较劫前更有过之而无不及。当然，其中还有一个因素是，在特定的政治背景下，郑氏已自觉到为"将来建国之业必倍需文献之供应"的准备。

但是，当时他的处境并不好，生活已到了难以为继的狼狈境地。一次，为了生存，他把百二十种精刊善本抵押给别人。不久，人家催赎日紧，赎金共计三千有余。郑振铎不愿让心爱的善本书被泪没，但实在家贫如洗，怎么办？在踌躇无措的窘境之下，他只得忍痛割爱，采用拆东墙补西墙的办法，把明清刊刻的传奇杂剧七十种、明人诗文集等十余种归藏进国家图书馆，换得七千金，好不容易赎回了抵押的书。

1937年冬天，正当国民党军队向西撤退的时候，友人陈乃乾挟着一部《古今女苑》前来找他，商求易米。这是一部明朝万历刻本，中间有图版二百幅。画面线条细若毛发，柔如绢丝，是徽派版画的最佳作品之一。郑振铎见后，大喜过望，尽管自己阮囊羞涩，生活难以为继，但他还是宁愿自己断炊绝粮，也要把款子筹措起来，济助友人急难，又满足了自己收书的意兴。事后，人们提起此事，都说郑氏避难于斗室，还有此豪举，实在是大大的不易。正如周予同先生所说：振铎是他的朋友中生命力最充沛的一位，有想头，有"傻劲"，时常有将全力、生命贡献给值得贡献的事业之心。

在劫中，郑振铎是"结习难忘，复动收书之兴"[1]。只要有余钱，他就收书，仍着眼于民族文献的积贮，有见必收，有书必应。收到书之后及时阅读，写出题记，相当勤快扎实。到1938年初冬，他收书竟达八九百种之多，如萧云从绘《离骚图》、明刻本《童痴二弄山歌》、明万历刊本《古今女苑》等，并编选影印了《玄览堂丛书》《明季史料丛书》《中国版画史图录》等。他写的《中国俗文学史》也在这一时期出版。

---

1 《劫中得书记序》，见《西谛书话》，北京：生活·读书·新知三联书店1983年版。

王重民与《中国善本书提要》

全国有多少种善本书存世?

据《中国古籍善本书目》[1]的约略统计,它著录了全国各省市图书馆、博物馆、大专院校图书馆等781个单位所珍藏的古籍善本约13万部,6万多种,形成2万多条数据,并配有1.4万余幅书影。一些世所罕见、稀少名贵的宋元刻本和著名学者的稿本以及大量的明刻本、清初刻本都罗集其中,为以往古书目录所无可比拟。以"经部"计,便已收藏5240种,洋洋大观。

在此之前,1983年上海古籍出版社出版了王重民所撰《中国善本书提要》一书。此书尽管未能收罗全国所有善本书书目,资料来源有一定局限,却对流落国外的部分善本书作了介绍,此外,还重于版刻源流、版本同异的比较探讨。

王重民(1903—1975年),字有三,高阳人,1929年毕业于北京师范大学,其后任职于北京图书馆。1934年夏,北京图书馆派他前往法国国家图书馆工作,到1938年告一段落。此行的目的主要是编辑伯

---

1 原定名《全国善本书总目》。

希和劫去的敦煌卷子的目录。关于敦煌遗书被劫的经过详情写在本书的《敦煌遗书》一篇中。其间，王重民的夫人刘脩业也随之去了法国，协助抄录敦煌卷子的材料，并搜集了收藏在法国图书馆的中国古典小说、戏曲罕见本的资料，这些书大多是来华传教士带出去的。

1938 年王重民又赴英国，在伦敦博物院图书馆中辑录了斯坦因劫去的敦煌卷子。

1939 年第二次世界大战爆发，王氏原打算回国，后又应美国国会图书馆远东部主任恒慕义（A.W.Hammel）的邀请，去华盛顿国会图书馆整理、鉴定馆藏的一批中国善本古籍。他每阅一书，就写提要一篇，一共写了 1600 多篇。1946 年，他又应美国普林斯顿大学图书馆的邀请，去整理、鉴定了该馆所藏的中国善本书，写成 1000 种书籍的提要。

1947 年回国。王重民又继续为北京图书馆馆藏善本书写提要。在北京大学图书馆系任教期间，又为北京大学图书馆善本书撰写提要。早在抗战时期，北京图书馆为了保证古籍善本的安全，曾选出珍贵书籍 2720 多种，转运上海，秘密运往美国，庋存在美国国会图书馆远东部。王重民在美期间对每部书都摄了微缩胶卷，并写了提要。总其前后，他一共写出善本书提要 4200 多篇（另补遗 100 余种），编成了这一部《中国善本书提要》，对这些善本作了详细的著录和考订。

《中国善本书提要》不仅录存善本书的目录、卷数、版框、刊刻时间、题跋等，而且做了大量的考订工作，这为读者认识该书的真伪、刊刻源流及其价值，提供了丰富的资料。过去一些做古书买卖的商人，常常做些手脚，作伪的事是经常出现的，不说那些刻书作坊为了图利，偷工减料，任意抽去篇中文字，即使是在书贾售书之前，采取抽换或挖补的手段充作古本的事也常有发生，也有的是在古书的流通中，序跋散落而造成缺失的，如果不加考订辨析，读者是很容易上当的。在《四库全书总目提要》中有些失考的地方，王重民在《中国善本书提要》中尽可能地作了考辨。例如《麻姑山丹霞洞天志》这样一部书，在四库全书的"存目"中著录成三部书，一个原因是把裁定者、增补者都当作修撰的人；另一个原因是把后人在原版上的修补当作续本，其实是后人任意挖改、换刻的结果。那一部叫《麻姑山志》的续刻本，十七卷，"存目"说是"明左宗郢撰。国朝何天爵、邱时彬重修"。经考辨，前后的卷数是相同的。何、邱二人是雍正间人，只是对原版进行了修补，内容没有涉及清代的；他们把卷内"国朝"二字，多改为"明朝"，间或也有漏改的。卷首，全叶改刻，其他用的是明时的原版。显然，它是一部明版清印本。[1] 经过王重民先生的考辨，纠正了以往著录中的错误，使读者对现存古籍有一个正确的认识，不致以讹传讹，贻误后人。

王重民在版本目录学方面是有精深研究的。我国明清史名家、版本学家谢国桢是他的知己朋友。谢国桢家里收藏了一部北宋地理学家朱彧著的《萍洲可谈》，书页上有缪荃孙的批校文字，谢氏视若至宝，爱玩不已。这是一本宋人笔记，中间记述了作者之父朱服的所见所闻。谢氏去请王重民再作审鉴，审鉴的结果是它是一个伪本，实际上是宋人所著的另一部笔记。朱彧是宋代宣和时人，书里却记述了在其后的朱文公、杨诚斋、周益公的事，据此证明书商作伪无疑。[2] 这样，既纠正了前人

1　王重民：《中国善本书提要》史部地理类"麻姑山丹霞洞天志十七卷"条。
2　此书为伪书，清人叶昌炽早已发现，他曾为此书作跋，云："同治丙戌二月初二日为建赨跋抄本《萍洲可谈》，伪书也，与《说郛》本、《秘笈》本、'守山阁'本全不合。朱彧，宣和间人。而书中所及，有文文公、杨诚斋、周益公事，其为书估伪作以欺不学者无可疑。卷端有徐健庵、汪阆原藏印，非伪为者，二家亦为所蒙耳。"（[清] 叶昌炽：《缘督庐日记钞》卷四）

的失误，又发现了一部新的宋人笔记著作，大有发潜彰幽的功劳。谢国桢著有巨著《晚明史籍考》一书，但不可能包罗晚明所有史籍。王重民在《中国善本书提要》中所著录的北京大学所藏善本书《墨山草堂初集》《弃草诗文集》都为谢氏所缺收。这样学术上的相互补充、相互促进，为读者免去了检索之苦，提供了极大方便。他们虚怀若谷、学无止境的精神也值得人们学习。

虽然《中国古籍善本书目》已经出齐，但王重民的著述仍不失为版本目录学著作中的佼佼者，它仍具有《中国古籍善本书目》所不能替代的特有功能。

十年动乱中王重民受到迫害，于 1975 年殁，不久冤案得到平反，遗稿由其亲友整理出版，《中国善本书提要》是其中最为重要的一种。

至于此书书名过于宽泛，这与作者未实现自己遍访天下之书的原定计划不无关系。在王重民先生的遗稿中，又发现有善本书提要稿 700 多篇，百分之九十以上为史部史籍提要，还有几部子部书的提要，编为《中国善本书提要补编》，已于 1997 年 12 月由北京图书馆出版社出版。

古书存亡史话

卷五　书林逸事

《容斋随笔》逸闻

　　嘉庆八年（1803 年）冬天，浙江乌程人严元照的女儿桐庆与荻港章文鱼的小儿子将结为秦晋之好。媒人兴冲冲来严家，送来了一部古书，书名是《容斋随笔》。将书权作聘礼，这倒是一件风雅事。《容斋随笔》，宋人洪迈所编撰。

　　严元照（1773—1817 年），字修能，居乌程苕溪芳椒堂。他是位以嗜好善本书出名的藏书家。家里收藏有数万卷书，其中宋元椠本也占有一定数量。一次，杭州汪某愿出让宋版书二十册，索价五百两银子。严元照喜不自禁，他心里在想：不管他出多大的价钱，也非要把它买到手不可。但是转念一想，家里还凑不足这笔款子，那怎么办呢？于是，他急中生智想出了个办法，除宋版书外，把家里所收藏的书籍全部卖掉，换了钱，把那二十册宋版书搬回了家。因为这个缘故，他的"书癖"之名声，远近没有不知道的。

　　这门婚事是章文鱼的老师朱履端牵的线。朱先生原是主管当地教育事务的教谕，当时他已八十五岁，居留在章氏的学馆中。早前的某一天，严元照在朱老先生的几案上看到这部《容斋随笔》，是部明弘治年间的铜活字印本，一部上好版本的书，在市面上已经很难觅到。不经意中，严元照流露出他的喜爱之情。他还说：世上所流传的《容斋随笔》刻本字画粗劣，读来令人生厌，而像这样的铜活字本纸墨古雅可爱。他摩挲着，爱不释手。而且，他还回忆到十年之前，在苏州萃古斋购得洪迈写的另一部书《夷坚志》，自言自语道："我对于洪迈的书是多么有缘分啊！"

果真是有点缘分。不仅跟书有点缘分，而且由这部《容斋随笔》促成他与章氏结为亲家。将这部书作为聘礼想必也是教谕朱履端出的主意。

不幸的是，就在他收到这份有特殊意义的聘礼后，正当细心披阅、准备为此书写篇跋的时候，突然传来教谕去世的消息。严元照思前想后，黯然神伤，茶饭不思。夜阑人静之时，他挑灯挥毫，在跋文中又补上了教谕朱履端的生平情事，来纪念这位谆谆长者。此刻，严元照禁不住又抚摩起这部《容斋随笔》来。事见《容斋随笔》会通馆本严元照跋。

《容斋随笔》是宋朝学者洪迈以记录经史典故以及诗文语词、名物考证等为主要内容的笔记。《容斋随笔》有随笔、续笔、三笔、四笔和五笔共七十四卷。作者洪迈（1123—1202 年），字景庐，别号野处。鄱阳（今江西鄱阳县）人。官至端明殿学士。学问渊博，尤长于史学。著作除《容斋随笔》之外，有《夷坚志》等。

严元照作题跋的聘礼《容斋随笔》之所以这样为人珍重，因为它是明弘治八年（1495 年）华燧会通馆铜活字印本。这种本子别说是现在，即便是在严元照生活的嘉庆年间也已经是价值连城的珍品了。

华燧会通馆铜活字印本留传至今的已经不多了。它在我国印刷史上曾经是闪耀一时的明星。自北宋庆历年间布衣毕昇创制泥活字印刷术以后，王祯又改用木制活字印刷。大致在明朝中期铜活字印刷术创始，由无锡华燧、安国两家力主印行。华燧，字文辉。他涉猎经史，校阅文字好穷根究底。华氏为无锡巨富，聚书刻书，自称有融会贯通的能力，故而将书斋命名为"会通馆"。安国，字民泰，也是无锡人，稍后于华氏，他以"桂坡馆"之名印书。会通馆用铜活字印有《容斋随笔》《古今合璧事类》《文苑英华辨证》《渭南文集》等。

《容斋随笔》的刊本有多种，有李瀚弘治刊本、嘉靖大字本、崇祯马元调本，另外还有宋抄本等。作为藏书家，他们对版本的要求是严格的，鉴赏的水平也体现在对版本的判别上。除了对刊本的版刻优劣作出鉴别外，还对刊本中的批点文字予以特别关注。1933年藏园居士傅增湘曾经得到一部《容斋随笔》崇祯马元调本，而且有何焯（义门）的批点文字。何批点过的本子尤为珍贵，为什么？何焯是一名考订专家，名重一时，经何焯审校过的书，丹黄稠叠，书中的伪谬脱漏大多会被他剔除或补苴，评点精湛，书法隽逸，凡见了没有不为他批点过的本子所吸引的。又因为何焯身受清初塞思黑案子的牵连，被捕入狱后，他的著作以及经他批点过的本子大多数被家人焚毁了，所以能遗存世间的经他精批精校过的本子就非其他本子可比了。正如李葆恂跋云：

> 余酷嗜名人批点之书，谓能启发人神智，而于义门先生尤所服膺。先生年二十四客于山阳，与阎潜邱订交，遂精考订之学，又得张力臣符山堂藏书，闻见益博。方望溪侍郎每一文成，必置之先生友人案头，记其褒贬之语以定去留，其为名儒倾服若此。相传先生因"塞思黑"（允禩）牵连被逮，家人闻将搜其笔札，将平生所著及评阅之籍尽付焚如，今所传《义门读书记》盖先是门弟子所

迻录，故或有赝本羼入也。石莲闇主人以此见示，评点既精，书法亦隽，先生的笔也。古籍日亡日少，先生真迹尤希如星凤，可为宝诸。[1]

世上的事常有机缘。二十年前，傅增湘在南中得到一部崇祯马元调刻本《容斋随笔》，在书的眉端行间有用红蓝笔分录的批点文字，何焯评点用的是蓝笔。傅增湘一直把它收藏在书箱里，因为是迻录的本子，不甚重视。想不到二十年后，他突然收到一个朋友寄来的抄本《容斋随笔》，附信中说是拜经楼中旧物，发函谛视，眼目为之一亮，它确然是货真价实的宋版抄本，有何焯批点真迹。世上没有比这更奇妙的事了，与章氏权作聘礼那样的赏心乐事相比，也并不逊色。

只是使人感到奇怪的是明末马元调重刻时，未能将宋刊本、弘治铜活字本中的序跋刻出。[2] 很可能是所居僻远，求书不易的缘故吧！傅增湘为此还发了一通感叹：

　　自崇祯上溯不越百余年，而罪甫访求二十余年，或只得残卷，或未经寓目，可知古人著述绵历久远留贻以至于今者，搜辑订正，存之如是其艰，散轶摧残，失之又何其易！况复水火兵戈，祸乱相寻，茫茫浩劫，伊于胡底，能勿惧哉！[3]

1　《容斋随笔》明末马元调本。此文亦收入［宋］洪迈：《容斋随笔》，北京：中华书局2005年版，第972页。
2　［明］马元调：《刻容斋五笔纪事》："有鬻《容斋随笔》者，归以告本师子柔先生，先生曰：'吾向从邱子成先生见此书不全，汝亟取以来，吾将卒业焉。'去年春，适邱子成先生家鬻旧书，得向不全本，考其序，乃弘治中沁水侍御李公翰所刻。"
3　傅增湘：《藏园群书经眼录》卷八"《容斋随笔》十六卷"条。

附 记

"洪迈被拘留，稽首垂哀告敌仇（一作"彼酋"）。一日忍饥犹不耐，堪羞！苏武争禁十九秋。厥父既无谋，厥子安能解国忧？万里归来夸舌辨，村牛！好摆头时便摆头。"此乃《南乡子·洪迈被拘留》词，作者"绍兴太学生"。

词学史上，纯粹叙事的词不多见，且以讥刺为旨意者，此《南乡子》是个特例。这位"绍兴太学生"之隐名者，出于强烈的爱国情怀，对洪迈的卑躬屈膝行径表示出极度的反感，激于义愤，填词以申其志气。胡云翼所编《宋词选》做了这样的评述："这首词具有民间文学风格。作者以无情的笔调，嘲讽一个毫无骨气的官僚，揭露了当时朝廷权贵恐金病的丑陋面貌。"

李贽的《焚书》和《藏书》

　　一提到李贽这个名字，我们眼前就会出现一个倔老头儿的形象，他就像一株历经风雨的苍老松树干，挺劲不屈，傲然矗立在高山之巅。他不低眉、不附和，刚强正直，矢志不移，为追求真理而终其一生。

　　李贽（1527—1602年），又名载贽，号卓吾、温陵居士（一说其祖曾入伊斯兰教），福建泉州府晋江县人，是我国明代后期著名的思想家、文学家。

　　嘉靖三十九年（1560年），李贽升任国子监博士。因父亲、祖父去世，他守丧多年，转而降任礼部司务，讲学于北京灵济宫。在京期间，与当朝官员常发生摩擦，主动请求调任到留都南京去，当了南京刑部员外郎中。

　　万历五年（1577年），李贽调任云南姚安府知府。任职期间，他发展农业，安定民生，清廉贤明，很有政绩。万历九年（1581年）他到了湖北黄安，做了耿定理、耿定向兄弟的家庭教师。

　　李贽一生坎坷，多次受到封建卫道者们的排挤和迫害，但他为了追求真理，伸张正义，用笔勇敢地进行了不屈不挠的斗争。他曾公开以"异端"自居，是一个离经叛道的叛逆者，对孔孟之道和正统的宋明理学展开激烈的批判。他写过许多著作，其中有两部与众不同的书，书名就是《焚书》和《藏书》。

李贽为什么要起名叫"焚书"和"藏书"呢？既然花心血写了书，就希望它能常留人间，世代相传，怎么要焚毁和藏匿？既然明知要焚毁和藏匿，又何必去写它呢？

作者在《焚书》这部诗文集中自白："所言颇切近世学者膏肓。既中其痼疾，则必欲杀我矣；故欲焚之，言当焚而弃之，不可留也。"在这部书里所说的话，很多是切中近世学者时弊的，正因为击中了他们的弊病乃至顽疾，所以，他们一定会想出各种法子置作者于死地。这部书理当起名叫"焚书"，应当赶快焚毁，赶快把它抛弃掉！是万万保留不得的！不出所料，正如《焚书》书题所预示的那样，书印出不久，就遭到了封建统治者的禁毁。

《焚书》刻印出版在万历十八年（1590 年）。在京城里任刑部左侍郎的耿定向读到这部书后，不免肝火大起，发誓要好好整治整治这个不知好歹的疯子李贽！原因是在这部《焚书》里有李贽写给耿定向的几封复信，复信里的话讲得很不好听。原来李贽在耿氏家里当教书先生，在给耿家子侄讲课时，灌输了他的反道学见解。耿定向得知后，很不高兴，就接二连三写信指责他。然而，李贽不但没有"改邪归正"，反而在给耿定向的几封复信里直截了当地批评了耿的虚伪，说："试观公之行事，殊无甚异于人者。人尽如此，我亦如此，公亦如此。自朝至暮，自有知识至今日，均之耕田而求食，买地而求种，架屋而求安，读书而求科第，居官而求尊显，博求风水，以求福荫子孙，种种日用，皆为自己身家计虑，无一厘为人谋者。及乎开口谈学，便说尔为自己，我为他人，尔为自私，我欲利他……以此而观，所讲者未必公之所行，所行者又公之不讲，其与言顾行，行顾言何异乎？"[1] 李贽借此批判了道学家的口是心非、言行不一。据理力争，很有说服力。

耿定向读着读着，正想发作进行回击的时候，他的一个得意门生蔡毅中却叫他克制，并替他出了个主意。由他写篇《求惩书》，表示出诚恳接受意见的姿态，而在暗中四处去散布"宣淫败俗"的谣言，肆意诬陷李贽。又串通了当地地方官员，下道榜文，加上若干莫须有的罪名，派出捕吏去捉拿李贽。

李贽听从了朋友的好心规劝，离开了麻城的龙潭。从此李贽离乡背井，四处漂泊。

再说《藏书》。《藏书》是一部纪传体的史论著作，对八百多个历史人物作了不同于传统的评价，共六十八卷。万历二十七年（1599 年）刻印出版。作者自称此书但可自怡，不可示人。其实，用今人的眼光来看，不仅可以示人，而且应该公之于世，展开学术讨论。然而，李贽自己明白要"颠倒千百世之是非"，是不为封建传统势力所容许的，因此，他解释书名是这样说的："吾姑书之而姑藏之，以俟夫千百世之下有知我者。"[2] 他把这本书写了出来，又暂时要把它藏匿起来，干什么呢？是要等到千百年之后，让那些了解他的志同道合者看。

李贽敢于斗争的大无畏精神，始终被封建统治者所憎恨，他们把他看成一个"妖人""狂人"，把他的学说说成异端邪说，视如可怕的洪水猛兽一般。最后，在万历三十年（1602 年），封建统治者以"敢倡乱道，惑世诬良"的罪名把他打入大牢。在狱中，他忍受不了折磨，用刀割破喉管，自刎身亡。其著作被禁毁。在《明神宗实录》中录有礼部给

1　[明] 李贽：《焚书》卷一《答耿司寇》。
2　见梅国桢为《藏书》所作之《序》。

事中张问达的上疏，疏中说：

> 李贽壮岁为官，晚年削发，近又刻《藏书》《焚书》《卓吾大德》等书，流行海内，惑乱人心。以吕不韦、李园为智谋；以李斯为才力；以冯道为吏隐；以卓文君为善择佳耦；以秦始皇为千古一帝；以孔子之是非为不足据。狂诞悖戾，不可不毁……仍檄行两畿及各布政司，将贽刊行诸书，并搜简其家未刻者尽行烧毁，无令贻祸。[1]

李贽死后，民间依然传抄《焚书》《藏书》不止，李贽的书并未禁绝。为此，在天启五年（1625 年），明朝廷又一次下令禁毁。[2] 自此之后，到清代，李贽的《焚书》《藏书》一直被列入禁毁书目中。不过，民间仍有传观者、抄录者，甚至私下重锓者。李贽的书竟出人意外地出现在日本的书铺里。[3]

李贽还著有《续藏书》等著作。尽管李贽的书历经禁毁，禁毁时间长达三百余年，但正如李贽所预见的那样，"千百世之下有知我者"。在人民当家作主的今天，李贽得到了公正的评价，他的《焚书》《藏书》等著作也将代代相传，传之无穷。

1　又见［明］顾炎武：《日知录》卷十八。

2　［明］顾炎武：《日知录》卷十八"李贽"条云："天启五年九月，四川道御史王雅量疏：'奉旨李贽诸书，怪诞不经，命巡视衙门焚毁，不许坊间发卖，仍通行禁止。'"而士大夫多喜其书，往往收藏，至今不灭。

3　吴虞：《吴虞文录·明李卓吾别传》中说："陈明卿云：卓吾书盛行，咳唾间非卓吾不欢，几案间非卓吾不适，朝廷虽禁毁之，而士大夫则相与重，且流传于日本。"

附　记

　　李贽从武昌回到龙潭，在芝佛院后的山崖塑佛像群。在《三大士像议》中论述了形与神的关系。读《山志·李贽》，王山史不以为然，甚至认为他是"一无忌惮之小人"。二十世纪六七十年代，李贽是个红人，他被奉为反潮流的英雄，所著《藏书》《焚书》《续藏书》《续焚书》纷纷出版，影响不小。

民抄董宦事略

董宦，指明代书画家董其昌（1553—1636 年）。董其昌字玄宰，号思白，自署香光居士，华亭人。曾任礼部右侍郎、南京礼部尚书。死后谥号文敏。

上海博物馆曾举办"董其昌书画艺术大展"。观后，朋友萧伟说不甚喜欢董其昌的书画。笔者以为也是。其原因是，他的书画，给人的是一种疲软的感觉，读到过与"民抄董宦事实"相关的文章，留下的印象跟市面上的评价有所不同。尽管《明史·董其昌传》称其书画，所谓的"南董北米""人拟之米芾、赵孟𫖯云"，称其人"性和易，通禅理，萧闲吐纳，终日无俗语"，未免言过其实。

藏书家黄裳在他的《翠墨集》中记事云，检得旧抄《民抄董宦纪略》三十九页，失前四页。载有：《十五十六民抄董宦事实》《府县示》《府中［申］各县［院］道公文》《十七日董求吴玄水书》《府学中［申］覆理刑厅公文》等，由此可知民抄董宦事实之概况。

黄裳所得《民抄董宦纪略》是"旧抄"，明确是抄本，不是刻本。其标题中尚有错别字出现，可见大凡出于复抄。此书有江山刘履芬抄本及其他抄本。[1]

在《明史》本传中说，董其昌"起故官，督湖广学政，不徇请嘱，为势家所怨，嗾生儒数百人鼓噪，毁其公署"。此事并非指民抄董宦之事。《明史》未有一言一语提及民抄董宦一事，史官为尊者讳，故意回避之。那么，民抄董宦究竟是怎么一回事呢？

万历四十三年（1615 年）九月间，参政董其昌"始以女奴与府学生员陆兆芳讦讼"，晚年的董其昌看中了陆兆芳家里的使女绿英，即所谓的女奴，要招来为妾。董其昌次子董祖常带领一伙人，据说有两百多，将绿英抢走。

董其昌与其三个儿子祖和、祖常、祖权，作恶乡里，时称"四凶"，加之家仆帮凶，为民怨愤之极。如抄本所记：

> 董宦父子既经剥裈虐辱范氏，由是人人切齿痛骂，无不欲得而甘心焉。又平日祖和、祖常、祖源（权？）父子兄弟，更替说事，家人陈明、刘汉卿、陆春、董文等，封钉民房，捉锁男妇，无日无之，敛怨军民，已非一日；欲食肉寝皮，已非一人，至剥裈毒淫一事，上干天怒，恶极于无可加矣。

这里所说的"范氏"是指范昶，字廷芝，与董家还有点姻亲关系。之所以有剥裈虐辱范氏的事情，则是由陆兆芳使女绿英被抢的事所引起。

陆兆芳使女绿英被抢之后，陆兆芳到处去喧嚷这件事。他是个大黑脸，口吃又喜欢到处讲。不久，社会上就出现《黑白传》等故事，说书

1　刘履芬（1827—1879 年），字彦清、泖生，号沤梦。浙江江山人，客居苏州。著有《古红梅阁遗集》。

先生四处说唱这些故事。黑，暗指陆兆芳；白，暗指董其昌，董其昌号思白。民众不言自明。传说这些故事是范昶所编写。董家听到这些故事后，咬牙切齿，痛恨之极，将范昶和说书先生一起抓来，关锁棍打，逼迫他们交代是受谁的指使。也就是抄本上所说的："继因传奇小说与生员范启宋父子争怨，各抱不平，遂开衅端。"[1] 不几天，范昶就被活活地气死了。

此时已是万历四十四年春天，范昶的母亲冯氏就带了儿媳龚氏（与董其昌是姨亲）孙媳妇董氏（是董的族孙女）等人，到董其昌家说理。不料，董其昌父子指使陈明、董文等打手关上大门，把冯氏、龚氏、董氏等人大打一顿，又推到隔壁坐化庵中，百般凌辱。上述事实经过在沈炳巽《权斋老人笔记》卷三中有详细的记载。[2]

此事激起当地民众的强烈不满，群情激愤，群起口诛笔伐，声讨董家父子。自3月6日起的一周时间里"各处飞章投揭，布满街衢"。儿童妇女竞传，"若要柴米强，先杀董其昌"，并大书揭贴，"兽宦董其昌，枭孽董祖常"，诸多生员也发起檄文。激起广大民众的愤怒，其声势不小。当时的情况是：

> 合城不平，群聚鼓噪其门约万余人。董家人登屋，飞瓦掷下击诸人，诸人愈忿，亦登屋飞瓦，互相击斗；复有受害者，乘机纵火焚其家。其昌尽家逃避，家业为之一空，半载之后，方得宁息。[3]

---

[1] 《民抄董宦事实·学院奏疏》。

[2] "又有范某者，其昌姻也，将此事演为词曲，被之弦管丝索，以授瞽者，令合城歌之；其昌闻之怒，执瞽者究曲所由来，瞽者以范对；范因称无有，乃共祷于郡神，设誓焉。未几，范某死，范妻率仆妇数人，造其汕骂。祖权拥诸狠仆突出，踞高坐阖门，执范妻及仆妇，裸其体辱之，髡其发并及下体，两股血下如雨。"

[3] ［清］沈炳巽：《权斋老人笔记》卷三。

董家逃至苏州木渎躲避。在这里，官府对于民抄董宦事件作低调处置，从略。《民抄董宦事实》中有《府示》《县示》《府申各院道公文》《府学申覆理刑厅公文》等可见其一斑。

我们之所以详细地介绍民抄董宦本事，是因为尽管正史《明史》中未及一字，在清朝三百年间，其事也未曾有刊本出现，这表明对待民间抗暴的行为，当道者的态度是保留的、暧昧的，当然是以维护封建统治为出发点。尽管"民抄董宦事实"并未有过刊刻，但是，其手抄本、复抄本却始终流传在民间，也表明民众的爱憎情感，和对资料的保存以及收藏者的鉴别能力。

《民抄董宦事实》始有刻本，在大清王朝灭亡之后。

《民抄董宦事实》收在《又满楼丛书》中，此丛书由近代赵诒琛汇编。赵诒琛，字学南，昆山人。在藏书家麇集的江南，他独具慧眼，独辟蹊径，将收集为藏家所忽视的先哲遗书、冷僻资料，整理编辑，陆续付梓。正如丛书书跋中所说，他是"以刊辑陈编为己任"的编辑。

赵诒琛的又满楼藏书，主要得力于他父亲的收藏——峭帆楼旧藏。

峭帆楼主赵元益（1840—1902年），诒琛之父，字静涵，号高斋，光绪举人。他好医书，任职江南制造局，从事翻译馆工作，主持翻译格致医学书；喜藏书，购藏富赡，尤其爱好古代典籍的存藏。在制造局西侧建置"峭帆楼"书楼，以士礼居、艺芸精舍的旧藏宋元刊本为镇库之宝。刻印《峭帆楼丛书》十八种及《高斋丛刻》。

1913年讨伐袁军而制造局被围，峭帆楼毁于兵燹。劫后改名"又满楼"。改名"又满"二字出自黄钧的《赠学南先生》诗句："闲中课子常摊卷，劫后藏书又满楼"。[1] 又满楼自 1920 年后六年，收集、整理、编写、刊印成《又满楼丛书》十六种。明无名氏所撰《民抄董宦事实》（一卷）收入其中。此外，又刊有江山刘履芬抄本等多种。

1986 年扬州广陵刻印社有影印本出版。

<hr>

1 黄钧，字颂尧，号次欧。吴县人。有《清人题画诗选》。

《读书敏求记》与朱彝尊

《读书敏求记》，读者很容易把它看成随笔散文之类的书，其实这是一种误解。它是一部善本书题解目录，作者是清代常熟的著名藏书家钱曾。

钱曾（1629—1701年），字遵王，号也是翁。清江苏常熟人。他的父亲钱裔肃是以精藏善本为主的藏书家。当时书商们都挟书潜往，名扬海内。绛云楼被毁之后，他的族祖钱谦益将所剩秘籍全部赠给了遵王。[1]遵王又不时向江浙藏书家借校传抄，所以，钱曾藏书多有善本珍籍。

钱曾特别爱好收藏宋元精椠。他从家藏的4100多种书中挑选出精粹部分601种，逐篇写成解题文字，兼作考证评论，很为时人称道。下面摘录书中"何晏《论语集解》十卷"解题一则，以见一斑。

> 童年读《史记·孔子世家》，引子贡曰……窃疑古文《论语》与今本少异，然亦无从辨究也。后得高丽抄本《何晏论语集解》，

---

1 ［清］钱曾：《读书敏求记》卷二《地理舆图》"洛阳伽蓝记"条云："绛云一烬之后，凡清常（即赵琦美）手校秘抄书，都未为六丁取去，牧翁悉作蔡邕之赠。"

检阅此句……俱应从高丽本是。

　　此书乃辽海萧公讳应宫监军朝鲜时所得。甲午初夏，予以重价购之于公之乃孙，不啻获一珍珠船也。笔画奇古，似六朝初唐人隶书碑版，居然东国旧抄。行间所注字，中华罕有识之者。洵为书库中奇本。卷末二行云："堺浦道祐居士重新命工镂梓。正平甲辰五月吉日谨志。"未知正平是朝鲜何时年月，俟续考之。[1]

　　正平，是日本吉野僭窃国号为南朝时的年号，甲辰是正平十九年，为中国元顺帝至正二十四年，即公元 1364 年。这是一部日本刻本，可用以校补他本之缺失。钱曾得此本于顺治十一年（1654 年）。他获得此本时的欣喜神态，活灵活现，跃然纸上。

　　再举一例，如钮树玉在读了宋本《东都事略》后，记录了这样几句："卷首有钱牧斋长跋，历叙其欲修《宋史》不果之意。此书即《敏求记》中所称绝难得者，抱冲以白金四十购自顾氏，可称幸矣！"[2]

　　这本目录书不同于其他目录学著作的地方还在于，它既记录了版本墨色及其渊源，而且还记录了一些人事典故。如"《方言》十三卷"条下记：

　　旧藏宋刻本《方言》，牧翁为予题跋。纸墨绝佳，后归之季沧苇。此则正德己巳从宋本手影旧抄也……刘子骏（即刘歆）从子云（即扬雄）取《方言》入策，贡之县官。子云答书："君必欲胁之以威，凌之以武，则缢死以从命。"古人务重著述如此。千载而下，

1 ［清］钱曾：《读书敏求记》卷一《经》。
2 ［清］钮树玉：《非石日记抄》。抱冲即顾之逵之字，清代藏书家。

犹为穆然起敬也。[1]

正德己巳，即 1509 年。季振宜，字诜兮，号沧苇。扬州泰兴人。家本豪富。嗜藏书，多宋元版刻。收藏有常熟钱氏珍籍之复本。与钱曾交往甚深。然而又常为善本书的借校传抄而生腹非。一次，季沧苇曾问钱曾借去了《考古图》及续考、释文十六卷。然而一去不返，多次催索，消息杳然。这件事一直牵挂在钱曾的心里有好几年。季沧苇去世后，这部书就流落到昆山徐健庵那里。事情已经到了死无对证的地步。钱曾只得再去向徐健庵借，借来后，亲自摹写，再找画师把书里的插图细细描摹下来，毫发不爽，所用的纸墨也比原来的宋椠刻本更精粹。[2]

三百年前没有像今人这样的复印条件，要想收藏秘籍珍本，除了花费大量钱财购置之外，还要雇人抄写甚至亲自抄写。钱曾十分重视这项工作，常常是一抄数年。一次，常熟汲古阁主人毛晋的儿子毛扆回归故里时随装带回了二百余帙秘本。钱曾就按日借归，自春徂秋，十抄五六。他家珍藏的看家宝书是一部《统舆图》，这部书把天下各省郡县、边防海运、河图运漕、外国属夷，都作了详赅的记载。图如蚊睫，字若蝇头，钱曾花了三年的时间才缮录完成。他完成了这样一项工程之后，十分自豪地说：这样就可以不出庭户而列万里职方于几案间了；宝护此书，便可压倒海内藏书家。这并非大话！

那么《读书敏求记》与朱彝尊有什么关系呢？朱彝尊（1629—1709 年），字锡鬯，号竹垞，浙江秀水（今嘉兴）人。曾任翰林院检讨，充《明史》纂修官。相传钱曾的《读书敏求记》写成之后，一直锁

---

1 ［清］钱曾：《读书敏求记》卷一《小学》。
2 同上书，卷二《器用》。

在他的书箧（一作枕头）里，出入时常常是随身携带，形影不离，秘不示人。朱彝尊很想一见其书，多次商量，终不可得见。康熙二十一年（1682年）他以江南典试官的身份在白下（今江苏南京）时，方伯龚设宴邀请当地的文人学士。钱曾、朱彝尊都被约请参加。暗中，朱彝尊用黄金、翠裘贿赂了钱曾的书僮，叫他打开书箧的锁，把《读书敏求记》的原稿偷将出来，立即递交给朱彝尊早就预备好的几十个楷书抄手，在密室里从速抄录。到半夜宴散之前，全部抄完，照原样返还给书僮，钱曾一点也不曾发觉。此举时人或称"窃抄"，或称"雅赚"。

在所录的《读书敏求记》目录中特别要提到一本《绝妙好词》，这是元代周密编辑的南宋歌词集，共著录有132位词家的词作，是一部极好的南宋词选本，记录在《读书敏求记》目录的末尾。其后，朱彝尊将《绝妙好词》刻印了出来，并写信告知钱曾，在信中透露了他抄得《读书敏求记》的消息，钱曾为此又气又急，担心这部书会传将出去。为什么钱曾会又气又急？目录书籍流传出去有什么可怕的呢？我们可以设身处地替他想一想，就明白他怕流传出去的缘故了：当时的私家藏书是没有安全保障的，说不定什么时候会招来祸患，偷盗在其次，主要是政治方面的忧虑。跟钱曾同时代的吕留良所遭受到的戮尸惨刑，就是着实令人寒心的一个活生生的例子。

朱彝尊考虑到他心中的忧惧，便在向他作赔礼道歉的同时，还发誓不作扩散，谨请一百个放心！一直到晚年，他才将《读书敏求记》的稿本交给他的族子——朱寒中。

"窃抄"事件始末，当时的另一位藏书家吴焯早有所闻。吴焯，字尺凫，清钱塘（今属浙江）人。他也是一个酷爱收藏宋雕元椠和旧家善本的。他知道朱寒中遵守信嘱，严格秘守，誓不借人。但是，吴焯在当时校勘他书时又迫切需要用到它。寒中得知后，对吴焯的真诚以及校书的辛劳深表同情，毅然将这个稿本的副本送给了他。吴焯用一斤银子作为酬谢，还表示决不外传云云。这些事吴焯都写在《读书敏求记》的跋语中，这篇跋语写于康熙五十六年（1717年）三月十八日。

在明末清初的文人学士中间，抄书是蔚然成风的高雅事情。许多抄本的传世也为古书的保存发挥了不小的作用。当然朱彝尊"窃抄"的做法并不足取，如果确实如此的话。

提到朱彝尊抄《读书敏求记》的事，我们很自然地想到勤于抄书的钱允治（功甫）。钱允治的生平事迹，在本书《〈李师师外传〉的流传》篇中已有介绍。万历四十四年（1616年），钱允治借了一部张千里本影宋钞《猗觉寮杂记》，[1] 夜以继日，连续奋战，抄完后精装成册，甚为宝爱。第二年的六月十三日，江阴李贯之问他借了去，到了十月十二日抄毕，李竟把真本留住，归还的却是重抄本。十二月二十一日，同族人绛云楼钱谦益又借去拆散影抄，装订时却颠倒错乱也不顾。到第二年的闰四月初六才还给钱允治。这样的影宋抄本，还有什么价值呢？允治一直害怕去翻看它，但此桩事又时在脑际转悠，排解不去。到七月初九那天，他决心将它拆开，重新依次排比，装订成册。其中的讹误伪脱他也没有兴致去订正了。他为此很有感慨，自言自语："借与人书，不可不慎啊！"[2] 此事发生在钱曾《读书敏求记》被窃抄之前，然而它们又很有相类通的地方。

---

1 影宋钞《猗觉寮杂记》，南宋朱翌著，二卷。洪迈序云："右上下两卷，凡四百三十五则，故紫微舍人桐乡朱先生所记也。"黄俞邰《征刻书目》云："一卷。谬矣。"参见［清］钱曾《读书敏求记》卷三《杂家》。
2 影宋钞《猗觉寮杂记》钱功甫《跋》。

最后，我们还想提一提钱曾。钱曾是牧斋的族孙，书香门第，又是后嗣中能承袭门祚，光耀祖宗的最佳一脉。祖孙之间切磋校书，又时作唱和，牧斋将秘籍还作了蔡邕之赠。然而，人心难测，在牧斋死后，钱曾首先对其遗孀柳如是施加压力，逼夺牧翁家产。想不到，恩将仇报之人，竟然就是这位宠爱有加的族孙。[1] 这是前人无法逆料的事。因此，也无怪乎归庄（元恭）出于长幼人伦，要骂钱曾为"狗彘不食其余"的东西了。

---

1 《钱氏家变录·柳夫人遗嘱》，转引自黄裳：《金陵五记》，南京：金陵书画社 1982 年版，第 57 页。

以页论价的宋椠《鉴戒录》

乾隆年间，清代学术界有一位靠校刻古书为生的藏书家，他叫顾广圻（1766—1835年），字千里，人们习惯上称他顾千里，号涧薲，江苏元和人。自号思适居士。"思适"二字取自"日思误书，更是一适"句。[1]他校勘古籍谨诚精密，绝不凿空，有"一时绝学"[2]"清代校勘第一人"[3]之誉。

早年，顾千里收藏有一部宋椠书——《鉴戒录》，蜀人何光远所撰，珍爱之至。然而，被当时的一个叫程念鞠的人，依凭权势，豪夺而去。当时，"百宋一廛"主人黄丕烈（荛圃），号称家藏宋椠百余种，他跟程念鞠相善日久，也没有能从程氏那里借阅到这部书。二十年过去了，嘉庆九年正月，程念鞠去江西某县任地方官，家藏的许多古书大多数都

---

1 此句出于邢邵。邢邵，字子才。在顾氏《自记》中云："以思适名斋者何？顾子有取于邢子才之语也。史之称子才曰：不甚校雠。顾子役役于校雠而取之者何？谓顾子之于书，犹必不校校之也。"（见［清］顾广圻：《思适斋集》卷五）不校校之，是顾氏校书的大指：不校，即保存古书的真相，不擅改原书；校之，校勘考证文字作为附记出之。

2 ［清］李慈铭：《越缦堂日记》："顾涧薲《思适斋集》十八卷，邃于考订之学，尤精校雠，其序诸书及题跋，皆一时绝学也。"

3 ［日］神田喜一郎：《顾千里先生年谱》。

散佚了，唯独这部《鉴戒录》却一直私藏着。黄丕烈就去找经常与程念鞠有往来的书商私下商量，能不能设法去把这部书搞到手，当然是不惜代价。书商索价白镪三十，黄丕烈答应了。因为他对这部书的偏爱，已经到了有点痴迷的地步。果然，过了一段时间，书商弄到了这部书，黄丕烈出资番银三十三元。这部书，连程念鞠自己也不明白流传到了谁的手里。

黄丕烈得到的这部《鉴戒录》，一册，总计不过五十七页，题跋一页，这么算来，以页论价，这部宋椠《鉴戒录》，每一页价值四钱六分。黄丕烈自知宋版书贵，但又痴情于宋版书，不惜代价购置到手才满足，这叫"痴绝"。[1]

今北京图书馆藏一册《重雕足本鉴戒录》十卷，抄本。《知圣道斋读书跋》中为《鉴戒录》作题跋云："余抄是书，欲采一二入《五代史记注》，余都无足取。"[2]从史料价值看，也绝非上佳之作，只因为它是宋版书，情况就不同了。

为什么宋代的刻本竟会是如此的昂贵，被人们所珍重？主要原因自然是年代久远的缘故，本子愈古，与作者及其所处时代愈近，本子翻刻愈少，愈能保持原貌而避免辗转翻刻中所带来的错误。但年代久远的东西不一定都是有价值的，宋代刻本之所以为后人所珍视，还在于它们本身所具有的学术价值。

宋真宗时，刻书事业兴盛了起来。当时的刻书书版就多达十多万。[3]

1　[清]黄丕烈：《士礼居藏书题跋记续》卷下。

2　王重民：《中国善本书提要》，上海：上海古籍出版社 1983 年版，第 389 页。

3　[宋]章如愚：《群书考索后集》卷二十六："景德二年（1005 年）五月戊申，真宗到国子监，看阅书库，问祭酒邢昺：'现在书版几何？'昺对曰：'国初不及四千，今十余万，经、史、正义皆具，书版大备。'"又见[元]脱脱：《宋史·邢昺传》。

而且在刻印之前，必先反复多次校勘，并由国子监领管，雕镌极精，毫不马虎。[1]宋椠的版刻很考究，欧柳字体，肥瘦有别，纸质莹洁，墨色青纯，可以称得上是一种高雅的艺术品，给读书人的是一种美的享受。

宋版本的特点，叶盛在《水东日记》卷十四中曾经这样记述它：

> 宋时所刻书，其匡廓中折行上下不留黑牌，首则刻工私记本版字数，次书名，次卷第数目，其末则刻工姓名，以及字总数（一本无此五字），予所见当时印本如此。

黄丕烈、顾千里都是清代著名的版本学专家，他们都认为书愈古愈好，最先刻的为最佳。明刻的不如元刻的，元刻的不如宋刻的。这说法有一定道理。当时有几个黄丕烈的门生认为不必讲究版本，甚至私下呵斥说那些看重宋刻的学者是浅学。这叫顾千里想不通了。他气愤地写信去质问荛翁："你的这批门生诋毁宋刻，究竟是在自欺？还是欺人？"[2]

顾千里校书必广采异本，一一对勘，并充分利用宋版原刻来纠正别本中的讹误。例如校勘《礼记》，他就以宋版《抚州本礼记郑注》为底本，校出他本在《檀弓上》"饰棺墙置翣"句"墙"字之下多出"墙之障柩犹垣墙障家"九字，而抚州本初刻并没有这九个字，显然是别本误入，也可能是修版时所剜挤的结果。[3]就此一例，足见宋版本原刻的重要价值了。因其旧刻，以页论价，似乎又不足奇怪。

宋版古籍以页论价的事不用说在顾千里所处的嘉道时期是这样，其实早在明末就是这样了。汲古阁主人毛晋家门口就贴有"收购宋版古书

1　[宋] 江少虞：《事实类苑》卷三十一。

2　[清] 顾广圻：《跋蔡中郎文集》。

3　[清] 张敦仁：《抚本礼记郑注考异》卷上。

每叶出价二百"的告示。此事详情我们已记载在本书《毛晋与汲古阁》一篇中。

一册《鉴戒录》因为是宋刻，就能以页论价，身价百倍于别种古籍。其他宋版书也是如此，有的可能价格更高。例如黄丕烈就遇上一个姓浦的无锡书贾，拿了一部残宋本《孟东野集》来找他，开价是每页原银二两。骇人听闻。时至今日，宋椠古书的价钱恐怕更高。这是古人始料未及的事。

也有人对宋版书已经到了迷信盲从的地步，把它供奉成一种古董，这样又未免失去了它本来的价值了。有这样一则故事也耐人寻味：

> 今人重宋版书，不惜以千金、数百金购得一部，则什袭藏之，不轻示人。即自己亦不忍翻阅也。余每窃笑其痴。昆山令王鼎臣刺史定安酷有是癖。尝买得宋椠《孟子》，举以诧余。余请一睹，则先负一椟出，椟启，中藏一楠木匣，开匣，乃见书。书之纸墨亦古。所刊字画，究无异于今之监本。余问之曰："读此可增长智慧乎？"曰："不能。""可较别本多记数行乎？"曰："不能。"余笑曰："然则不知仍读我监本！何必费百倍之钱以购此也？"王恚曰："君非解人，不可共君赏鉴。"急收弄之。余大笑去。[1]

其实，对宋版书完全没有必要迷信盲从。宋版书中也有舛误，并非一无错处。因此，读古书不要佞宋，而应从善本。王士禛《居易录》卷二中有这样一例可证：

> 今人但贵宋椠本，顾宋板亦多讹舛，但从善本可耳！如钱牧翁

1 ［清］陈其元：《庸闲斋笔记》卷八。此事又见徐珂：《清稗类钞·鉴赏类》。

所定《杜集·九日寄岑参诗》，从宋刻作"两脚"，但如旧而注其下云："陈本作'雨'。"此甚可笑。

可笑把"两脚泥滑滑"注成了"雨脚泥滑滑"了。这是迷信盲从宋版的结果。由此可见，宋版书并不都是十全十美，只是相对而言，宋版书较后出的书要靠得住点。

后　记

　　"暇日轩眉哦大句，冷摊负手对残书。"施蛰存在《买旧书》中引了这两句诗。负手，反背着手，踱踱看看，一副酸酸的读书人模样。我也是喜欢淘旧书的，毫无疑问，是个酸酸的读书人。"负手"出自《淮南子·说林》，云"过府而负手，希不有盗心"。

　　"负手对残书"，淘书是乐事，也并不全是乐趣，有时候在书摊上见到好书，很兴奋，但是往往会遇到有上册没有下册，有下册没有上册情况，不是全帙，而是残本。将书拿起，放下；又拿起，又放下，纠结烦心，有种"食之无味，弃之可惜"的反复。斟酌再三之后，往往我最终还是将它拿起，带回了家。比如《水经注疏》(江苏古籍出版社出版)，有上中下三册，但是书摊上只有上册，没有中册、下册，买还是不买？买。我是这样想的，有总比没有好，有了上册，书的大致内容清楚了；以后若要用中下册，再去图书馆借不难。又比如中华书局版的《宋史》，全书四十册，奇怪，书摊上只有第11册至第40册的三十册。考虑再三，觉得前十册是帝王本纪、天文志之类，后三十册除了志、表外尽是列传，是很有可读性的，结果用很低的价钱买了回去。

　　买残本，有几点好处：一是价格极低，二是相对而言品相好，三是淘得难再版的书，有比无强。至于说补书，可能性很小，说等出版社再版，我没有这些奢望。诸如《水经注疏》的再版，那是遥遥不可测的事。此外，有些书还真的不必求全，如选本、丛书本之类。明杨循吉《题书厨上》有云："岂待开卷看，抚弄亦欣然。"其真爱书之深情，深入骨髓，真爱书者也。杨循吉，字君谦，号南峰、雁村居士，吴县人，有《松筹堂集》。

此刻蓦然记起，现在的青年学者不买书了，还提什么残本这种老掉牙的话题！道理有三：第一，经济条件好了，不比我们当年；第二，有电子书；第三，作文靠查，无须藏书。此外，说到藏书，徒然给青年人搬家添了累赘；与其藏着日久不用，不如现抄现卖的好，一身轻松。

最近翻旧书，偶得《说文大字典》上下两册，八成新。此旧书我没有买过，怎么会跑到我的书柜里来呢？翻了翻，上面有"玉珍"印，扉页上题有"1985.5.9 玉珍持来　洪丕谟记"数字。再翻看下册，钤有"洪丕谟"名章和"丕谟高兴"藏书闲章。喔，我记起来了。当年在古籍所，老洪有几次捧着大捆的旧书到办公室来，说都是旧书，谁需要谁就拿走。这是洪先生处理多余旧书的办法。我从中挑了几本。看来，在不经意之中我为他保留了一段美好的恋爱故事。洪先生与我共事近20年，大我两岁，于2005年病逝，去今已近二十年矣。他是著名的书法家之一，其书风独特、稚朴；有人说他的字怪异，也有的人说他的字里有禅意。说的也许是，妙摩居士就是洪先生的法号！

我的这个书房自题额为"求己斋"，它何以得名？

早年，是个夏天，母亲送我来上海。一个铺盖卷，一个装书的箱子，她执意要帮我挑着，一直送我到无锡的南门小站。临别时，她叮嘱我的是两句话，一句是"每天饭要吃饱"，一句是"求人不如求己"。

千真万确，"求人不如求己"！几十年来，这句话成了我的座右铭，时时激励着我去努力奋进，自强不息。"求人不如求己"这句话出自宋人张端义《贵耳集》，书上说：

> 孝宗幸天竺及灵隐，有辉僧相随。有观音像，手持数珠，问曰："何用？"曰："要念观音菩萨。"问："自念则甚？"曰："求人不如求己。"……孝宗大喜。

母亲虽然信佛，但是她并不知道这则古老故事的来头；这无关紧要，她笃信靠自己的力量能战胜困难，就是有佛的指引。我不信佛，但我又仿佛感受到冥冥之中她的百般呵护和巨大激励。

最近，读战国楚竹书，有云："言慎求之于己，天可以至顺。"是为的评，是为至理。《孟子·公孙丑上》有言："仁者如射：射者正己而后发；发而不中，不怨胜己者，反求诸己而已矣。"反求诸己，反躬自省，善哉仁焉。

古人有云："未能随俗唯求己，除却读书都让人。"此乃人格独立、精进求知是也。

最后，《古书存亡史话》的出版，要感谢华东政法大学法律古籍整理研究所的大力支持，感谢编辑裴乾坤博士的挂心设计和校补，感谢多年来关心《史话》出版的同仁友好。

甲辰立冬 于沪上求己斋

图书在版编目(CIP)数据

古书存亡史话 / 张伯元著. -- 上海 ：格致出版社 ：
上海人民出版社，2024. -- ISBN 978 - 7 - 5432 - 3628 - 8

Ⅰ. G255.1

中国国家版本馆 CIP 数据核字第 20244BU493 号

责任编辑 裴乾坤
封面装帧 路　静

古书存亡史话

张伯元 著

出　　版　格致出版社
　　　　　上海人民出版社
　　　　　（201101　上海市闵行区号景路 159 弄 C 座）
发　　行　上海人民出版社发行中心
印　　刷　上海盛通时代印刷有限公司
开　　本　890×1240　1/32
印　　张　10.75
插　　页　2
字　　数　251,000
版　　次　2024 年 12 月第 1 版
印　　次　2024 年 12 月第 1 次印刷
ISBN 978 - 7 - 5432 - 3628 - 8/K · 240
定　　价　69.00 元